Politik für Bibliotheken

Die Bundesvereinigung
Deutscher Bibliotheksverbände (BDB)
im Gespräch

Birgit Dankert zum Ende ihrer Amtszeit als
Sprecherin der BDB
im Auftrag des Vorstandes
herausgegeben

von
Georg Ruppelt

K · G · Saur München 2000

Die Deutsche Bibliothek - CIP-Einheitsaufnahme

Politik für Bibliotheken : die Bundesvereinigung
Deutscher Bibliotheksverbände im Gespräch :
Birgit Dankert zum Ende ihrer Amtszeit
als Sprecherin der BDB /
im Auftr. des Vorstandes hrsg.
von Georg Ruppelt. – München : Saur 2000

ISBN 3-598-11436-2 (Broschierte Ausgabe)
ISBN 3-598-11437-0 (Leinenausgabe)

Gedruckt auf säurefreiem Papier / Printed on acid-free paper

Satz: Dr. Rainer Ostermann, München
Druck: Strauss Offsetdruck, Mörlenbach
Binden: Buchbinderei Schaumann, Darmstadt

Inhaltsverzeichnis

Vorwort

Jeder stark alleine;
Stärker im Vereine
Ist des Ganzen Bild.
(Friedrich Schlegel)

Mit dem ersten gemeinsamen Kongress der Bundesvereinigung Deutscher Bibliotheksverbände (BDB) und der Deutschen Gesellschaft für Informationswissenschaft und Informationspraxis (DGI) in Leipzig kündigt sich eine zukunftsträchtige Entwicklung an, die das physikalische Gesetz wie die Lebensweisheit, nach der vereinte Kräfte stärker seien, hoffentlich bestätigen wird. Mit der Gründung der BDB 1989 wurde erreicht, dass das vielfältige deutsche Bibliothekswesen nunmehr zum Ende des Jahrhunderts in der Lage ist, mit einer Stimme zu sprechen. Es war schon ein merkwürdiger Zufall, dass die BDB kurz nach ihrer Gründung ihre Leistungsfähigkeit zu beweisen hatte, als nämlich die deutsche Vereinigung die Welt bewegte. Anders als in anderen Bereichen vollzog sich diese Vereinigung im Bibliothekswesen aber geräuschlos und höchst effektiv. An diesem großen Erfolg der BDB hatte ihr unermüdlicher und ideenreicher erster Sprecher, Elmar Mittler, entscheidenden Anteil. Das in der vorliegenden Publikation wiedergegebene Gespräch mit ihm lässt noch etwas von der Dramatik und der Intensität der Ereignisse jener Zeit aufscheinen. Der Mittler-Tätigkeit ihres ersten Sprechers hat die BDB wegweisende Impulse in vielerlei Hinsicht zu danken.

Der gemeinsame Kongress von BDB und DGI im März 2000 setzt nunmehr ein Zeichen der Hoffnung, dass auch auf dem Gebiet des Bibliotheks-, Informations- und Dokumentationswesens endlich das zusammenwächst, was sachlich-inhaltlich schon immer zusammengehörte. Es ist das Verdienst der scheidenden BDB-Sprecherin Birgit Dankert, dass sie gemeinsam mit dem ehemaligen Präsidenten der DGI, Joachim Felix Leonhard, diese Entwicklung in Gang gesetzt hat. Birgit Dankert scheidet mit dem Leipziger Kongress aus dem aktiven Berufsleben aus. Das deutsche Bibliothekswesen ist ihr für ihr drei Jahrzehnte langes kämpferisches ehrenamtliches Engagement zu großem Dank verpflichtet.

Dieser ihr gewidmete Band spiegelt ihre Wirkung an vielen Stellen wider, etwa wenn das innere Zusammenwachsen der BDB thematisiert wird, aber auch wenn es um die Zusammenarbeit mit so wichtigen kulturellen Gremien wie dem Börsenverein, dem Deutschen Kulturrat, der Deutschen Literaturkonferenz oder dem Goethe-Institut geht. Von den

Erfolgen der Bundesvereinigung Deutscher Bibliotheksverbände ist in den Beiträgen die Rede, aber auch von ihren Misserfolgen. Im Kampf um das Deutsche Bibliotheksinstitut (DBI) haben sich die Grenzen der Einflussnahme von Verbänden gezeigt. Ein Beitrag sollte sich übrigens auch mit dem Ende des DBI und vor diesem Hintergrund zudem mit Zukunftsplanungen beschäftigen; er wurde leider kurz vor Redaktionsschluss dieses Bandes abgesagt. Misserfolge wie Erfolge der BDB zeugen von der Notwendigkeit einer starken, möglichst viele Bereiche des Informationswesens umfassenden Vereinigung.

Den Beiträgern wie dem Verlag K.G. Saur sei herzlich für die gute Zusammenarbeit gedankt. Birgit Dankert ist das zu wünschen, was sie sich am Ende des in diesem Band abgedruckten Gespräches selber wünscht. Verbunden wird dies mit der Hoffnung, dass sie ihre Tatkraft und ihre Erfahrung dem deutschen Bibliothekswesen weiterhin zur Verfügung stellen wird.

Wolfenbüttel, im Dezember 1999 Georg Ruppelt

Zehn Jahre
Bundesvereinigung Deutscher Bibliotheksverbände

Engelbert Plassmann

Die Bibliotheksgeschichte des 20. Jahrhunderts, in Deutschland reich an eindrucksvollen Entwicklungsschüben wie an wirklichen Katastrophen, erscheint speziell unter dem Aspekt der bibliothekarischen Vereine, Verbände und sonstigen Organisationen als eine Zeitspanne unübersichtlicher, streckenweise widersprüchlicher Entwicklungen und eines insgesamt nur langsamen, aber doch deutlichen Fortschritts.

Hoffnungsvoll hatte man im Jahre 1900 begonnen; der *Verein Deutscher Bibliothekare (VDB)*, die erste berufsständische Organisation auf ihrem Felde in Deutschland, feiert soeben das hundertste Jubiläum. Damals schienen die Zeitläufte günstig, und der Verein setzte sich weit reichende Ziele. Über die guten und die schlechten Zeiten hin hat er im Lauf der Jahrzehnte in der Tat einiges für seine Mitglieder, weit mehr jedoch für die Institutionen erreicht.

Es sei an die für die deutschen Bibliotheken ertragreiche „überregionale Sacharbeit" erinnert, die der VDB durch seine ehrenamtlich tätigen Kommissionen im Lauf der Jahre geleistet hat. Diese ist freilich in den siebziger Jahren an den Deutschen Bibliotheksverband und sodann an das Deutsche Bibliotheksinstitut übergegangen; seit der unsäglichen, rückwärts gewandten Entscheidung des Wissenschaftsrates von 1998 ist die Zukunft auf diesem Felde wieder unsicher geworden. Vieles aus der facettenreichen Geschichte des VDB und ihrer engen Verknüpfung mit der allgemeinen Bibliotheksgeschichte ist nachzulesen in der soeben erschienenen Festschrift dieser Organisation[1].

Mit dem Ausbau und der Differenzierung des bibliothekarischen Berufs nach dem Ersten Weltkrieg ging die Gründung des Reichsverbandes Deutscher Bibliotheksbeamter und -angestellter einher (1920). Dem Aufblühen bzw. der ersten Konsolidierung der kommunalen Öffentlichen Bibliotheken vor hundert Jahren folgte – mit einer gewissen Verspätung – die Gründung des Verbandes Deutscher Volksbibliothekare (1922). Wie der VDB haben auch diese beiden Vereinigungen, jedenfalls aber ihre in der Zeit nach dem Zweiten Weltkrieg gegründeten Nachfolge-Organisa-

---

[1] Verein Deutscher Bibliothekare 1900–2000: Festschrift / hrsg. von Engelbert Plassmann u. Ludger Syré. - Wiesbaden : Harrassowitz, 2000. - 408 S.

tionen, wichtige Beiträge zum Fortschritt des deutschen Bibliothekswesens in dem jetzt zu Ende gegangenen Jahrhundert geleistet. (Auf den Umstand, dass sie im Gegensatz zum VDB nach 1945 den alten Faden nicht wieder aufgenommen, sondern neue Traditionen begründet haben, braucht hier nicht näher eingegangen zu werden; für die hier zu treffende Aussage ist dies nicht von besonderer Bedeutung.)

Die stupende Entwicklung des öffentlichen Bibliothekswesens der alten Bundesrepublik in den ersten Jahrzehnten nach dem Zweiten Weltkrieg ist u.a. auch den Aktivitäten des *Vereins der Bibliothekare an Öffentlichen Bibliotheken (VBB),* 1949 als *Verein Deutscher Volksbibliothekare* gegründet, zu verdanken; man verfolge den Gang der bibliothekarischen Dinge in der vom VBB herausgegebenen Fachzeitschrift *Bücherei und Bildung* (Jahrgang 1. 1947/49 ff.), später – seit 1971 – *Buch und Bibliothek (BuB),* oder man denke an die Zusammenarbeit des VBB mit der Einkaufszentrale für Bibliotheken in Reutlingen, speziell an die für alle Öffentlichen Bibliotheken segensreiche Tätigkeit der Lektoratskooperation, die vom VBB mit getragen wird usw. usf. Sehr lesenswert sind die hierzu erschienenen Monographien von Hans Joachim Kuhlmann[2] und die Ausführungen von Wolfgang Thauer und Peter Vodosek in ihrer Geschichte der Öffentlichen Bücherei in Deutschland[3].

Desgleichen hat der *Verein der Diplombibliothekare an wissenschaftlichen Bibliotheken (VdDB)* seinen Anteil an dem konsequenten, fachlich bestimmten Ausbau der Wissenschaftlichen Bibliotheken in der alten Bundesrepublik; man denke etwa an die Impulse, die Jahr für Jahr vom Deutschen Bibliothekartag ausgehen, welcher schon seit Jahrzehnten vom VdDB mit vorbereitet, ausgerichtet und getragen wird. Die Berichte in der Zeitschrift für Bibliothekswesen und Bibliographie (ZfBB), später – seit 1973 – die Dokumentationen der Deutschen Bibliothekartage und Bibliothekskongresse in den „Sonderheften" zur ZfBB sind beredte Zeugen der Bibliotheksgeschichte. Auch der VdDB hat seine Vereinsgeschichte mittlerweile präsentiert und sie in den Zusammenhang der deutschen Bibliotheksgeschichte gestellt[4].

---

2 Kuhlmann, Hans Joachim: Der Weg zum kritischen Bürger: vierzig Jahre „Verein der Bibliothekare an Öffentlichen Bibliotheken"; 1949-1989 / hrsg. vom Verein der Bibliothekare an Öffentlichen Bibliotheken. - Bad Honnef : Bock + Herchen, 1989. - 302 S. Ders.: Bibliothekare, Bibliotheken, ekz : d. Beziehungen zwischen d. ekz u. d. Verbänden d. Öffentl. Bibliothekswesens bis zur Absprache über d. Lektoratskooperation. - Reutlingen : ekz, 1993. - 235 S.

3 Thauer, Wolfgang: Geschichte der Öffentlichen Bücherei in Deutschland / Wolfgang Thauer ; Peter Vodosek. - 2., erw. Aufl. - Wiesbaden : Harrassowitz, 1990. - 216 S.; vgl. S. 158-187.

4 Innenansichten – Außenansichten : 50 Jahre Verein der Diplom-Bibliothekare an wissenschaftlichen Bibliotheken / hrsg. vom VdDB. Bearb. von Rita Dopheide. - Frankfurt a. M. :

Die Binnendifferenzierung in der bibliothekarischen Berufsorganisation erreichte ihren Höhepunkt (und Abschluss), als im Jahre 1987 auch noch die Assistenten, also die Bibliotheksmitarbeiter ohne Studium, wohl aber mit Berufsausbildung, ihren eigenen Verein gründeten, den *Bundesverein der Bibliotheksassistenten/innen und anderer Mitarbeiter/innen an Bibliotheken e.V. (BBA).* Dieser wiederum zeichnete sich immerhin dadurch aus, dass er – als Einziger – „spartenübergreifend" war, also Mitarbeiter und Mitarbeiterinnen Öffentlicher *und* Wissenschaftlicher Bibliotheken aufnahm.

Dieser Verein hat, das ist die neueste Entwicklung, inzwischen mit dem VBB fusioniert. Es hat den Anschein, dass diese Fusion sich langfristig als Wendepunkt in der zur Zersplitterung führenden bisherigen Entwicklung der Personalvereine erweisen wird.

*

Neben den Personenvereinen steht bzw. stand schon seit längerer Zeit der *Deutsche Büchereiverband* (gegründet 1949), später der *Deutsche Bibliotheksverband (DBV),* welcher sich durch das Hinzukommen der Wissenschaftlichen Bibliotheken seit 1973 als „spartenübergreifender" Institutionenverband darstellte[5]. Schon sehr viel früher, noch vor dem Zusammenschluss der drei westlichen Besatzungszonen und der Gründung der Bundesrepublik war auf regionaler Ebene ein spartenübergreifender Institutionenverband ins Leben gerufen worden, der *Verband der Bibliotheken des Landes Nordrhein-Westfalen* (gegründet 1947), der bis heute besteht und in den gut fünfzig Jahren seines Bestehens eine Vielzahl nützlicher Aktivitäten entfaltet hat[6]. Müßig, an dieser Stelle die Verdienste des DBV um die Weiterentwicklung des deutschen Bibliothekswesens und nicht zuletzt um seine öffentliche, auch politische Repräsentanz zu würdigen. Den Lesern dieser Schrift sind sie durchweg bekannt.

Eine Besonderheit stellt die *Arbeitsgemeinschaft der Spezialbibliotheken* dar, welche sowohl Institutionen wie Personen zu ihren Mitgliedern

---

Klostermann, 1998. VII, 167, [12] S. : Ill., graph. Darst. - (Zeitschrift für Bibliothekswesen und Bibliographie : Sonderh. ; 71)

5 Vgl. dazu die faktenreichen Beiträge von Hans Joachim Kuhlmann: Vom Deutschen Büchereiverband zum Deutschen Bibliotheksverband 1949 bis 1973. - In: Bibliothekspolitik in Ost und West : Geschichte u. Gegenwart d. Deutschen Bibliotheksverbandes / hrsg. von Georg Ruppelt. - Frankfurt a. M. : Klostermann, 1998. - 322 S. - (ZfBB : Sonderh.; 72), S. 5-32 sowie Der Deutsche Bibliotheksverband 1973 bis 1991, a.a.O., S. 33-64.

6 Krieg, Werner: Der Verband der Bibliotheken des Landes Nordrhein-Westfalen von seiner Gründung bis zum Sommer 1964. - Frankfurt a.M. [u.a.] : Lang, 1989. - 324 S. - (Arbeiten und Bibliographien zum Buch- und Bibliothekswesen ; Bd. 6)

zählt und daher eigentlich keiner der beiden Gruppen bibliothekarischer Organisationen zugeordnet werden kann. Auch sie hat durch ihre Tagungen und andere Aktivitäten besonders zur Förderung der Spezialbibliotheken beigetragen und damit zur Entfaltung eines Bibliothekstypus, der im 20. Jahrhundert unter allen Bibliothekstypen die stärkste Entwicklung mitgemacht hat – sowohl der Gesamtzahl nach als auch hinsichtlich der inneren Ausbildung und Differenzierung; man denke etwa an den Siegeszug der Dokumentation in den sechziger und siebziger Jahren, durch den der Tätigkeitsbereich und die Arbeitsweise der Spezialbibliotheken von Grund auf verändert worden ist.

Weitere Arbeitsgemeinschaften, Arbeitskreise, Gesprächskreise und sonstige eher lockere Organisationsformen vervollständigen oder – um es weniger freundlich zu sagen – verwirren das Gesamtbild noch mehr[7].

Außenstehenden zu erklären, warum es in Deutschland eine derartig unübersichtliche Fülle von Organisationen in dem vergleichsweise kleinen Arbeitsbereich *Bibliotheks- und Informationswesen* gibt, ist schon immer schwierig gewesen. Jeder Kollege mit speziellen beruflichen Kontakten in die Welt außerhalb der Bibliotheken oder mit Verbindungen zu ausländischen Kollegen und Institutionen kann ein Lied davon singen.

Gibt es ernstliche Schwierigkeiten, Außenstehenden einen internen Sachverhalt genau und auch überzeugend zu erklären, so darf dies normalerweise als Hinweis darauf gelten, dass in der Sache etwas nicht in Ordnung ist. Genau diese Einsicht haben Bibliothekare im Lauf der Jahrzehnte immer und immer wieder gewonnen und geäußert; verantwortliche Kollegen haben immer und immer wieder versucht, daraus praktische Konsequenzen zu ziehen und die Wahrnehmung der berufständischen Aufgaben wie auch die Förderung der überregionalen Sachaufgaben zu konzentrieren – oft genug ohne greifbares Ergebnis[8].

*

Doch gab es nicht nur die enttäuschende Erfahrung, dass die Bemühungen um wirkliche Kooperation immer wieder ins Leere liefen. Eine wichtige, langfristig folgenreiche Ausnahme von dieser Erfahrung stellt die Gründung der *Deutschen Bibliothekskonferenz (DBK)* dar. Die DBK, im Jahre 1969 und mithin in einer Zeit auf den Weg gebracht, in der auch im Bib-

---

7 Eine umfangreiche, wirklich sehr bemerkenswerte Zusammenstellung solcher Organisationen aus dem Gesamtbereich des Informationswesens findet sich regelmäßig in dem jährlich erscheinenden „Bibliothekstaschenbuch"; neueste Ausgabe: Bibliothekstaschenbuch / [bearb. von Petra Hauke]. - Bad Honnef : Bock + Herchen Jg. 1999 (1998); dort S. 115-164 [!].

8 Vgl. den Beitrag von Gerhard Hacker zu der in Anm. 1 genannten Festschrift.

liothekswesen so etwas wie „Aufbruchstimmung" herrschte, bildete bis 1989 – immerhin 20 Jahre lang – einen Dachverband für alle bibliothekarischen Personalvereine und den Deutschen Bibliotheksverband. Rechnet man die Vorgeschichte der DBK, d.h. die Zeit seit der ersten „Marburger Konferenz" 1963[9] hinzu, so sind es 26 Jahre. Auf dem Felde der zersplitterten bibliothekarischen Organisation war das Unternehmen seinerzeit ein bemerkenswertes, erfreuliches Novum, und als ebenso bemerkenswert und erfreulich darf es angesehen werden, dass der damals entstandene Dachverband sich gut zwei Jahrzehnte hindurch behauptet und insgesamt mehr geleistet hat, als viele annehmen.

Ein Dachverband wird im Englischen mit dem schönen Begriff „Umbrella Organization" bezeichnet. In der Tat war es ein gemeinsamer Regenschirm, den die bibliothekarischen Organisationen benötigten, damit die gemeinsamen Belange der Bibliothekare und die überregionalen Bedürfnisse der Bibliotheken in den Unbilden der politischen und ökonomischen Witterung nicht allzu nass würden. Auch das Dach schützt vor Regen, sogar besser als der Schirm es tut. Der Schirm ist aber flexibler zu handhaben als das fest verankerte Dach. Bei gutem Wetter kann man den Schirm wieder zusammen klappen und ihn als leichtes Gepäck mitführen. So hat man in den siebziger und achtziger Jahren den Schirm je nach Bedarf aufgespannt und zusammen geklappt – durchaus zum Nutzen der Bibliothekare und der Bibliotheken. Die lockere, eher unverbindliche Organisationsform der DBK machte es möglich[10].

Die spartenübergreifende Zeitschrift „Bibliotheksdienst" ist unter der „Schirm"herrschaft der DBK erschienen, die seit Hamburg 1973 alle fünf Jahre stattfindenden Bibliothekskongresse sowie die IFLA-Jahresversammlungen in Frankfurt a. M. 1968 und in München 1983 sind von der DBK ausgerichtet worden, die Bibliothekarische Auslandsstelle wurde schon 1963 auf Veranlassung der Marburger Konferenz eingerichtet – Aktivitäten, die der Sache der Bibliotheken wirkungsvoll gedient haben, nicht zuletzt durch die Weckung und Stärkung eines Gemeinschaftsgefühls der deutschen Bibliothekare. Das üble „Spartendenken", welches das Trennende zwischen ÖB und WB in den Vordergrund, das Gemeinsame in den Hintergrund stellte, wurde allmählich durch eine neue Mentalität überwunden, in der die Reihenfolge des Trennenden und des Gemeinsamen sich umkehrte.

---

9 Bücherei und Bildung 15 (1963) S. 331.

10 Es sei daran erinnert, dass die DBK nur auf Absprachen der Mitgliedsvereinigungen beruhte und keine rechtlich fixierte Organisationsform hatte; zu keinem Zeitpunkt ist sie ein e.V. gewesen.

Geradezu bahnbrechend war in diesem Sinne der Bibliotheksplan 1973[11], von den ÖB- und WB-Vereinen gemeinsam erarbeitet, am 9. März 1973 von der DBK verabschiedet, dem Präsidenten der Kultusministerkonferenz und dem zuständigen Bundesminister auf dem Hamburger Bibliothekskongress am 14. Juni 1973 öffentlich überreicht und auf diese Weise nachdrücklich bekannt gemacht[12]. Die ÖB- und WB-Vereine hatten sich sozusagen offiziell zu einander und zu ihren gemeinsamen Aufgaben bekannt: Der „Entwurf eines umfassenden Bibliotheksnetzes für die Bundesrepublik Deutschland" – wie der Bibliotheksplan 1973 im Untertitel näher charakterisiert wird – brachte die beiden Bibliothekssparten konzeptionell unter einen Hut und konnte nur gemeinsam von den Öffentlichen und den Wissenschaftlichen Bibliotheken in die Wirklichkeit umgesetzt werden. Man hatte einen Schritt getan, der kaum noch rückgängig zu machen war.

*

Die skizzierte Entwicklung führt mitten ins Thema „Zehn Jahre Bundesvereinigung Deutscher Bibliotheksverbände". Die Weiterführung, Intensivierung und Verstetigung der von der Marburger Konferenz und später der DBK in Gang gebrachten Zusammenarbeit der großen bibliothekarischen Organisationen, die Unumkehrbarkeit der von ihr mühselig vorbereiteten, aber dann eindeutig getroffenen Richtungsentscheidung war ein Anliegen, das alle Verantwortlichen, jedenfalls die Vereinsvorstände, seit dem Hamburger Bibliothekskongress enger mit einander verband und das schließlich am Ende der achtziger Jahre zur Gründung der BDB führte.

Das Anliegen konnte – dies war die einhellige Überzeugung aller Beteiligten – in den Organisationsformen der Deutschen Bibliothekskonferenz nicht so realisiert werden, wie man es für notwendig hielt; über die Details einer neuen Organisationsform gingen die Meinungen freilich weit auseinander.

Helmut Sontag (1934–1988), Leiter der Bibliothek der Technischen Universität Berlin, seit 1983 Vorsitzender des DBV und in dieser Eigenschaft 1985 turnusmäßig Präsident der Deutschen Bibliothekskonferenz,

---

11 Gewöhnlich als „Bibliotheksplan '73" bezeichnet. Diese Version steht allerdings lediglich auf dem Umschlag des Bandes; auf dem Titelblatt und auf dem Vorsatzblatt heißt es „Bibliotheksplan 1973".

12 Vgl. die Rede von Senator Moritz Thape (Bremen) als Präsident der Kultusministerkonferenz beim Bibliothekskongress 1973 in Hamburg. - In: Bibliothekarische Kooperation : Aspekte u. Möglichkeiten ; Vortr., geh. auf d. Bibliothekskongress 1973 vom 12. bis 16. Juni in Hamburg / hrsg. im Auftr. d. Deutschen Bibliothekskonferenz von Paul Kaegbein ... - Frankfurt a. M. : Klostermann, 1974. - 314 S. - (ZfBB : Sonderh. ; 18).

hatte in einem viel beachteten Vorschlag grundsätzlicher Art neue Ansätze für die Kooperation der Verbandsarbeit entworfen[13]. Dieser als „Sontag-Papier“ bekannt gewordene konzeptionelle Neuansatz belebte seinerzeit die interne Diskussion ungemein. Keine Mitgliederversammlung eines bibliothekarischen Vereins, auf der nicht über die zweckmäßigste Neustrukturierung der bibliothekarischen Organisationen diskutiert worden wäre.

Zwischen den beteiligten Vereinen und innerhalb der Vereine gab es zwar viele differierende Auffassungen über den einzuschlagenden Weg, aber andererseits die durchaus gemeinsame Unzufriedenheit mit dem status quo. Letzterer war gekennzeichnet u.a. durch das lähmende Prinzip der Einstimmigkeit für alle Beschlüsse der Deutschen Bibliothekskonferenz, den allzu häufigen Wechsel im DBK-Vorsitz und die dadurch bedingte „Schwäche“ des jeweiligen Präsidenten, die Unverbindlichkeit der Rechtsform bzw. das Fehlen einer rechtsverbindlichen Organisation – lauter Gravamina, die es durchaus nahe legten, einen ganz neuen Anlauf zu nehmen und es nicht bei einer Reform der vorhandenen Strukturen bewenden zu lassen[14].

Die Auffassung, dass man eine gegenüber der DBK gänzlich neue Struktur brauche, wurde auch und besonders nach der Gründung der Bundesvereinigung Deutscher Bibliotheksverbände dezidiert vertreten; so heißt es in der Einleitung zum ersten Jahresbericht der BDB gleich im ersten Absatz: „Mitte der 80er Jahre gab es erste Überlegungen in der Deutschen Bibliothekskonferenz (DBK), dem damaligen Zusammenschluss deutscher bibliothekarischer Verbände, eine neue, effektivere Form spartenübergreifender bibliothekarischer Interessenvertretung zu finden. Die Struktur der alten DBK schien nicht mehr geeignet, die gemeinsamen Interessen von Berufs- und Institutionenverbänden wirksam nach außen zu vertreten.“[15]

Eine über die bisherige lockere Zusammenarbeit in der Deutschen Bibliothekskonferenz weit hinaus gehende „Kooperationsvereinbarung“, im Frühjahr 1988 von der DBK verabschiedet und den Mitgliedsvereinigungen vorgelegt, wurde von den Personalvereinen und vom DBV gebilligt

---

13 Sontag, Helmut: Vorschlag zur Konzentration bibliothekarischer Verbandsarbeit. - In: BD 19 (1985) S. 791-799.

14 Zu der damaligen Entwicklung vgl. den sehr lesenswerten, detailreichen, freilich primär aus der Sicht des Deutschen Bibliotheksverbandes geschriebenen Beitrag von Hans Joachim Kuhlmann: Die Bundesvereinigung Deutscher Bibliotheksverbände und der Deutsche Bibliotheksverband in dem in der Anm. 5 erwähnten Sammelwerk; dort S. 225-235.

15 Bundesvereinigung Deutscher Bibliotheksverbände : Jahresbericht 1989/90 : Bibliotheken im zusammenwachsenden Deutschland. - Berlin : DBI, 1991. - 99 S.

und im Jahre 1989 in die Tat umgesetzt. Die Vorstände der vier Personalvereine und des Deutschen Bibliotheksverbandes trafen sich zur konstituierenden Sitzung der neu zu gründenden Bundesvereinigung am 20. September 1989 in dem eindrucksvollen neugotischen Gebäude der UB Heidelberg; für diejenigen Teilnehmer, die das Gebäude bis dahin noch nicht kannten, entstand eine höchst eigenartige Stimmung, gemischt aus der Aura Academica des 19. Jahrhunderts und dem Geist des Aufbruchs zu modernen Formen bibliothekarischer Kooperation im heraufziehenden digitalen Zeitalter – unvergesslich für den, der damals agierte und Mitverantwortung für den neuen Weg übernahm.

Für die intensivierte, qualitativ erneuerte Form der Zusammenarbeit sollte es auf jeden Fall einen neuen Namen geben.

Statt der bisherigen „Konferenz", die den Gedanken an eine bloße Versammlung (die jederzeit wieder aus einander gehen kann) nahe legt, sollte es eine „Vereinigung" sein, die verbindliche Zusammenarbeit und strukturierte Organisation signalisiert. Der Name „Bundesvereinigung Deutscher Bibliotheksverbände" war gleichwohl nicht so selbstverständlich, wie er heute erscheint[16]. Ernstliche Bedenken wurden vorgetragen, weil viele damals mitwirkende Bibliothekare einen Gleichklang mit der – ihnen wenig sympathischen – Bundesvereinigung der Deutschen Arbeitgeberverbände zu hören glaubten. Nur zehn Jahre später, im Zeitalter der (ökonomisch bestimmten) „Globalisierung" und der in Mode gekommenen Privatisierung zahlreicher öffentlicher Aufgaben mag mancher seine eigenen damaligen Befürchtungen nur noch schwer nachvollziehen.

*

Zehn Jahre BDB sind kein Grund für eine aufwändige Jubelfeier; eine solche will auch niemand. Wohl aber ist der hinter uns liegende Zeitraum eines Jahrzehnts Grund für eine kritische Rückschau, vor allem für die Frage: Was ist erreicht worden? Und ganz genau für die Frage: Ist das erreicht worden, was man sich damals vorgestellt hat? Und weiter: Ist vielleicht etwas anderes erreicht worden als das, was man ursprünglich dachte?

Was wollte die neu gegründete Bundesvereinigung Deutscher Bibliotheksverbände?

---

16 Hans Joachim Kuhlmann schreibt a.a.O., S. 230, über die Situation nach der Verabschiedung der „Kooperationsvereinbarung" durch die Mitgliederversammlungen schlicht und einfach: „Damit stand der Verwirklichung der ‚Bundesvereinigung Deutscher Bibliotheksverbände (BDB)', wie man die Nachfolge-Einrichtung der DBK nennen wollte, nichts mehr im Wege." – Ganz so locker ging die Namengebung in Wirklichkeit nicht vonstatten.

Befragen wir die erste von der BDB herausgegebene und durchaus professionell, der Art moderner Werbung entsprechend gemachte Broschüre. Dort werden Aufgaben und Arbeitsweise der Bibliotheken in Deutschland für eine breite Öffentlichkeit knapp und klar dargestellt – so wie ein interessierter Bürger derartige Informationen heute erwartet. Dabei werden auch die damaligen Mitgliedervereinigungen der BDB mitsamt ihren Kommissionen und Arbeitsgruppen vorgestellt: der Deutsche Bibliotheksverband e.V. (DBV), der Verein der Bibliothekare an Öffentlichen Bibliotheken e.V. (VBB), der Verein der Diplom-Bibliothekare an wissenschaftlichen Bibliotheken e.V. (VdDB), der Verein Deutscher Bibliothekare e.V. (VDB) und der Bundesverein der Bibliotheksassistenten/innen und anderer Mitarbeiter/innen an Bibliotheken e.V. (BBA); darüber hinaus die weiteren überregional (und meistens auch spartenübergreifend) tätigen Einrichtungen wie das Deutsche Bibliotheksinstitut, die ekz – Einkaufszentrale für öffentliche Bibliotheken GmbH (das Wort „öffentliche" im Namen ist später gestrichen worden, damit keine überholte Spartenbindung signalisiert werde). Über die neue, all die verschiedenen Organisationen und Institutionen und ihre spezifischen Aufgaben bündelnde und zusammenfassende Bundesvereinigung heißt es an dieser herausgehobenen Stelle:

> „Ihre Aufgabe ist es,
> – die Außenvertretung des Bibliothekswesens zu verbessern,
> – die Öffentlichkeitsarbeit wirksamer zu gestalten,
> – die Zusammenarbeit zwischen den Verbänden zu verstärken."

Auf der rückwärtigen Umschlagseite der Broschüre, auf der sonst nur das Impressum steht, ist plakativ hervorgehoben:

> „Die BDB
> – Stimme aller Bibliotheken und Bibliothekare;
> – Motor für die Entwicklung des Bibliothekswesens;
> – Ansprechpartner für alle, die sich für Bibliotheken interessieren;
> – Anwalt für alle, die Bibliotheken und Bibliothekare brauchen."

Ist die BDB diesen Aufgaben gerecht geworden? Die *Außenvertretung des Bibliothekswesens* ist ohne jeden Zweifel nachhaltig verbessert, die *Öffentlichkeitsarbeit* wirksamer gestaltet worden. Schon das neue, einheitliche Erscheinungsbild der zahlreichen von der BDB herausgebrachten Publikationen, durch welche aktuelle Themen bibliothekarischer Arbeit einem breiten Publikum anschaulich vermittelt werden, verbessert die *Außenvertretung* und gestaltet die *Öffentlichkeitsarbeit* wirksamer. Nie sind früher bibliothekarische Themen in dieser Weise nach außen vertreten und einer weiteren Öffentlichkeit präsentiert worden:

- „Drehscheibe der Information: Bibliotheken und Datenverarbeitung" (1992),
- „Umsetzung der EG-Richtlinie zum Vermiet- und Verleihrecht" (1993),
- „Menschen, Bücher und Computer: Berufsfeld Bibliothek" (1994),
- „Bibliotheken im Zeitalter der Datenautobahnen und internationalen Netze" (1995),
- „Verleihrecht für Computerprogramme" (1995),
- „Deutschlands Weg in die Informationsgesellschaft" (1996),
- „Urheberrechtssschutz kontra Informationsfreiheit" (1997),
- „Europa fest im Blick" (1998),
- „Bibliotheken – Netzwerke für Bildung" (1998),

lauter Themen, die hochaktuelle Fragen betreffen und jeden Interessierten thematisch wie auch in der Art der Darbietung unmittelbar ansprechen. Aber auch die Fachgenossen selber werden aus den von spezialisierten Kollegen erarbeiteten Texten ziemlichen Gewinn ziehen können.

Alles in allem enorme Fortschritte gegenüber früheren Zeiten im Elfenbeinturm, in denen Fachthemen normalerweise nur intern behandelt wurden – dort gewiss sehr intensiv und sorgfältig. Das Fachliche stand unbedingt im Vordergrund; die Notwendigkeit seiner Vermittlung an ein breiteres Publikum, seiner Nutzung zu wohl verstandener Bibliothekspolitik war jedoch kaum im Blick; hier liegt das Neue.

Nur wenige Wochen nach der Gründung der BDB war die Mauer in Berlin geöffnet, ein Jahr nach der Gründung die Vereinigung Deutschlands vollzogen worden. So stand das, was die junge Bundesvereinigung unternahm, im Zeichen eines neuen, glücklichen Sterns. Die Broschüren zu den oben aufgezählten Themen erreichten einen weit größeren Kreis von Lesern als das unter den alten Verhältnissen möglich gewesen wäre; und sie erreichten Leser, die im Aufbruch der Wendezeit in einem besonders hohen Maße interessiert, ja begierig waren, neue Gedanken aufzunehmen und Anregungen für die alltägliche wie für die langfristig-konzeptionelle Bibliotheksarbeit zu bekommen. Dies gilt speziell für die Veröffentlichungen der ersten Jahre nach der Vereinigung Deutschlands. Welches große Interesse im östlichen Teile Deutschlands an derartigen Publikationen bestand, hatte man schon vorher an der enormen Nachfrage bemerkt, derer der Bibliotheksplan '73 sich dort erfreute, obwohl er im Jahre 1990 längst angegraut war; das Interesse an ihm war so groß, dass alsbald ein unveränderter Nachdruck veranlasst wurde.

Dadurch war der Weg zu einem neuen Planungs- und Positionspapier gewiesen, das von der BDB und nur von ihr zu erarbeiten und herauszugeben war. Nur ungern hatte man sich in der BDB und im DBI 1990 zu dem unveränderten Nachdruck entschieden, der zu dieser Zeit – jedenfalls aus westlicher Sicht – so recht keinen Sinn mehr hatte. Nachdem jedoch der erste Hunger auf den Nachdruck des Bibliotheksplans '73 gestillt war, ging man umgehend daran, ein vergleichbares, aber doch vollständig neues Papier zu konzipieren. Drei Jahre später konnte auf der ersten großen Fachtagung, die im östlichen Deutschland stattfand, dem von der BDB ausgerichteten Bibliothekskongress 1993 in Leipzig, das neue „Positionspapier" verabschiedet werden. Mit dem Titel „Bibliotheken '93" erinnert es zwar an die Bezeichnung „Bibliotheksplan '73", die Formulierung ist aber spürbar zurückhaltender gewählt worden. Ein „Plan" ist etwas unfertiges, gleichzeitig auf Durchführung, auf Realisierung angelegtes; zudem erschien das Wort „Plan" aus DDR-Zeiten her belastet. So entschieden sich die BDB-Gremien für den eher unverbindlichen Namen „Bibliotheken '93", der eine Zustandsbeschreibung anzudeuten scheint.

Eine bloße Zustandsbeschreibung ist es aber keineswegs geblieben; über die Beschreibung des Bestehenden hinaus werden wohl durchdachte und gut begründete Forderungen erhoben, mit denen sich durchaus „planen" lässt, ein Papier, das man den Bibliotheksträgern gegenüber zitieren, auf das man sich stützen kann. Man kann sehr wohl sagen, mit „Bibliotheken '93" ist der BDB ein großer Wurf gelungen, der – um das viel zitierte Goethewort in einem abgewandelten Sinne zu verwenden – „unberechenbare Zinsen spendet"; das ist jedenfalls die hier vertretene Auffassung. Mitsamt seinen umfangreichen, sorgfältig erarbeiteten Anlagen überragt es die übrigen erwähnten BDB-Papiere bei weitem[17].

Jetzt ging es nicht mehr um das 1973 neue und damals ziemlich erstaunliche Faktum, dass die ÖB- und WB-Vereinigungen überhaupt gemeinsam Position bezogen haben; daran hatte man sich in den seither abgelaufenen zwei Jahrzehnten bereits ein wenig gewöhnt. Im Jahre 1993 ging es vielmehr darum, *wie* die verschiedenen Mitgliedsorganisationen die zwanzig Jahre zuvor gewonnenen Einsichten und Forderungen im vereinten Deutschland weiterführten: Sie taten es vor allem mit großer Selbstverständlichkeit.

Dies ist gewiss eine Folge der seit der Gründung der Deutschen Bibliothekskonferenz in den sechziger Jahren langsam intensivierten Zusammenarbeit der Kollegen aus den beiden verschiedenen und doch zusammengehörenden Bibliothekssparten; es ist aber auch eine Folge der Vereinigung Deutschlands. Bibliothekare aus Ost und West haben bald nach der Wende

[17] Bibliotheken '93 : Strukturen, Aufgaben, Positionen / Bundesvereinigung Deutscher Bibliotheksverbände. - Berlin : DBI ; Göttingen : Niedersächs. Staats- u. Univ.-Bibliothek, 1994. - VI, 182 S. : Ill.

an dem Papier „Bibliotheken ’93“ in einem Maße gemeinsam zu arbeiten begonnen, über das man nur staunen, über das man sich nur freuen, für das man nur dankbar sein kann.

Mitunter war der Schwung der Arbeit freilich zu allzu groß und artete in Ungeduld aus; die Herausgeber waren etwa mit der Gründlichkeit professionellen Korrekturlesens unzufrieden, brachen die Arbeit der Korrektoren an einer bestimmten Stelle einfach ab und veranlassten den Druck. So blieben einige bemerkenswerte Formulierungen stehen, die denjenigen, der die Vorgeschichte nicht kennt, irritieren können, denjenigen aber, der sie kennt, schmunzeln lassen, z.B. die Überschrift „Bibliotheken mit und ohne hauptamtlichem Personal“ – ein hübscher Lapsus in der offiziellen Publikation einer bibliothekarischen Vereinigung[18] – übrigens nur ein Beispiel aus einer größeren Reihe im zweiten Teil der Publikation!

Dies beiseite! Es ist, wie gesagt, kaum zu „berechnen“, welche „Zinsen“, welchen Effekt das Papier „Bibliotheken ’93“ spendet. Man darf hoffen, dass das Heft in die Hand vieler entscheidungsbefugter Ratsherren und Kulturdezernenten, Landtagsabgeordneter, Minister, Abteilungsleiter und Referenten gelangt und dass viele von ihnen die richtigen Schlussfolgerungen daraus ziehen. Man darf auch hoffen, dass viele aufgeschlossene Mitbürger das Heft zur Hand nehmen, ihre eigenen Interessen darin wieder finden und diese bei den politischen Instanzen fortan bewusster, überzeugter und überzeugender vortragen. Dann wird das Papier die erwarteten Zinsen spenden.

*

Auch ihren anderen plakativen Aufgabenstellungen, die oben erwähnt wurden, ist die BDB näher gekommen, vor allem dem Ziel, „die Zusammenarbeit zwischen den Verbänden zu verstärken“. Die zweite Fusion von Personalvereinen innerhalb weniger Jahre hat bereits konkrete Formen angenommen und steht vor der Tür. Es sieht so aus, als werde es im Jahr 2000 nur noch zwei Personalvereine geben statt der früheren vier – wenn interne Differenzen in der neuen, größeren Einheit vermieden und die Kräfte wirklich gebündelt werden, sicherlich ein großer Fortschritt, der sich berufspolitisch wie auch bibliothekspolitisch auszahlen kann.

Signum der BDB in ihren bisherigen zehn Jahren ist die bewusste, überlegte Bibliothekspolitik, in Gang gebracht auf vielen Feldern und adressiert an die große Zahl der Ansprechpartner, der Bibliotheksträger in Gemeinden, Ländern, Bund und Stiftungen, in der Wirtschaft und in

---

[18] a.a.O., S. 76.

den kirchlichen Körperschaften, nicht zuletzt auch in der breiteren Öffentlichkeit. Darin kann man die Leistung der BDB im zurückliegenden Jahrzehnt sehen. Sie ist eine Fortsetzung dessen, was die Deutsche Bibliothekskonferenz begonnen hatte, aber mit einer Motivation und Durchschlagskraft, die man früher nicht kannte. „Stimme aller Bibliotheken und Bibliothekare", wie es in der oben erwähnten Broschüre heißt, ist die BDB in den letzten zehn Jahren in zunehmendem Maße geworden.

Auch als „Motor für die Entwicklung des Bibliothekswesens", der sie ebenfalls sein wollte, kann man die BDB in gewisser Weise sehen. Ob aus der Abwicklung des DBI der Bundesvereinigung Deutscher Bibliotheksverbände weitere Aufgaben zuwachsen und welche das sein könnten, bleibt abzuwarten. Es gäbe schon welche.

„Ansprechpartner für alle, die Bibliotheken und Bibliothekare brauchen", wie in der Broschüre von 1990 endlich formuliert wurde, ist die BDB längst geworden.

Die Beiträge in dieser Festschrift legen Zeugnis ab von der Vielfalt bibliothekarischer Aufgaben heute, zeigen aber auch die Lebendigkeit, mit der ungezählte Kollegen diese Aufgaben Tag für Tag annehmen, sich ihnen stellen. Von daher bezieht die Bundesvereinigung Deutscher Bibliotheksverbände ihre Kraft – ungeachtet der herben Rückschläge, die das deutsche Bibliothekswesen insgesamt hinnehmen musste. Es sei nochmals an den beschämenden Beschluss des Wissenschaftsrates erinnert, der zur Abwicklung des Deutschen Bibliotheksinstituts geführt hat; gerade dieser Beschluss zeigt, dass es mitunter bis in die Spitzen unserer Wissenschaftsorganisation hinein am Verständnis für die Infrastruktur mangelt; diese hat eben niemals den unwiderstehlichen, strahlenden Glanz der Spitzenforschung und der Hochtechnologie.

Auch über solche deprimierenden Entwicklungen hinweg die Bürger „library minded" zu halten, das öffentliche Bewusstsein dafür zu schärfen, dass alle Bibliotheken, gleichgültig ob ÖB oder WB, die wichtigsten Infrastruktureinrichtungen der Bildung und der Wissenschaft wie des gesamten geistigen Lebens in unserer Gesellschaft sind, die nicht ungestraft vernachlässigt werden, das ist die Daueraufgabe der BDB. Mit ihren zahlreichen, trefflichen Veröffentlichungen, aber auch mit vielen anderen Aktivitäten in Bonn und Berlin, in Brüssel und in nationalen wie internationalen Organisationen hat sie im zurückliegenden Jahrzehnt einen verheißungsvollen Anfang gemacht.

Struktur und Perspektiven der BDB – Wächst hier zusammen, was zusammengehört?

Konrad Umlauf

1. Unübersichtliche Verbandslandschaft

Oft wurde gesagt, dass die Bibliothekslandschaft und die bibliothekarische Verbandslandschaft, von außen besehen, unübersichtlich, kompliziert, ja undurchsichtig sei. Eine Vielzahl von Verbänden mit kaum auseinander zu haltenden Namen und mitunter nur durch in der Reihenfolge der Buchstaben unterschiedene Namensabkürzungen agiere in einer Branche, die selbst im gesellschaftlichen Gefüge eine hochspezialisierte Gruppe von Institutionen umfasst und zudem – wichtiger noch – insgesamt als blass wahrgenommen werde. Einige dieser Verbände seien hier dem Namen nach aufgezählt:

- *Deutscher Bibliotheksverband, DBV,* der immer wieder fälschlich *Bibliothekenverband* genannt wird,
- *Verein der Bibliothekare und Assistenten, vba,*
- *Verein der Diplom-Bibliothekare an wissenschaftlichen Bibliotheken, VdDB,*
- *Verein Deutscher Bibliothekare, VDB,* dessen Namen fast als Tarnname angesehen werden könnte, weil er im Unterschied zu den Namen der anderen Verbände gar nichts über den genaueren Bezug (... *und Assistenten, ... an wissenschaftlichen Bibliotheken ..., Parlaments- und Behördenbibliotheken ...*) aussagt,
- *Arbeitsgemeinschaft der Spezialbibliotheken, ASpB,*
- *Arbeitsgemeinschaft der Parlaments- und Behördenbibliotheken, APBB,*
- *Arbeitsgemeinschaft meereskundlicher Bibliotheken, AMB,*
- *Arbeitsgemeinschaft für medizinisches Bibliothekswesen, AGMB,*
- *Arbeitsgemeinschaft Sportwissenschaftlicher Bibliotheken,*
- *Arbeitsgmeinschaft für juristisches Bibliotheks- und Dokumentationswesen,*
- *Arbeitsgemeinschaft der Kunst- und Museumsbibliotheken, AKMB,*
- *Arbeitsgemeinschaft Patientenbibliotheken,*
- *Arbeitsgemeinschaft Filmbibliotheken,*
- *Internationale Vereinigung der Musikbibliotheken, Musikarchive und Musikdokumentationszentren, IVMB, Gruppe Bundesrepublik Deutschland,*

- *Gesellschaft für Bibliothekswesen und Dokumentation des Landbaues, GBDL,*
- *Verband Deutscher Werkbibliotheken,*
- *Arbeitsgemeinschaft der kirchlichen Büchereiverbände in Deutschland* – hinter der wiederum meistens regionale Verbände und Arbeitsgemeinschaften stehen,
- usw. usf.

Zunächst ist festzustellen, dass die Vielfalt der Verbände in der Bibliotheksbranche, von denen nur ein Teil als e.V. eingetragen ist, während die meisten – wie der Name *Arbeitsgemeinschaft* ... andeutet – informelle Kommunikationsplattformen darstellen, positiv zu wertender Ausdruck

- einer demokratisch-pluralistischen Gesellschaft ohne Anschlusszwang,
- einer Branche mit einem hohen Anteil initiativfreudiger, engagierter Berufsangehöriger,
- eines der Spezialisierung der Nutzerinteressen nachkommenden Bedarfs nach fachlich differenziertem Austausch,
- einer objektiv differenzierten Struktur der Branche ist.

Ob es stimmt, dass die Bibliothekswelt von außen – wer ist das eigentlich: Bibliotheksbenutzer? Journalisten? Vertreter der Unterhaltsträger? – so verzwickt wirkt, hat noch niemand empirisch geprüft. Indessen hört man in der Tat diese Meinung immer wieder und wieder im Gespräch mit Journalisten und Entscheidungsträgern in Kommunal-, Landes- und Universitätsverwaltungen. So liegt es für die Akteure der Branche nahe, nach außen hin klarer sichtbar, das wird verstanden als einheitlicher und weniger vielgestaltig aufzutreten. Etwas in dieser Art war wohl der Grundgedanke, der 1989 zur Gründung der *Bundesvereinigung Deutscher Bibliotheksverbände (BDB)* als Dachverband der wichtigsten bibliothekarischen Verbände führte, nachdem ihre Vorsitzenden seit 1963 ein gemeinsames Gremium bildeten, das sich bald den Namen *Deutsche Bibliothekskonferenz (DBK)* gab. 1997 gab sich die *BDB* eine Satzung und ließ sich als e.V. registrieren, was vor allen Dingen den Vorteil hat, dass der Sprecher mit größerer Verbindlichkeit nach außen auftreten kann, insbesondere wenn es um Vertragsverhältnisse mit Sponsoren und Kongressveranstaltern geht. Den verschlungenen Weg zur *BDB*, der mit mancherlei Seltsamkeiten geziert ist, zeichnet in diesem Sammelband Engelbert Plassmann nach.

Die Frage ist, ob nach Gründung des Dachverbands *BDB* als eingetragener Verein weitere Integrationsformen der bibliothekarischen Verbände sinnvoll oder sogar erforderlich sind. Eine weitergehende Frage ist, ob und welche Art von Verbänden die Bibliotheksbranche braucht. Zuerst soll die weitergehende Frage beleuchtet werden, dann die Frage nach dem internen Zusammenwachsen.

2. Verbände als Lobbyisten

In einer pluralistischen Gesellschaft scheint es eine Selbstverständlichkeit, dass die Körperschaften eines Handlungsfeldes und die Angehörigen eines Berufs Verbände gründen, um ihre Interessen geltend zu machen. Für Außenstehende stellt sich die Frage nicht nach den Gründen für die Ein- und Abgrenzungen des Handlungsfeldes und der Profession; sie nehmen die Interessenartikulation aus diesem oder jenem Bereich als gegeben und berechtigt hin. Irritation tritt ein, wenn aus einem Bereich, der von den Rezipienten als eben ein Bereich gesehen wird, eine Vielzahl von womöglich unterschiedlichen Interessenartikulationen erfolgen – wenn also die Bereichszuschreibung von außen nicht mit der Bereichsabgrenzung von innen übereinstimmt. Die oben zitierten Eindrücke scheinen zu belegen, dass diese Diskrepanz bis zum Auftritt der *BDB* gegeben war. Jedenfalls machen die Funktionäre der *BDB* und ihrer Mitgliedsverbände immer wieder die Erfahrung, dass niemand die *BDB* als Interessenartikulation der Bibliotheken infrage stellt, während zugleich Erläuterungsbedarf eintritt, wenn eine Mehrzahl von bibliothekarischen Verbänden etwa bei einer Pressekonferenz im vielköpfigen Breitformat den Journalisten gegenübersitzt.

Die Frage, vor der die bibliothekarischen Verbände stehen, ist daher vor allem, wieweit sie einzeln nach außen überhaupt noch auftreten wollen, wieweit sie als Einzelverbände sich auf Innenwirkung begrenzen und die nach außen gerichtete Lobbytätigkeit der *BDB* überlassen.

Prima facies scheinen die an der *BDB* teilnehmenden Verbände gut beraten zu sein, den Außenauftritt vollständig der *BDB* zu überlassen.

Freilich müssen wir noch tiefere Fragen stellen: Wieso sollen sich Bibliotheken und Bibliothekare überhaupt gesellschaftlich artikulieren? Was die Bibliotheken angeht, ist die weit überwiegende Anzahl keine selbstständige Körperschaft, sondern Untergliederung, Organisationsabteilung einer übergeordneten Körperschaft: Stadtbibliotheken sind rechtlich unselbstständige Abteilungen der Stadtverwaltung; nur die größten von ihnen sind ein eigenes Amt und damit rechtlich ebenso unselbstständig. Sehr selten sind bei Öffentlichen Bibliotheken Rechtsformen, bei denen die Bibliothek eine eigene Rechtspersönlichkeit bildet (etwa Stiftungen,

GmbH). Hochschulbibliotheken sind rechtlich und organisatorisch ebenso unselbstständig und Untergliederung der Hochschulen als öffentlichrechtlicher Körperschaften; freilich haben die Hochschulbibliotheken in den meisten Bundesländern – anders als die kommunalen Bibliotheken – das Privileg, dass sie erstens als Pflichteinrichtung der Hochschulen in den Landesgesetzen mit wenigstens rudimentären Aussagen über ihre Aufgaben vorkommen und dass sie zweitens im Landeshaushaltsplan separat ausgewiesen sind, so dass der Landtag – in aller Regel ohne Diskussionen an dieser Stelle – aufgrund der Haushaltsvorschläge, die nach allgemeinen Vorgaben aus den Fachabteilungen der Ministerien kamen und die wiederum auf den Anträgen der Hochschulbibliotheken an die Ministerien beruhen, über die Etatisierung der Hochschulbibliotheken entscheidet, nicht die leitenden Hochschulgremien. Jüngste Hochschulreformbestrebungen legen freilich diese Entscheidungskompetenzen immer stärker in die Hände der globalbudgetierten Hochschulen, so dass die Hochschulbibliotheken in eine ähnliche Rolle der permanenten Selbstrechtfertigung gelangen, in der die kommunalen Bibliotheken schon immer waren: Sie sind Einrichtungen ohne Eigenständigkeit, die andauernd beweisen müssen, wozu sie gut sind und dass sie das Geld wert sind, das die übergeordnete Einrichtung für die Bibliothek verausgaben soll.

Aus dieser Perspektive ist zunächst nicht einzusehen, dass Bibliotheken eine öffentliche Interessenartikulation brauchen. Diese wäre danach von der übergeordneten Einrichtung – der Stadtverwaltung, der Universität – zu leisten. Vielmehr müssen die Bibliotheken aus diesem Blickwinkel Öffentlichkeitsarbeit gegenüber ihrem Unterhaltsträger leisten – mit den wirksamsten Mitteln, die hier denkbar sind, und das sind in erster Linie exzellente Dienstleistungen für den Unterhaltsträger und in zweiter Linie eine überzeugende Gremienarbeit.

Aus der Theorie der Öffentlichkeitsarbeit wissen wir indessen, dass die Zusammenhänge verwickelter sind. Denn die Unterhaltsträger – personalisiert gesprochen: die Mitglieder in den Entscheidungsgremien, die der Bibliothek die Mittel zuteilen – sind bei Öffentlichen Bibliotheken weitestgehend und bei Hochschulbibliotheken zu einem erheblichen Teil nicht identisch mit der Benutzerschaft der Bibliothek. Und selbst wo die Identität besteht – man denke an die Studienrätin mit Bibliotheksausweis, die der Gemeindevertretung angehört und dort ihr Erschrecken über den massenweisen Verleih von Computerspielen durch die Stadtbücherei artikuliert, oder an den Mathematikprofessor im Hochschulsenat, der sich in keiner Weise für den Umfang philologischer Neuerwerbungen der Universitätsbibliothek interessiert und alles, was seine studentischen Hilfskräfte ihm auf den Schreibtisch legen, in seiner Institutsbibliothek findet –, ist der Blick auf die Bibliothek partiell und selektiv. In den Augen des Unterhaltsträgers spricht der Bibliotheksvertreter stets nur pro domo, nie für die Gesamtheit der Benutzerschaft, die sich der Wahrnehmung der Gremien des Unterhaltsträgers zu entziehen scheint.

Im Sinn moderner Lobbyarbeit erhofft sich die Bibliothek von einer effektiven Öffentlichkeitsarbeit eine indirekte Beeinflussung des Unterhaltsträgers: Wenn Dritte ihre Wertschätzung der Bibliothek öffentlich artikulieren, wenn sich in der zitierbaren Presse positive Nachrichten über die Bibliothek massieren, dann werden die Gremienvertreter von diesen Aussagen eher überzeugt als durch die Argumente der Bibliotheksleitung. Aber wozu braucht man bei diesem Geschäft Verbände?

Die Antworten auf diese berechtigte Frage sind alles andere als branchenspezifisch. Vielmehr ist hier auf die aus anderen Bereichen bekannten Zusammenhänge zwischen Wahrnehmungen der gesellschaftlichen Akteure und öffentlich angebotenen Informationen sowie artikulierten Interessen hinzuweisen. Die Funktion bibliothekarischer Verbände besteht also keineswegs nur in der Erörterung fachlicher Einzelfragen und in der Erbringung von Dienstleistungen für die Berufsangehörigen („Warenkorb" für die Mitglieder), sondern ist sehr viel vermittelter als Lobbyarbeit zu verstehen, und zwar als überlokale und überregionale Lobbyarbeit, die also die Möglichkeiten der einzelnen Bibliothek bei weitem übersteigt. Und nicht nur die Möglichkeiten der einzelnen Bibliothek im Sinn stets begrenzter finanzieller und personeller Mittel, sondern die Möglichkeiten der einzelnen Bibliothek als in der Regel lokal oder regional wirksamer Einrichtung.

Die Aufgabe der Verbände besteht in diesem Sinn auch in der Bündelung von Interessen, die über die Einzelbibliothek hinausgehen und mehr oder minder das ganze Bibliothekswesen oder doch große Bereiche davon prägen. Merkmal eines organisierten Pluralismus ist ja gerade, dass auch die Unterhaltsträger ihrerseits nicht als isolierte Entitäten auftreten, sondern in Verbänden Erfahrungsaustausch, Koordination und Interessenartikulation suchen und finden. Etabliert ist beispielsweise der regelmäßige Austausch zwischen Vertretern kommunaler Bibliotheken einerseits und den kommunalen Spitzenverbänden sowie der Kultusministerkonferenz andererseits in der *Plattform Öffentliche Bibliotheken* der *BDB*.

Hier zeigt sich, dass es neben dem zusammenfassenden Blick auf das Bibliothekswesen von außen naturgemäß selektive Sichtweisen gibt, in diesem Fall den Blickwinkel der kommunalen Spitzenverbände. Die kommunalen Unterhaltsträger sind für Hochschulbibliotheken in keiner

Weise zuständig. Umgekehrt ist etwa in Gremien des Wissenschaftsrats oder der Deutschen Forschungsgemeinschaft keinerlei Interesse für kommunale Bibliotheken vorhanden. Entsprechende Differenzierungen müssen die bibliothekarischen Verbände ihren Gesprächspartnern anbieten.

Dennoch wäre es falsch, das Argument der Differenzierungen als Begründung zum Verzicht auf einen Dachverband auszuweiten. Abgesehen davon, dass jedenfalls in bibliothekarischen Kreisen niemand an der Bedeutung der *BDB* zweifelt und sie von außen als die Bibliotheksvertretung schlechthin wahrgenommen wird, müssen wir in diesem Zusammenhang einen Blick auf Entwicklungstendenzen der Bibliotheksbranche und ihrer Umgebung werfen.

3. Entwicklungstendenzen der Branche

Scheinbar unerschütterlich stehen sich im deutschen Bibliothekswesen die beiden Sparten Öffentliche Bibliotheken und wissenschaftliche Bibliotheken gegenüber. Nur in Deutschland stilisiert man diese Unterscheidung zu einer grundlegenden Einteilung einer Bibliothekstypologie. Dagegen umfasst beispielsweise der angloamerikanische Terminus *public library* sowohl die in Deutschland den Öffentlichen Bibliotheken zugerechneten Stadtbibliotheken wie auch die in Deutschland den wissenschaftlichen Bibliotheken zugeschlagenen Landesbibliotheken. Der Terminus *wissenschaftliche Bibliothek* ist nicht übersetzbar; je nachdem muss man mit *academic library* oder *special library* umschreiben.

Der Hintergrund der deutschen Unterscheidung ist keineswegs eine Struktur der Bibliothekslandschaft, vielmehr das Arbeits- und Laufbahnrecht. Seit dem 19. Jahrhundert sind Beamtenlaufbahnen für den so genannten wissenschaftlichen Bibliotheksdienst eingerichtet: Es waren diese Laufbahnen, nicht klienten- oder dienstleistungsbezogene Merkmale, die ein ausgeprägtes Standesbewusstsein mit dem dazugehörigen Abgrenzungsbedürfnis erzeugten. Verstärkt wurden diese Abgrenzungsbedürfnisse innerhalb der Branche durch eine scharf ausgeprägte geschlechtsspezifische Arbeitsteilung, die sich erst nach dem 2. Weltkrieg verwischt hat, wenn sie auch nicht ganz verschwunden ist: Dem verbeamteten wissenschaftlichen Bibliotheksdienst gehörten zunächst fast ausschließlich Männer an, während in den einstmals Volksbüchereien genannten Öffentlichen Bibliotheken in der ersten Jahrhunderthälfte ganz überwiegend Frauen, und zwar unbezahlt oder mit einer mehr symbolischen Vergütung tätig waren; nur die Leitungsstellen sehr großer Büchereien waren mit Männern im Beamten- oder Angestelltenverhältnis besetzt.

Dem Laufbahnrecht entprach eine entsprechend enge, nur institutionsbezogene Ausbildung. Deren Struktur wurde auch da beibehalten, wo der Bezug zu den Beamtenlaufbahnen gar nicht gegeben war – in der zunächst fachschulmäßigen, dann auf Fachhochschulebene angesiedelten Ausbildung der Diplom-Bibliothekare und in der erst in den 70er-Jahren eingeführten Berufsausbildung der Assistenten an Bibliotheken.

Nach dem Vorbild des Beamtenrechts wurden auch im Bundes-Angestelltentarifvertrag zwei unterschiedliche Eingruppierungslinien für angestellte Bibliothekare in Öffentlichen Bibliotheken und in wissenschaftlichen Bibliotheken geschaffen.

Diese arbeits- und laufbahnrechtlichen Vorgaben verhinderten und verhindern immer noch weitgehend einen Wechsel der Berufsangehörigen von einer Sparte in die andere; wo dieser Wechsel etwa aus persönlichen Gründen dennoch vollzogen wurde, war er und ist immer noch für die Berufsangehörigen meistens mit spürbar niedrigerer tariflicher Eingruppierung verbunden.

Indessen verblasst die Sparten-Unterscheidung zu Gunsten von Differenzierungen nach

- Größenordnungen: Beispielsweise ähnelt der Arbeitsplatz in einer One-Person-Library in einer Firma, obwohl traditionell der WB-Sparte zugerechnet, stärker dem Arbeitsplatz in einer vergleichbar kleinen Öffentlichen Bibliothek als den meisten bibliothekarischen Arbeitsplätzen in einer großen Universitätsbibliothek infolge der geringen Arbeitsteilung, der unmittelbaren Benutzernähe und der strikten Marketingausrichtung am Arbeitsplatz.
- Zielgruppen: Das Erfordernis der Leistungssteigerung gegenüber ausgewählten Zielgruppen bei geordneter Verringerung der Leistungskraft gegenüber anderen Zielgruppen im Interesse eines weiterhin überzeugenden Dienstleistungsniveaus führt dazu, dass weniger die Spartenzugehörigkeit, als vielmehr die Ausrichtung auf Zielgruppen das Profil einer Bibliothek definiert.
- Qualifikationsniveaus des Personals, der Dienstleistungen und der Benutzer: Mit der zunehmenden Differenzierung nach Zielgruppen wird auch eine entsprechende Differenzierung nach den Niveaus der Zielgruppen eine Rolle spielen. Einige große Öffentliche Bibliotheken bieten Dienstleistungen für hoch qualifizierte Zielgruppen aus Wirtschaft und Verwaltung an, die wissenschaftlich geschulte Kompetenz des Personals verlangen, während das Qualifikationsprofil für die Tätigkeiten in mancher Spezialbibliothek nicht über das FH-Niveau hinausreicht.

- Leistungskraft: Auf den Konsumgütermärkten gehen Markentreue und Kundenbindung zurück; die Verbraucher vergleichen kritisch und kaufen dort, wo sie das günstigste Preis-/Leistungsverhältnis zu erkennen meinen. Eine ähnliche qualifizierte Einstellung der Bibliotheksbenutzer in Verbindung mit pragmatischen und flexiblen Lebenseinstellungen befördert ihre Orientierung an der Leistungskraft des Anbieters bibliothekarischer Dienstleistungen statt an traditionellen Spartenmustern.

Ferner beobachten wir nicht nur eine Neustrukturierung der traditionellen Institutionenlandschaft, sondern die Institutionen selbst scheinen sich teilweise zu verflüchtigen. Früher standen sich idealtypisch die große Staatsbibliothek mit riesigen Buchspeichern und die firmeninterne Informationsvermittlungsstelle mit Terminal, aber ohne Buch gegenüber. Heute sind Datenbankanschlüsse in jeder großen Bibliothek vorhanden; und die Informationsvermittlungsstellen sind dank PC-Netzen und benutzerfreundlicher Softwareergonomie teils an die Arbeitsplätze der Nutzer gewandert, teils zu multiplen Dienstleistungskomponenten (Informationsressourcenmanagement in Workflowsystemen, Erstellung von individuellen Mehrwertdiensten in der Informationslogistik) geworden. Ähnlich engagieren sich Öffentliche Bibliotheken bei der Entwicklung von digitalen Bürgerinformationssystemen, holen die Verbraucherberatung in die Bibliotheksräume, geben Bücherkisten an Kindergärten und stellen Teilbestände in Jugendfreizeiteinrichtungen auf oder entwickeln Zweigbibliotheken zu Bürgertreffpunkten mit begleitendem Medienangebot. Insgesamt gewinnt die Aufgabe der Informationsaufbereitung und selektiv-proaktiven Vermittlung an Bedeutung gegenüber dem immer mehr digitalisierten Speichern und dem immer mehr automatisierten Retrieval.

Diese Tendenz hängt mit einem Wandel bibliothekarischer Arbeitsinhalte und einem Wandel in der Qualifikationsstruktur zusammen.

An die Stelle der Pflege kontinuierlich aufgebauter Sammlungen vermittels Einzelfallentscheidungen bei der Medienauswahl treten allmählich die Formulierung von Erwerbungsprofilen als Grundlage für den Bezug von Fremdleistungen und die Erzeugung von informationellen Mehrwertdiensten für Zielgruppen und Einzelnutzer auf Basis erforderlichenfalls auch fallweise beschaffter Dokumente und Medien. Aus dem behäbigen Fachreferenten, der Bibliographien durchmustert und die erwerbungswürdigen Titel anstreicht, aus der Bibliothekarin in der Stadtbücherei, die Neuerscheinungen probeliest und im Zweifelsfall an den Buchhändler zurücksendet, werden agile Erwerbungsmanager, die mit Marketingmethoden Kundenbedarfe erforschen, mit Lieferanten hart um Konditionen verhandeln, für die Kunden Informationen selektieren, übersichtlich aufbereiten und handlungsorientiert verknüpfen.

Die formale Erfassung und Inhaltserschließung (Objektdokumentation und Inhaltsdokumentation) werden wichtiger und bekommen neue Qualitäten. Inhaltserschließung erfolgt z.B. auch mit semantischen Netzen und unter Verwendung mehrerer Klassifikationen. Verfahren automatischer Indexierung werden auch zur Erschließung von Bibliotheksbeständen eingesetzt. Bei der Erfassung von digitalen Dokumenten im Netz kommen Aspekte wie der urheberrechtliche Status, die Quelle (die ursprüngliche Publikation), die zeitliche Gültigkeit des Dokuments und die Beziehung zu anderen Netzpublikationen hinzu. Beispielsweise sind Bibliothekare bisher fast nie auf die Idee verfallen, in ein Buch mit Gedichtinterpretationen die Signaturen der Gedichtausgaben einzutragen, aber bei Netzpublikationen besteht der Ehrgeiz, entsprechende Links zu setzen, wenn die Autoren es nicht getan haben. Die Abgrenzung, was zu einem bestimmten Dokument bzw. zu einer bestimmten Medieneinheit gehört, wird bei Online-Publikationen unscharf.

Ferner werden die Erfassungs- und Erschließungsgegenstände in sich zunehmend multimedial. Nach wie vor bestehen Bibliotheksbestände hauptsächlich aus Texten, auf Papier gedruckt, auf CD-ROMs gespeichert. Der Anteil der Tonträger und Videos geht, abgesehen von Spezialsammlungen wie Musikbibliotheken und Mediotheken, selten über 10 % hinaus. Unabhängig von diesem Anteil handelt es sich immer noch darum, dass Textmedien einerseits und Ton- bzw. Filmdokumente andererseits gesammelt werden. Die Multimediatechnologie, angewendet bei CD-ROMs bzw. DVDs und in Datennetzen, bringt eine neue Qualität der Verknüpfung von Text, Standbild, Bewegtbild (Video) und Ton. Dies erfordert neue Kategorien und Methoden der Erfassung und Erschließung, wenn die Dokumentbeschreibung (veraltet: das Katalogisat) eine Vorstellung von dem geben soll, was man mit dem ganzen Dokument bzw. dem ganzen Medium bekommt. Es tritt eine institutionsunabhängige prozess- und objektorientierte Spezialisierung ein.

Die Navigation in Netzen und Evaluation von Netzpublikationen tritt an manchen Arbeitsplätzen an die Stelle von Bestandsaufbau und -erschließung, an anderen Arbeitsplätzen kommt beides als zusätzliche Aufgabe dazu.

Die Aufbereitung von in anderer Form bereits vorliegenden Publikationen für die digitale Vorhaltung zur Nutzung über Datennetze wird mehr und mehr eine Aufgabe von Bibliothekaren (Aufbau digitaler Bibliotheken mit einer Fülle von technischen und urheberrechtlichen Klippen, die das Bibliothekspersonal kenntnisreich umschiffen muss).

Insgesamt nähern sich im Inhalt, in den Methoden und Arbeitsweisen die traditionell bibliothekarischen und die bisherigen dokumentarischen Berufsbilder einander an.

In vielen Bibliotheken ist ein verstärkter Einsatz von anderen Berufen, z.B. Sozialarbeitern, Informatikern, Betriebswirten zu erkennen, wie umgekehrt die Studieninhalte etlicher anderer Fächer auf der Suche nach stärkerem Praxisbezug sich zunehmend mit Fragen – wenngleich ohne konkreten Institutionsbezug – befassen, die auch in Bibliotheken relevant sind, indem auf dem Hintergrund der technologischen Entwicklung institutionsspezifische Verfahren, Methoden und Inhalte zunehmend durch prozessorientierte Verfahren und Methoden ersetzt werden, deren institutionsspezifische Anwendung wenig Besonderheiten aufweist. Entsprechend treten die Inhalte der bibliotheksbezogenen Studiengänge in dem Maße, wie sie sich aktuellen Tendenzen anpassen, in wachsende Konkurrenz zu sowohl etablierten wie auch innovativen Studiengängen an Universitäten, Kunst- und Musikhochschulen und Fachhochschulen, z.B.

- Allgemeine Sprachwissenschaft mit Schwerpunkt Informationswissenschaft,
- Audiovisuelle Medien,
- Buch- und Bibliothekskunde,
- Buchhandel/Verlagswirtschaft,
- Buchwesen,
- Buchwissenschaft,
- Dokumentationswesen,
- Gesellschafts- und Wirtschaftskommunikation,
- Information und Dokumentation,
- Informationswissenschaften,
- Kommunikationswissenschaft,
- Kulturarbeit,
- Kulturmanagement,
- Kulturwissenschaften,
- Linguistische Datenverarbeitung,
- Management für öffentliche Aufgaben,
- Medien und Informationswesen,
- Medienmanagement,
- Medienwirtschaft,
- Medienwissenschaft,
- Medizinische Dokumentation und Informatik,

- Medizinische Informatik,
- Multimedia,
- Spielmittel,

mit denen sie teilweise ähnliche Inhalte und Methoden aufweisen, gegenüber denen der spezifische Bezug zu Bibliotheken verblasst.

Ein Wirkungsfaktor kommt hinzu: Die Neigung der öffentlichen Gebietskörperschaften, Stellen in Bibliotheken, sofern sie überhaupt neu besetzt werden, im Beamtenverhältnis zu vergeben, nimmt tendenziell ab – nicht überall, noch nicht durchschlagend, aber spürbar.

Auf diese Tendenzen hat die Ausbildung – teilweise in antizipatorischer Weise – reagiert, indem spartengebundene Abschlüsse mehr und mehr der Vergangenheit angehören. So wurden mehrere traditionelle Berufe mit Institutionenbezug (u.a. Assistent an Bibliotheken und Dokumentationsassistent) zu einem neuen Berufsbild zusammengefasst (Fachangestellter für Medien- und Informationsdienste mit den Fachrichtungen Archiv, Bibliothek, Bildagenturen, Information und Dokumentation, Medizinische Dokumentation). Auf Ebene der Fachhochschulausbildung ist heute das spartenneutrale Diplom der Standard. Bei den universitären Studiengängen mit Bibliotheksbezug (M.A. in Bibliothekswissenschaft, DDR-Diplom in Bibliothekswissenschaft) gab es nie einen Spartenbezug. Die Entwicklung geht sogar in die Richtung, dass bereits vereinzelt Studiengänge und Abschlüsse realisiert werden, bei denen eine Unterscheidung in die Zweige Dokumentation und Bibliothek im Studienfach nicht mehr erkennbar ist, sondern lediglich die Wahl des Studienschwerpunkts ausmacht. Dies ist beispielsweise beim Magister-Studiengang Bibliothekswissenschaft der Humboldt-Universität zu Berlin der Fall.

In diesem Sinn wird auch die Unterscheidung Bibliothek – Dokumentationsstelle – Archiv unscharf. Es ist offensichtlich, dass dieser Wandel auf dem Hintergrund der entstehenden Informationsgesellschaft – präziser: Wissensgesellschaft – zu sehen ist. Früher war Wissen, etwas vereinfacht gesprochen, zum einen Teil publiziertes Wissen in Form von Büchern und Zeitschriften, zum anderen Teil nicht-publiziertes Wissen in Form von tradierten Mustern, die beispielsweise durch die Ausbildung, durch berufsständisches Gebaren und gesellschaftliche Rituale weitergegeben wurde. Heute ist ein vorher nie erreichter Anteil des gesamtgesellschaftlichen Wissens, das sich zudem noch rapide vermehrt und spezialisiert hat, dokumentiert – man denke an Verfahrensvorschriften, Verhaltensrichtlinien, Geschäftspapiere in Unternehmen, man denke im privaten Bereich an Millionen Stunden Videoaufzeichnungen von Familientreffen –, davon wiederum ist ein so hoher Anteil wie nie zuvor publiziert, wenn auch ein wachsender Teil in werbender Absicht, vom Geschäftsbericht in Hochglanzbroschur über immer speziellere wissenschaftliche Reports bis hin zur unübersehbaren Flut von Hochzeitszeitungen und Urlaubsfotos, die im WWW stehen. Der Stellenwert der Institutionen, die sich auf Sammlung, Archivierung, Retrieval von Dokumenten oder publiziertem Material spezialisiert haben, scheint zurückzugehen, während zugleich der Umfang der Sammel- und Archivierungstätigkeit, der Retrievalaufgaben und vor allem das Volumen an Vermittlung und Aufbereitung von Wissen institutionsunabhängig rapide wachsen.

Auf diesem Hintergrund muss man der *BDB* empfehlen, dass sie

- ihre erst kürzlich geknüpften Kontakte zum Berufsverband der Dokumentare und Informationswissenschaftler, der Gesellschaft für Informationswissenschaft und Informationspraxis, *DGI* (bis vor kurzem: DGD), beschleunigt ausbaut und ihnen eine organisatorische Gestalt gibt,
- entsprechende Kontakte zu den Verbänden der Archive und Archivare aufnimmt,
- dass sie den oben skizzierten Prozess, der einerseits institutionelle Vermischungen, andererseits prozess- oder objektorientierte Spezialisierungen hervorbringt, der Öffentlichkeit, den politischen Entscheidungsträgern, den Unterhaltsträgern der Einrichtungen, aber auch den Berufsangehörigen nachdrücklich vor Augen führt und sich so weniger als Interessenverband einer bestimmten Gruppe von Institutionen und bestimmter Berufe darstellt, sondern vielmehr als Makler der Informationsgesellschaft agiert. Freilich ist diese Rolle wenn schon nicht besetzt, so doch beansprucht: Beispielsweise hebt die *Gesellschaft für Informatik* diesen Wandel hervor, oder im *Forum Info 2000* der Bundesregierung ging es zentral um diese Fragen. Vielerorts ist die *BDB* in einschlägigen Gremien vertreten. Dies sollte sie ausbauen und sich noch stärker selber zur Plattform eines entsprechenden Austausches, ja einschlägiger Impulse machen.

4. Interessenartikulation und Verbandsintegration in der Bibliotheksbranche

Unsere bisherige Betrachtung hat bei der Frage angesetzt, warum Bibliotheken als meist nicht eigenständige Einrichtungen einen Interessenverband brauchen, führte uns über die Beschreibung des Wandels zur Wissensgesellschaft mit einer Neuverteilung der Rollen beim Sammeln,

Retrieval und Vermitteln von Wissen und Information zu erweiterten Aufgabenstellungen der *BDB*, bezog aber bisher die Berufsangehörigen wenig in die Betrachtung mit ein. Dies soll jetzt geschehen, indem der Blick auf Integrationsformen innerhalb der *BDB* gerichtet wird.

Effektivität der Verbandsarbeit erfordert zentralistische Strukturen und einheitlichen Außenauftritt in Bezug auf einen öffentlich als homogen wahrgenommenen Bereich. Es wurde deutlich, dass die *BDB* nicht nur bei der Außenwahrnehmung des Bibliotheksbereichs anknüpfen darf, sondern diese Außenwahrnehmung gestalten muss, indem sie der Öffentlichkeit den institutionellen Wandel und den Wert informationsbezogener Tätigkeiten erklärt. Andererseits verlangen die Handelnden in jenem Bereich eine Legitimität ihrer Interessenvertretung, womit eine eher gegenläufige Tendenz ins Spiel kommt. Der Oberbibliotheksrat erwartet von seinem Berufsverband selbstverständlich nicht nur gute Fortbildungsangebote, sondern auch, dass er ihn gegen Konkurrenz anderer Berufe und Hierarchieebenen abschirmt. Die Diplom-Bibliothekarin mit FH-Abschluss als Leiterin einer Mittelstadtbibliothek hat kein Verständnis, wenn man ihre Institution voller physischer Medien mit dem Hinweis auf die Informationsfülle im Internet infrage stellt.

Die *BDB* muss eine Balance beider Tendenzen realisieren. Ihr fällt dabei eine Führungsrolle zu, indem sie nicht nur gemeinsame Interessen der beteiligten Verbände nach außen vertritt, sondern auch das gleichsam abstrakte Interesse des Wandels zur Wissensgesellschaft nach außen *und* nach innen vertreten muss. Und der *BDB* fällt die Aufgabe zu, jene Balance nicht nur innerhalb des Gefüges der bibliothekarischen Verbände, sondern zunehmend innerhalb des Gefüges der Archiv-, Bibliotheks- und Dokumentationseinrichtungen und -berufe zu suchen. Das könnte die schwierige Aufgabe werden.

In der Satzung der *BDB* ist jene Balance formalisiert, indem auf die Vertreter der Verbände der Institutionen einerseits und der Berufsverbände andererseits jeweils die Hälfte der Stimmen entfallen; die Berufsverbände haben ihren Stimmenanteil untereinander paritätisch aufgeteilt. Diese Regelung hat den Vorteil, im Fall von Fusionierungen von Berufsverbänden untereinander keine Satzungsänderung zu erzwingen. Bei der Gründung der *BDB* standen sich der *Deutsche Bibliotheksverband, DBV*, und vier Berufsverbände von Bibliothekaren, feinsinnig unterschieden nach Bibliothekssparte und Laufbahn bzw. Ausbildungslevel, gegenüber. Zwei der Berufsverbände sind inzwischen zum *Verein der Bibliothekare und Assistenten, vba*, fusioniert; dieser und der *Verein der Diplom-Bibliothekare an wissenschaftlichen Bibliotheken, VdDB*, bereiten ihren Zusammenschluss vor. Der weitere an der *BDB* beteiligte Berufsverband, der *Verein Deutscher Bibliothekare, VDB*, hat eine Verschmelzung mit anderen Berufsverbänden abgelehnt. So zeichnet sich für die *BDB* künftig eine Struktur ab, bei der der Institutenverband und zwei Berufsverbände die *BDB* als Dachverband tragen. Das Innenverhältnis der beteiligten Verbände bedürfte dann keiner Neustrukturierung.

Dieses Erfordernis ergäbe sich bei einem verbandlichen Zusammengehen mit weiteren Verbänden, für das wohl zunächst vor allem die oben erwähnte *Deutsche Gesellschaft für Informationswissenschaft und Informationspraxis, DGI*, infrage käme, weil hier die meisten und tiefsten Kooperationserfahrungen vorliegen und weil die Annäherung des Bibliotheks- und Dokumentationsbereichs besonders augenfällig geworden ist. Im Sinn der obigen Ausführungen wüchse dann zusammen, was zusammengehört. Freilich sollten darüber die weiterbestehenden Differenzen nicht übersehen werden: Der Bibliotheksbereich ist ein Bereich des öffentlichen Dienstes; dieser Hintergrund prägt Mentalitäten, Orientierungen und Rituale der Berufsangehörigen. Dabei ist weniger an angeblich verschlafene Beamte zu denken – ein Vorurteil, das sich wohl fast so zäh in der veröffentlichten Meinung hält wie das längst von den Tatsachen überholte Bild der Bibliothekarin mit Dutt und Zeigefinger vor den gespitzten schmalen Lippen –, als vielmehr an den wenn auch oft nicht sehr klar umrissenen öffentlichen Auftrag zur Erzeugung von Dienstleistungen, die der Markt nicht oder nur um den Preis sozialer Verwerfungen hervorbringt. Dagegen ist das Dokumentationswesen traditionell ein Bereich unternehmensinterner Tätigkeiten, ausgerichtet auf Bereitstellung wirtschaftlich verwertbarer Information, Vermeidung von Doppelarbeit und Verkürzung der Zeit für die Suche nach Information.

Indessen zeigen die Tendenzen auch bei den öffentlich produzierten Dienstleistungen, dass mehr und mehr aus der Privatwirtschaft stammende Verfahren übernommen werden, nicht um privatwirtschaftliche Ziele zu erreichen, sondern bestenfalls um politisch gewollte, aber kaum marktfähige Dienstleistungen mit möglichst schonendem Ressourceneinsatz zu erzeugen. Stichworte sind Globalhaushalt, Budgetierung, Neues Steuerungsmodell, Qualitätsmanagement, Marketing, Kostenrechnung, Leistungsmessung, Controlling, Zielstrategien, Leitbildprozesse. Insofern dürften sich frühere Unterschiede bald verwischen.

Auf diesem Hintergrund muss die *BDB* klare Entscheidungen bei ihren Zielprioritäten treffen. Versteht sie sich vor allem als Interessenartikulation der Angehörigen der traditionell definierten bibliothekarischen Berufe und der im Bibliotheksverband zusammengeschlossenen Institutionen, dann gewönne sie – bei allen internen Verwicklungen und Abgrenzungen innerhalb dieser Bereiche und zwischen diesen Bereichen – noch an interner Legitimation. Das Verhältnis zur *DGI* sollte dann eine freundliche Kooperation sein, sei es in Form von gemeinsamen Tagungen, sei es in Gestalt beobachtender oder kooperierender Teilnahme an Gremiensitzungen.

Versteht sich die *BDB* vor allem als Makler der Wissensgesellschaft, dann wäre ein enges, womöglich organisatorisches Zusammengehen mit der *DGI* geboten – um den Preis, dass nicht nur formal die internen Strukturen der *BDB* einer Neuordnung bedürften, sondern dass die Funktionäre, auch die Vorstände der teilnehmenden Verbände ein erhebliches Maß an Energie darauf verwenden müssten, ihrer eigenen Klientel Zusammenhänge und Erfordernisse vor Augen zu führen, die sich aus der unmittelbaren Erfahrung der einzelnen Berufsangehörigen heraus nicht erschließen. Die *BDB* würde sich gleichsam antizipatorisch verhalten – eine ebenso herausfordernde wie lohnende Aufgabe.

Vom Bestandsdenken zum Inhaltsbezug, oder: Zur Entwicklung der Berufsbilder von Bibliothekaren, Dokumentaren und Archivaren

Joachim-Felix Leonhard

Es gab Zeiten, in denen zwischen den Berufen und Berufsbildern von Archivaren, Bibliothekaren und Dokumentaren kaum bzw. weniger unterschieden wurde. Historisch wurden die ersten Archive und Bibliotheken von Personen gegründet, die man heute Fachwissenschaftler nennen würde: von Juristen und Philosophen, Naturwissenschaftlern, Mathematikern, von Mönchen und Humanisten, gebildeten Herrschern u.a. Ausgehend von ihrem Erkenntnisinteresse und Forschungsdrang hatten sie beim Anlegen von Wissensbeständen im Grunde genommen „nur" ein Ziel vor Augen: Sicherung des vorher von anderen erforschten und gewonnenen Wissens, um dieses für die eigene Forschung nutzen zu können und darauf eigene Forschung aufzubauen, kurz: jederzeit auf dieses einmal erworbene Wissen zugreifen zu können.

Gestern und heute – zur Situation

In der Frühzeit waren Individuen, die sich dieser Aufgabe widmeten, noch in der Lage, das gesamte Wissen ihrer Zeit in ihrer Person zu tragen. Sie waren Generalisten. Da sich ein Mensch aber auch in Antike und Mittelalter nicht (mehr) alles im Gedächtnis behalten konnte, zumal die Wissensinhalte wuchsen, legten sich gerade diese Generalisten Wissensbestände in Form von Sammlungen von Schriftstücken an, die jahrhundertelang per Hand vervielfältigt werden mussten. Eine Aufgabe von beträchtlichem Umfang, die im Mittelalter in den Klöstern bewältigt wurde und dort von Menschen, die exklusive Fertigkeiten des Lesens und Schreibens besaßen. Im Humanismus, seit der Aufklärung und seit dem Industriezeitalter übernahmen Sammlungen von Dokumenten jedweder Art jeweils *Gedächtnisfunktion* und *Kommunikation* synchron im gesellschaftlichen Aktualitätsbezug, diachron im Sinne des Tradierens über Generationen: die Sicherung von Inhalten, das Wissen und dessen Verbreitung, zusammengefasst zu einer frühen Form von *Wissensmanagement,* bestimmte integrativ die Informationsvermittlung *und* die Bereitstellung von Dokumenten, und in Theorie und Praxis dieser Aufgabenbeschreibung und -erfüllung waren Generalisten, zumindest universelle

Betrachtungsweisen schon deshalb gefordert, weil die Nutzer seit altersher stets in erster Linie das *Produkt* und, bestenfalls zweitrangig, die *Produktionsweise* interessiert: Wer vom Ort A nach Ort B will, sucht und wählt die für ihn günstigste Methode und Möglichkeit zur Überwindung der Distanz. Dies gilt für Zeit und Aufwand, und nur wenige mag die Binnenstruktur des Produktes wie z.B. die Triebwerke des Flugzeuges oder die PS-Zahlen und Konstruktion von Motor und Fahrgestell von Eisenbahn oder Personenwagen interessieren, wenn es um die Grundlage des Produktes „Distanzüberwindung" geht.

Das gilt zumal im Übergang vom 20. Jahrhundert als einer dem Industriezeitalter zuzuordnenden Zeit von Mobilität und Transport zu einem 21. Jahrhundert, dessen Konturen von neuen Kommunikationstechniken und zunehmender Entmaterialisierung von ehemals physischen Übertragungsinhalten und -formen geprägt sein werden. Eine Zeit, die sich nicht ohne Grund *Informationsgesellschaft* und *Wissensgesellschaft* nennt und die dennoch – zumal im ganzheitlichen Sinne von Methoden und Techniken – erst recht eine *mediale Bildungsgesellschaft* ist bzw. wird: im globalen Verständnis reduzieren sich Raum und Zeit auf Übertragungsformen von Inhalten in modernen Netzwerken, und die Informationen treten (wieder) als Inhalte in den Vordergrund gegenüber den Dokument*formen*, an die sich die entsprechenden Berufe, eher bestands- und institutionsorientiert, über die Jahre gewöhnt hatten. Parallel zu dieser Bestandsorientierung trennten sich auch die Zuständigkeiten für die Wissensspeicher, für die Archive und Bibliotheken zugunsten von Forschung und Bildung fungierten. Durch diese Aufteilung und Verspartung wurde der immanente Zusammenhang freilich aus den Augen verloren, der schon zu Zeiten bestanden hat, als man noch nicht von Informationsgesellschaft sprach: Die Kette Information – Bildung – Wissen → Innovation. Auch folgte die Aufteilung in immer neue Berufe der Teilung der Wissensgebiete und der daraus folgenden Aufgabenteilung.

Interessant ist sicher das Phänomen, dass sich die Parzellierung von Aufgaben in den verschiedenen Ländern in durchaus unterschiedlicher Intensität vollzog, indem sich die Entwicklung zu Spezialisten im einen Land intensiver als im anderen darstellt. Dies gilt es zu beachten, wenn man die Lage dieser Berufe und Berufsbilder betrachtet, heute, und unter sich ändernden Umständen. Es ist Nachdenken über die Zukunft von Berufsbildern angezeigt in unserem Land, das im Gegensatz z.B. zu den pragmatischer orientierten angelsächsischen Ländern gerade im Bereich der Informations- und Dokumentvermittlung zu steter Spezialisierung neigt, die sich freilich eher als Partikularisierung und Parzellierung darstellt, denn: in keinem Land gibt es so viele berufständische Verbände und Gruppen, in denen sich Dokumentare, Archivare und Bibliothekare, nicht selten beziehungslos zu den jeweiligen berufsständischen Nachbarn, organisieren, wie dies in Deutschland der Fall ist. Dies stellen nicht nur ausländische Berufskolleginnen und -kollegen fest, sondern spüren auch internationale Institutionen wie die Europäische Union oder die UNESCO, wenn sie auf der Suche nach den jeweiligen deutschen Ansprechpartnern sind für transnationale Programme und Projekte. Möglicherweise ist eine Ursache unsere territorialgeschichtlich und mentalitätshistorisch bestimmte und intensive Dezentralität, die im Sinne von Föderalität ja gewiss positive Entwicklungen hervorgebracht hat, aber in manchen Bereichen eben doch auch „Kleinstaaterei" mit allen negativen Konsequenzen nach sich zog.

Daher ist deshalb heute an die historische Dimension des Zusammenhangs der o.a. Kette zu erinnern. Als sich im 19. Jahrhundert Theoretiker des Archiv- und Bibliothekswesens mit den Aufgabenstellungen von Sammlungen beschäftigten, waren dies meist ganzheitlich gesonnene Vertreter der Zunft, die nicht selten ihre Informationsberufe nebenamtlich zu ihren Aufgaben als Universitätsprofessoren oder zu andersartigen Tätigkeiten im Bildungs- und Wissenschaftsbereich versahen. Die Dienstleistung für je nach Zielgruppe unterschiedliche Nutzer stand dabei entscheidend im Vordergrund, sei es als Bildungsaufgabe für die Volksbücherei, sei es als nationalbibliographische Aufgabe des sich im 19. Jahrhundert herausbildenden Nationalstaates, sei es für die akademische Kommunikation bei Hochschul-, Spezial- und Institutsbibliotheken. Ob Nachweisfunktion oder Bereitstellung der Dokumente selbst, ob Bestandsaufbau und Erschließung: letztendlich orientierte sich der Dienstleistungscharakter am *Verständnis des Sammelauftrages*, der vom breiten Verständnis von *Sammlung* geprägt sein mochte und durchaus dem leibnizschen Gedanken des Mémoire Generale nahe war, der bekanntlich nicht zwischen einzelnen Gattungen geschweige denn Berufszweigen unterschied: Entscheidend war der *Inhalt*, weniger bedeutsam die Unterscheidung je nach Form, und schon gar nicht spielte die Frage der sich eigendynamisch divergierenden Methodik eine Rolle.

Heute und morgen – die Herausforderungen

Heute, 300 Jahre nach Leibniz sehen sich Bibliothekare, Archivare und Dokumentare mit einer Herausforderung konfrontiert, die mit dem Schlagwort „Multimedia" zwar eine nicht-physische, entmaterialisierte Dokumenteform bezeichnet, bei der das Grunderfordernis aber gewissermaßen *alt* ist, auch wenn es neuhochdeutsch mit „content" beschrieben wird: nicht kommt es so sehr auf die Provenienz oder die Form des Dokumentes im digitalen Zeitalter an als vielmehr auf den Inhalt selbst. Und zwar in seiner im wahrsten Sinne des Wortes vielfältigen Ausprägung, den es zu *er*-mitteln und zu *ver*-mitteln, zu archivieren und bereitzustellen gilt. Der *Inhalt* wird wieder (stärker) der zentrale Aspekt der Arbeit von Archivaren, Bibliothekaren und Dokumentaren. Natürlich stellen die multimedialen elektronischen Dokumente und Produkte heute eine professionelle Herausforderung dar, aber dies galt bereits für die alten Textdokumente wie auch für die schon 100 Jahre alten Schall- und Filmdokumente, ob sie in industrieller Produktion oder als Sendungen von Hörfunk und Fernsehen auf uns zukommen. Am Umgang mit diesen Medien ist allerdings gut zu erkennen, wie zögerlich sich unsere Berufsstände mit neuen Möglichkeiten mediengerechter Inhaltserschließung auseinander setzen, was dazu führt, dass diese Medien so behandelt werden, als handele es sich gleichsam um Bücher oder Akten in freilich anderer Form. Rührt die Ratlosigkeit und Identitätskrise der Professionen nicht vielleicht auch daher, dass die Berufsstände ebenso wie auch die moderne zeitgeschichtliche Forschung die modernen zeitgenössischen Quellenformen wenig zur Kenntnis genommen und sich um sie als so genannte „neue" Medien jahrelang kaum gekümmert haben, obgleich dies Dokumente der Zeit und damit für die Nutzer interessant sind?

Immerhin ist zu bemerken, dass z.B. Medienarchive schon deshalb zunehmend an Bedeutung gewinnen, weil die eher dem gewohnten Schriftgut zugewandten Archivare zunehmend auf deren methodische Erfahrungen im Umgang mit Medien und elektronischen Dokumentformen angewiesen sind. Fraglich aber ist, dass Bibliothekare bzw. Kommissionen seit einiger Zeit darüber nachdenken, ob man für Tonträger weiter ein für Nutzer ohnehin eher unattraktives Regelwerk RAK-Musik praktizieren und bei audiovisuellen Materialien ein RAK-AV Regelwerk tradieren soll, nur weil es berufliche Vorgänger in Kommissionen als Adaption zu einem im digitalen Zeitalter wie im internationalen Zusammenhang überkommenen Regelwerk für RAK irgendwann einmal eingeführt haben. Ist – mit einem Wort – das formale Katalogisieren in vernetzten Datenbanken handwerklich noch zeitgemäß und ist für die Nutzer von Referenzdatenbanken und Dokumentverwaltungssystemen nicht eher inhaltsbezogene Dokumentation gefragt? Laufen Archive und Bibliotheken nicht – im Wettbewerb mit elektronischen Anbietern – Gefahr, zu Orten eines eigentlich bald konservativen Sammel- und Nutzungsverständnisses reduziert zu werden und in eine Art Zweite Liga in der Attraktivität eines Publikums der Wissensgesellschaft abzusteigen?

Das alles mag unbequem sein, kommt aber nicht gleichsam wie ein Naturereignis aus heiterem Himmel auf die „Zünfte" herab, hat sich als Wetterleuchten lange aufgebaut und macht sich jetzt in der Nähe gleichsam als Donnergrollen bemerkbar. Seit Konrad Zuse den ersten Computer vor über 60 Jahren entwickelte, war absehbar, dass sich der Informationsaustausch unter Wissenschaftlern, aber auch anderen Nutzern zunehmend und in vielfacher Form verändern würde, da nicht mehr nur und einzig Zeitschriften, Bücher, Bibliographien, Referateorgane, Abstractdienste u.v.m., die es nach wie vor gibt und geben wird, alleine die Nutzerinteressen und ihre untereinander gepflegten Kommunikationsformen bestimmen würden. So begann nach dem Ende des Zweiten Weltkrieges in vielen Ländern eine Entwicklung, die auch andere Erschließungs- und Vermittlungsmethoden über Fachinformationszentren, Hosts, Datenbanken und Netze zur Anwendung und Nutzung brachten.

Es ist Zeugnis des im Grunde konservativen Berufsverständnisses, wohlgemerkt der damaligen Zeit –, dass einige, die Zeichen der Zeit erkennende Bibliothekare (!) im Jahre 1948 auf einem Rheinschiff, gleichsam symbolhaft auf einem Strom, die Deutsche Gesellschaft für Dokumentation (DGD) gründeten. In ihrem eigenen Berufsstand, dem Verein Deutscher Bibliothekare, hatten sie mit ihren Hinweisen und Empfehlungen zu Modernisierung und Anpassung an verändernde Umstände keinen oder zunächst kaum Nachhall gefunden, und auch später in den 70er und 80er-Jahren, wurden Themen wie Information und Dokumentation, kurz: „IuD", in den Curricula bibliothekarischer Lehrinstitute eher marginal behandelt. Stattdessen wurde der Formalkatalogisierung breit Raum und Zeit gewidmet, traten Organisationslehre und Nutzungs- und Informationsmanagement (zu dem auch die Anbietung neuer Dienste gehört) weitgehend in den Hintergrund, überwog Spezialkenntnis und Detaillierung *gesamt*organisatorische Betrachtung und Dienstleistungsverständnis: Verbindungen zwischen Sondersammelgebietsbibliotheken und Fachinformationszentren wurden nur in wenigen Fällen organisatorisch im Sinne integrierter Nutzerdienste eingerichtet, und die berufsständischen Konzeptionen zu Berufsbild und überregionalen Planungen haben sich bestenfalls zögerlich mit Fragen der modernen Inhaltserschließung als Teil des modernen Katalog- und Datenbankmanagements befasst. Ja, es kostete z.B. schon einige Mühe, die seinerzeitigen DBI-Kommissionen für RAK bzw. RSWK Anfang der 30-er Jahre überhaupt zu *einer* Kommission für Katalogmanagement zu fusionieren, (wo zwei Kommissionen, unabhängig voneinander, unterschiedliche Regeln zur gleichen Sache – z.B. bei Personennamen – entwickelt hatten, ohne zu bemerken, dass in Datenbanken und über Normdateien und den Nutzern damit zwei Ansichten der gleichen Sache geboten wurden). Die Reihe der Divergenzen und das Bemühen im Festhalten am jeweils Bestehenden, nicht zuletzt auch durch die verschiedenen verbandspolitischen Repräsentanzen gefördert, ließe sich fortsetzen.

Gemeinsamkeiten betonen und Besonderheiten definieren – Neue Hoffnungen und Perspektiven.

Grundsätzlich gilt bereits heute für *alle* Informationsberufe, dass die bestandsorientierte Arbeit zugunsten einer produktorientierten Funktion abnimmt. Die Begriffskette *Information – Beratung – Bildung → Innovation* kennzeichnet die Bedeutung der modernen Dienstleistungen in der Informationsgesellschaft in besonderem Maße und betont den Aspekt der Kommunikation in diesem Zusammenhang. Daraus folgt, dass zu den klassischen Kompetenzen der Informationsstrukturierung und Aufbereitung für eine rationelle und effiziente Speicherung immer stärker kommunikative Kompetenzen hinzutreten. Neben den beschriebenen ökonomischen und gesellschaftlichen Entwicklungen werden die Arbeitsinhalte von Informationsfachleuten im Sinne von (neudeutsch:) *Content-Providern* vor allem durch die Entwicklung der Informations- und Kommunikationstechnologie einschneidend und umfassend beeinflusst. Daraus ergeben sich neue Möglichkeiten, aber auch Anforderungen an die *Erschließung* von Informationen, zu der die Recherche und Beschaffung, die Bearbeitung und *Vermittlung* von Informationen ebenso zu rechnen ist wie die immer wichtiger werdende *Informationsberatung*. Dokumentenlieferung und Dokumentenmanagement gehören dazu oder ergänzen diese beiden Kernkompetenzen von Informationsfachleuten. In allen Arbeitsfeldern werden von der Informatik Anwendungen entwickelt, die im Zusammenhang mit Rationalisierungsprozessen, aber auch der Erweiterung des Dienstleistungsspektrums stehen. Bereits im Bereich der Informationsressourcen ist mit den globalen Computernetzwerken neben die Archive, Bibliotheken und Datenbanken eine neue und rasant wachsende Quelle getreten. Durch die großen Rechner- und Speicherkapazitäten haben automatische Indexierungssysteme einen Qualitätsstandard erreicht, der für viele Anwendungen in der Praxis ausreichend und vor allem kostengünstig ist. Datenbanken werden in zunehmendem Maß Volltextdatenbanken, aus denen eine unmittelbare Dokumentenlieferung möglich ist,

Lieferanten und Kunden sind zunehmend elektronisch verbunden und können direkt kommunizieren und Produkte austauschen. Zurzeit folgen Informationsfachleute allerdings eher dem Entwicklungsdruck an Anwendungen aus der Informatik, als dass sie diesen selbst erzeugt. Man kann daraus schließen, dass die Informatik durch ihre starke Hinwendung zur Anwendung auch im Bereich der Erschließung und Vermittlung von Information immer stärker in den Bereich der Informationsfachleute hineindrängt. Das liegt sicher daran, dass Informatiker die technischen Systeme besser beherrschen und dadurch deren Anwendungspotenzial früher erkennen. Demgegenüber kann sich ein Informationsvermittler bestenfalls noch durch die Kenntnis der Fachinhalte behaupten, sollte sich aber um möglichst umfangreiche informationstechnische Kenntnisse bemühen. Die Entwicklung der Informations- und Kommunikationstechnologie einerseits und der Informations- und Dienstleistungsgesellschaft andererseits verändern freilich die Berufslandschaft umfassend und wirken insbesondere in die Informationsberufe hinein. Diese Entwicklung birgt Chancen, indem immer mehr wirtschaftliche und gesellschaftliche Bereiche zu potenziellen Arbeitsfeldern von Informationsfachleuten werden, kurz: der Arbeitsmarkt wächst. Dabei ist zu beachten, dass dies einher geht mit der tendenziellen Auflösung traditioneller Abgrenzungen zu anderen, entweder benachbarten oder ursprünglich ganz anders zugeordneten Berufen – und gleichzeitig neue Berufsgruppen in die neuen Beschäftigungsbereiche „Multimediaindustrie, Mediendesign, Kulturindustrie", wie immer sie heißen mögen, drängen.

Besonderheiten einzelner Funktionen werden bleiben

Keineswegs wird hier einem voreiligen Einheitsstreben oder einer Vereinheitlichung um ihrer selbst willen das Wort geredet, da es unterhalb gemeinsamen berufsständischen Grundverständnisses Differenzierungen nach spezifischen Arbeitsgebieten geben wird, ja geben muss: Handschriftenbibliothekar und Archivar einer Urkundensammlung werden sich auch künftig ihren entsprechenden historischen Dokumenten und Quellen widmen. Bibliothekare werden allgemein einerseits nach wie vor dem Transfer und der Sicherung von Information und Wissen im Wissenschaftsbetrieb von Lehre und Forschung dienen, andererseits eine spezifische oder allgemeine Öffentlichkeit mit Informationen und Medien für ihre beruflichen oder privaten Informationsbedürfnisse versorgen. Beide Bereiche werden aber immer weniger hermetisch von einander abgeschirmt sein. Informationsvermittler werden sich im Vergleich zu diesen Berufsgruppen immer stärker in der Wirtschaft und am Informationsmarkt orientieren, weil ihre Auftraggeber – Industrie- und Dienstleistungsunternehmen – eben aus diesem Sektor kommen und diese entsprechend spezifische Anforderungen an Inhalte und Dienstleistungsqualitäten definieren. Hier sind insbesondere Entwicklungen im Bereich e-Commerce, Networking, Datamining und Dokumentenmanagement zu erwarten, die andere Berufsgruppen weniger beschäftigen werden.

Daneben wachsen neue Berufe, wie Informationsdesigner, Fachinformatoren, Mediothekare, Webdesigner und Multimediafachleute, in denen Personen *aller* traditionellen ABD-Berufe durchaus unterkommen können, wenn sie neben ihren fachinhaltlichen Kompetenzen auch den Umgang mit neuen Medien und Technologien beherrschen.

Vor diesem Hintergrund gilt es im Bereich der berufsständigen Interessenvertretung aller Informationsberufe, die eher historisch gewachsene Parzellierung aufzuheben: die Segmentierung der Repräsentanzen geht an den gesellschaftlichen und wirtschaftlichen Realitäten, aber auch an den Realitäten der Arbeitsinhalte vorbei, und die Berufe laufen Gefahr, sich nicht mehr, sondern sich nicht einmal wie bisher in der Informationsgesellschaft behaupten zu können.

Die Anzeichen zur Betonung von Gemeinsamkeiten zwecks strategischer Zukunftsplanung aber sind gut und geben Anlass zu Hoffnung und Erwartung: Einerseits ist schon vor Jahren die Kooperation der verschiedenen bibliothekarischen Fachverbände unter dem Dach der Bundesvereinigung Deutscher Bibliotheksverbände (BDB) eingerichtet und stets intensiviert worden. Auch hat sich daraus eigendynamisch eine Fusionstendenz einzelner Verbände entwickelt, wie die Beispiele BBA, VBB und VdDB zeigen. Das ist ermutigend, auch für eine Integration mit dem VDB, der als ältester bibliothekarischer Verband auf eine 100-jährige Geschichte zurückblicken kann, doch verpflichtet Tradition auch *nach vorne*, entwickelt sich Herkunft *auf* Zukunft. Die Bemühungen um Integration sollten daher vorangetrieben werden, zumal Öffentlichkeit und Entscheidungsträger kaum zwischen Öffentlichen und wissenschaftlichen Bibliotheken, kurz: „ÖB“ und „WB“, zu unterscheiden vermögen, auch gar nicht wollen.

Auch die „alte“ DGD, die Deutsche Gesellschaft für Dokumentation, hat sich gewandelt und erneuert: In einem nicht einfachen Selbstfindungs- und Diskussionsprozess hat sie in den letzten Jahren ihre mittelfristigen Zielsetzungen und Strategien neu bestimmt, Berufsbilder und Positionspapiere entwickelt und verabschiedet, und sich, im Sinne der Inhaltsorientierung („Content“), in Deutsche Gesellschaft für *Informations-*

wissenschaft und *Information*spraxis e.V. umbenannt. Auch hat sie der Kooperation mit den Nachbarverbänden und insbesondere zur Bundesvereinigung der Deutschen Bibliotheksverbände (BDB), auch zum Verein deutscher Archivare breiten Raum gewidmet: Sie hat die jeweiligen Vorstände „ex officio" in ihren Vorstand kooptiert, was bei der BDB kollegial „vice versa" gehandhabt wurde. Auch hat die DGI die Fusion ehemals getrennter Kommissionen für bibliothekarische bzw. informatorische Ausbildung: Kommission bibliothekarische Ausbildungsstätten (KBA) bzw. Kommission von Informations-Ausbildungsstätten (KIA, jetzt KIBA) angeregt und mit der BDB an der Erarbeitung eines gemeinsamen Berufsbildes aktiv mitgewirkt .

Der Vorschlag, einen gemeinsamen Kongress von Bibliothekaren und Informationsvermittlern im Jahre 2000 zu veranstalten, ist von der BDB rasch aufgegriffen worden: zum ersten Male veranstalten BDB und DGI für ihre Mitglieder – und die interessierte Öffentlichkeit – gemeinsam mit der Leipziger Buchmesse eine solche Veranstaltung vom 20. – 23. März 2000 in Leipzig, und nicht umsonst wählten beide Verbände als gemeinsames Motto „Information und Öffentlichkeit". Eine (erste) Gelegenheit, sich auszutauschen über Erfahrungen und Einschätzungen, die im Dienstleistungsverständnis nicht so fern voneinander liegen.

Dabei muss das Aufeinanderzugehen behutsam erfolgen: zügig, aber zielgerichtet sollten die Verbände ihre Kooperation intensivieren und ihre integrativen Kräfte mobilisieren. Die Zeit ist zwar ungünstig, indem wir eigentlich Versäumtes aufholen müssen, und doch ist sie zugleich günstig: die Nutzerinteressen und ihr Wandel angesichts der gewaltigen Veränderungen der Informationstechnologien erfordern jetzt deutlich die Orientierung *nach vorne*. Wir sollten gemeinsam generelle Leitlinien entwickeln und gleichzeitig im einzelnen Aufgabengebiet differenzieren. Grundsätzlich aber für die Mitglieder der Verbände, die eine gemeinsame und damit stärkere Repräsentanz ihrer Berufe benötigen (und auch wollen!).

Das ist nicht einfach, klingt belastend und ist doch eine Herausforderung und Chance: Bibliothekare und Dokumentare sollten die Wege weitergehen und die Professionalisierung durch Anpassung an die gewandelten und sich wandelnden Rahmenbedingungen vorantreiben, gemeinsam und doch auch ihre Eigenheiten betonend.

„Öffentlichkeitsarbeit, zähes Verhandeln, Vertrauen schaffen“ Gespräch mit Elmar Mittler, BDB-Sprecher 1989 – 1994

Interessanter als eine Abschrift aus einem „Who is who“ oder dergleichen ist es ja immer, wenn sich jemand selbst vorstellt. Darf ich Sie um ein ganz persönliches Abstract Ihrer Vita bitten:

Ich bin Jahrgang 1940, am Mittelrhein geboren, und dieser Fluss hat eigentlich mein Leben ziemlich lange begleitet. Ich bin den Rhein sozusagen rauf und runter gezogen, auch in meinem beruflichen Leben. Nach dem Abitur habe ich den Weg zunächst rheinab als Fahrstudent nach Bonn realisiert, um dann im fünften Semester, wie ich meinte für zwei Semester, nach Freiburg zu gehen. Ich habe dort meine zukünftige Frau kennen gelernt und so wurde daraus ein langer Lebensabschnitt von fast 14 Jahren. Er führte über die Stufen Studium der Germanistik, der Geschichte und teilweise auch der Politischen Wissenschaften zu Staatsexamen und Promotion, zur bibliothekarischen Ausbildung an der Universitätsbibliothek Freiburg und – mit einem Zwischenaufenthalt in Köln – zum Beginn auch meiner bibliothekarischen beruflichen Tätigkeit in Freiburg.

Es war für mich 1968 eine große Herausforderung, dass durch den Weggang von Herrn Jammers ans Justizministerium nach Bonn plötzlich die Stelle eines Sekretärs der damals frisch gegründeten Arbeitsgruppe „Bibliotheksplan Baden-Württemberg“ frei wurde. Ich übernahm diesen Posten und stand schon in den ersten Monaten meines beruflichen Lebens mitten in regionalen und nationalen Planungen. Ich habe mich ziemlich in das Planungsgeschäft hineingekniet, das für mich als Germanist und Historiker zunächst ein völlig fremder Bereich war. Dabei habe ich mich in die Planungsliteratur so intensiv eingearbeitet, dass, als ich dann später nach Karlsruhe gegangen bin, ein Assessor zu mir gekommen ist, weil er aufgrund meiner Veröffentlichungen glaubte, ich sei wie er einer der wenigen Betriebswirte im Bibliothekswesen. Das war ich nicht, bin es auch nie geworden, aber die Planungsarbeit hat mich über rund acht Jahre begleitet. Daraus ist der „Bibliotheksplan Baden-Württemberg“ entstanden, aus dem viele Ergebnisse auch in den Bibliotheksplan ’73 eingeflossen sind, so manche Standards und die Bedarfsberechungen z.B. für den Bibliotheksbau. Das war zu einem guten Teil meine Arbeit.

Ich habe mich in dieser Planungszeit sehr darum bemüht, auch meine Fachreferate weiterzuführen, weil ich diese wissenschaftsnahe Tätigkeit und den Kontakt mit den Fachbereichen sehr geschätzt habe. Aber für eine längere Periode war das nicht möglich. Denn neben der Planungsarbeit wurde ich nach der erstaunlich kurzen Zeit von zwei Jahren Stellvertreter des Direktors in Freiburg und übernahm damit also noch eine zusätzliche verwaltungstechnische Aufgabe.

Ich habe dann im August 1974 die Leitung der Badischen Landesbibliothek in Karlsruhe übernommen, also vor gut 25 Jahren, und habe dort eine, wie mancher meinte, verträumte Insel angetroffen. Mein Karlsruher Nachfolger Römer hat einmal das Bild gebraucht, ich hätte das Dornröschen in diesem Schloss aufgeweckt. Ich kam in eine Situation, in der ich feststellen musste, dass die Bibliothek traditionell einen ganzen Monat geschlossen war. Ich erinnere mich heute noch, wie es mich schmerzte, dass die Benutzer vergebens an die Tür klopften, um hineinzukommen. Ich habe das nicht geändert, weil der gesamte Ferienplan darauf abgestimmt war, aber ich habe die Zeit dazu genutzt, mit meinen Mitarbeitern dafür zu sorgen, dass diese Bibliothek danach mit neuen Öffnungszeiten wieder anfing. Dabei konnten wir unter anderem vier Mittagsschließungen aufgeben und die Gesamtöffnungszeit ganz wesentlich erhöhen. Gleichzeitig aber ist es gelungen, die Zahl an Überstunden für diese Dienstleistung zu reduzieren. Das haben manche Kollegen damals als höhere Bibliotheksmathematik bezeichnet, aber an sich war es ganz einfach. Ich kam in eine Bibliothek, die scheinbar in Ordnung war, bei der es aber ein anderes großes Problem gab, das Problem des Gebäudes. Es ist mir damals auf recht abenteuerliche Weise gelungen, dafür zu sorgen, dass ein Neubau für die Bibliothek in Gang gesetzt wurde[1]. Ich habe den Neubau bis zum Wettbewerb begleiten können; dann hat mich der damalige Wissenschaftsminister Engler in einem persönlichen Gespräch gebeten, an die Universitätsbibliothek Heidelberg zu gehen.

Ich habe diese Stelle 1979 angetreten und dort geradezu extreme Bauprobleme vorgefunden. Eine Kollegin aus dem Freiburger Neubau, die mich in der ersten Zeit besuchte, meinte bezeichnenderweise „Elmar, wenn ich hier arbeiten müsste, würde ich mich erst einmal eine Woche in die Ecke setzen und heulen." Das Gebäude wurde zwar gerade saniert, aber diese Sanierung sollte im Wesentlichen die schlimmsten Raumprob-

---

1 Vgl. dazu: Mittler, Elmar: Der Einsatz von Flächenrichtwerten bei der Programmierung von Bibliotheksbauten. In: Bibliotheken bauen und führen. Eine internationale Festgabe für Franz Kroller zum 60. Geburtstag. 1983, S. 136-155.

leme reduzieren und Bauschäden beseitigen. Ich habe die Gelegenheit beim Schopfe gegriffen und mit meinen Mitarbeitern zusammen funktional völlig neu geplant[2]. Das führte dazu, dass die früher geschlossenen Magazine jetzt in diesem Gebäude große Freihand- und Lesebereiche sind. Daraus ist durchaus ein Erfolgsmodell geworden, das im Zentrum von Heidelberg sehr, sehr gut angenommen wird. Auch für die Kostbarkeiten der Bibliothek konnte durch das Neugestalten des Manesse-Raumes mit hochgesicherten Dauerausstellmöglichkeiten ein ganz wesentlicher Schritt nach vorn gemacht werden.

Bei Heidelberg sollte man vielleicht noch erwähnen, dass ich neben der Umorganisation der Bibliothek in Zusammenhang mit den baulichen Maßnahmen und der Einführung des Heidi-Systems, das ich zum lokalen System ausgebaut und mit dem Süd-West-Verbund verknüpft habe, die Ausstellung Bibliotheca Palatina 1986 organisiert habe – sicher ein besonderes bibliothekarisches und kulturelles Ereignis. Es ist, vermute ich, mit 286.000 Besuchern in fünf Monaten die erfolgreichste Bibliotheksausstellung aller Zeiten gewesen. Es war eine Sternstunde, in der auch die Presse in einem Umfang mitgezogen hat, den ich niemals für möglich gehalten hätte. Ich bin sehr glücklich, dass ich mit einiger Zähigkeit beim Verhandeln, vielleicht auch mit einigem Geschick, meine Vorstellung von dieser Ausstellung schließlich durchgesetzt habe. Mir ging es nämlich darum, eine Bibliothek von 10.000 Bänden in einer Ausstellung zu zeigen, in nuce natürlich nur, aber so, dass man über die ausgewählten Beispiele wirklich einen Eindruck von der gesamten Bibliothek hatte. Es ging also nicht nur um Schlaglichter, um einige berühmte Zimelien. Das war dann verblüffenderweise auch das Erfolgsrezept der Ausstellung, denn die großen Schlaglichter erwarteten die Leute, aber das, was sie dann noch darüber hinaus zu sehen bekamen, das faszinierte sie zusätzlich. Verblüffenderweise bewirkte dies, dass viele, nachdem sie 600 Bücher angesehen hatten, nicht sagten „um Gottes Willen, wie schrecklich, wie langweilig.“, sondern: „Ich habe noch gar nicht alles richtig gesehen, ich will da noch mal rein“.

Trotz dieser großen Erfolge in Heidelberg habe ich mich dann entschlossen, nach Göttingen zu gehen. Die Situation war auch da so, dass ich gefragt worden bin, und ich es mir gut überlegen konnte. Ich war damals gerade 50, das ist an sich eigentlich ein ganz gutes Alter, in dem

2 Bibliothek im Wandel. Ein Werkstattbericht über die Sanierung des Gebäudes der Universitätsbibliothek Heidelberg. Hrsg.: Elmar Mittler. Heidelberg 1989. Mit mehreren eigenen Beiträgen.

man eine neue Aufgabe noch einmal anpacken kann. Meine Kinder gingen gerade beide aus dem Haus, so dass auch von daher gesehen, die familiären Dinge eigentlich in Ordnung waren. Am meisten darunter leiden musste meine liebe Frau, die immer bereitwillig mit mir gegangen ist und sich an jedem neuen Ort auch beruflich in beeindruckender Weise durchgesetzt hat. Göttingen war für mich ein Posten, von dem ich das Gefühl hatte, dass ich ihn übernehmen sollte, weil hier drei Aufgaben zu lösen waren:

1. Ein neues Gebäude zu beziehen und benutzergerecht zu gestalten,
2. einen regionalen Verbund wieder flott zu machen und
3. ein altes Gebäude zu sanieren.

Und wenn ich mir damals überlegte, was ich schon gemacht hatte, dann stellte ich fest: Eigentlich hast du in all diesen drei Bereichen schon eine ganze Fülle von Erfahrungen, und es wird dir leichter als anderen fallen, diese schwierige Dreifach-Aufgabe zu bewältigen. Du wirst mit einiger Erfahrung da hineingehen und das wird auch den anderen gut tun, weil du es mit mehr Übersicht machen kannst, als du es vielleicht bei derartigen Problemen das erste Mal getan hast; so wirst du deine Kompetenz einbringen und aber zugleich auch erweitern können. Also ein interessanter Posten für jemand, der relativ jung Chef einer Bibliothek geworden ist und auch als er in Heidelberg den zweiten Posten übernahm, immer noch im wissenschaftlichen Bibliothekswesen der jüngste Bibliotheksdirektor in Deutschland gewesen ist.

Ich bin im Oktober 1990 nach Göttingen gegangen, und ich erinnere mich noch, dass ich, während andere die Wiedervereinigung feierten, die Kisten auspackte. Für mich begann eine spannende Zeit, in der eben wirklich die genannten drei Aufgaben zu bewältigen waren. Ich denke, davon sind zwei im Augenblick recht gut geschafft: das neue Gebäude ist wirklich von allen angenommen, von den Benutzern wie dem Personal. Es hat in vieler Hinsicht baulich, aber auch als EDV-orientierte, zukunftsorientierte Bibliothek, eine große Ausstrahlung entwickelt, in mancher Hinsicht als Vorbild für die Bibliothek für das nächste Jahrhundert.

Der regionale Verbund, den ich damals als Chef auch des Bibliotheksrechenzentrums Niedersachsen übernahm, ist inzwischen zum Gemeinsamen Bibliotheksverbund von sieben Bundesländern geworden. Einer der großen Erfolge ist zweifellos, dass auch die Staatsbibliothek zu Berlin nun in diesem Verbund mitarbeitet. Ich empfinde es auch als einen Erfolg, dass dieser Verbund, ähnlich wie das OCLC aus der Universitätsbibliothek Columbus Ohio herausgewachsen ist, sich aus unserer Bibliothek schrittweise löst und ein eigenständiger Landesbetrieb wird. Ich bin besonders glücklich, dass auch die dritte Aufgabe, das Sanieren des alten Gebäudes, noch 1999 beginnt, und ich hoffe damit in den nächsten Jahren so weit zu kommen, dass man auch von den Ergebnissen dieser Arbeit einiges sehen kann.

Die ganze Zeit hat mich aber auch die überregionale Arbeit begleitet. Ich war schon in Karlsruhe Mitglied des Vorstandes des Deutschen Bibliotheksverbandes und habe dies über lange Jahre weitergeführt. 1989 ist man an mich herangetreten und hat mich gefragt, ob ich eventuell bereit wäre, Sprecher der Bundesvereinigung Deutscher Bibliotheksverbände zu werden. Es ist mir nicht ganz leicht gefallen, zuzustimmen, aber da ich immer einen besonderen Reiz darin fand, unstrukturierte Situationen zu gestalten, habe ich damals Ja gesagt und mich in das Abenteuer dieses Postens eingelassen.

Ich denke, damit wäre zunächst einmal das Wichtigste zum Thema „Mittler" selbst gesagt.

Sie blicken bisher schon auf eine vielfältige und erfolgreiche bibliothekarische und wissenschaftliche Laufbahn zurück. Sie haben eben einige Dinge angesprochen, die Ihnen besonders wichtig waren und haben im Grunde meine nächste Frage nach der Motivation, sich für das Sprecheramt der BDB 1989 bereit zu erklären, beantwortet. Wenn wir unser Augenmerk jetzt zunächst einmal auf die BDB richten, lauten die Fragen: Wie beurteilen Sie die Leistungen der BDB seit 1989 bis zur Gegenwart? Was hat sie erreicht? Und welche Fehler oder Versäumnisse wurden begangen?

Das sind natürlich gute Fragen, und ich werde sie wahrscheinlich nicht vollständig beantworten können. Ich würde die Antwort zunächst einmal auf die fünf Jahre, die ich Sprecher der Bundesvereinigung Deutscher Bibliotheksverbände gewesen bin, konzentrieren. Damals gab es vor allen Dingen drei Bereiche, in denen ich versucht habe, Akzente zu setzen. Der erste Bereich war natürlich, zunächst dafür zu sorgen, dass die Partnerschaft zwischen den Verbänden Realität wurde; dies ist damals, glaube ich, relativ gut gelungen, durch Aktivitäten innerhalb der BDB und durch Einbinden von Aktivitäten anderer. Die BDB ist damals als Partner nach innen und außen sehr bald anerkannt worden und dies zum Teil in einer Weise, die man in dieser Form gar nicht erwarten konnte, wenn man bedenkt, dass sie weder ein eingetragener Verein noch eine Einrichtung war, die mit riesigen Mitgliedermassen hätte glänzen können. Um ein Beispiel zu geben: es gab damals schon Diskussionen um urheberrechtliche Fragen, die sich als sehr relevant für die Bibliotheken erweisen sollten. Im

Zuge der europäischen Neuordnung des Verleihrechtes versuchte die Computerindustrie ein ausschließliches Recht des Verleihs der Computerprogramme für die Urheber zu erreichen. Dies hätte bedeutet, dass Bibliotheken Computerprogramme jeder Art nicht mehr hätten ausleihen dürfen. Alle Software wäre also dann tabu geworden, was insbesondere für die Öffentlichen Bibliotheken, in denen die Ausleihe von Lernsoftware, aber auch Computerspielen u.a. in größerem Umfang geschieht, ein großer Verlust gewesen wäre.

Es ist durch zähe Verhandlungen im Rahmen der Anhörungen gelungen, zu verhindern, dass es ein solches ausschließliches Recht gibt. Der Gesetzgeber hat sich entschlossen, und das kann man in den entsprechenden Kommentaren des Gesetzes nachlesen, hier nicht einzugreifen. Dies war möglich, weil die Bundesvereinigung Deutscher Bibliotheksverbände gemeinsam mit dem Deutschen Bibliotheksverband eine einseitige Erklärung unterschrieb, in der es hieß, dass die Bibliotheken bereit seien, auf das Ausleihen von Computerprogrammen in den Fällen zu verzichten, in denen wirklich eine Gefahr besteht, dass der Software-Hersteller geschädigt werde. Also zum Beispiel, wenn ich „Word“ ausleihe, dann ist es völlig klar, dass jeder, der es sich ausleiht, es nie wieder aus seinem Rechner herausnehmen wird, weil er es eben dauerhaft braucht. In solchen Fällen, und das ist ziemlich gut definiert worden, hat man gesagt, das wird nicht gemacht. Es ist auch eine bibliothekarische Gruppe benannt, die darüber wacht und die Zweifelsfälle zu lösen versucht. Nebenbei bemerkt, ist inzwischen eine ganz verblüffende Entwicklung eingetreten. Damals waren die Softwarehersteller natürlich gegen eine solche einseitige Erklärung und ihre positive Begutachtung durch den Gesetzgeber. Inzwischen ist es so, dass sie nachgeprüft haben, ob die Bibliotheken sich daran halten, und mit Verblüffung haben sie festgestellt: es geschieht. Insofern stehen sie dieser Regelung inzwischen positiv gegenüber. Ein Beispiel dafür, wie eine Vereinigung wie die BDB, die eigentlich überhaupt keine – wenn man so will – „Gewehre“ hatte, durch zähes Verhandeln zu einem ernst genommenen Partner wurde, der in diesem Fall auch vom Gesetzgeber anerkannt worden ist.

Ein anderer Hauptbereich der Aktivitäten lag im Aufbau der Zusammenarbeit mit dem Börsenverein. Auch da ging es zum Teil um Urheberrechtsprobleme. Es ist mir lange Jahre gelungen, den geplanten Prozess gegen die TIB zurückzuhalten. Irgendwann haben die Verleger sich dann doch nicht mehr beschwichtigen lassen und den Schritt getan, der sie ja dann auch eine Menge Geld gekostet hat, aber leider Gottes im Ergebnis für uns nun doch nicht so glänzend aussieht, wie wir uns das eigentlich gewünscht haben. So viel zum Bereich Wirken nach innen – Wirken nach außen.

Das Zweite war das große Abenteuer, von dem eigentlich niemand erwartet hatte, dass es zu unseren Lebzeiten geschehen würde. Ich erinnere mich daran, dass Herr Wiegand mich im September 1989 auf die aktuellen politischen Geschehnisse ansprach, und ich sagte: mein Gott, jetzt könnte es uns auch noch passieren, dass wir die Wiedervereinigung bekommen. Das hat damals keiner für möglich gehalten. Wir haben sie bekommen. Das war natürlich, um mit Kohl zu sprechen, eine historische Stunde auch für die Bundesvereinigung Deutscher Bibliotheksverbände. Die Kollegen in den inzwischen neuen Ländern, die suchten natürlich nach einem Ansprechpartner und fanden ihn in der gerade gegründeten BDB.

Woran erinnern Sie sich, wenn Sie an die Zusammenarbeit mit Bibliothekaren der DDR vor 1990 denken, und wie gestaltete sich die Zusammenarbeit mit den Kolleginnen und Kolleginnen der damaligen Noch-DDR ab 1990?

Vielleicht sollte ich ein bisschen früher als '89 anfangen. Es war für mich entscheidend, dass ich 1988, übrigens zum ersten Mal für längere Zeit, in der DDR zu einem Besuch in Dresden bei meinem Kollegen Burgemeister von der Sächsischen Landesbibliothek eingeladen war. Dies war für mich ein wirklich neues Erlebnis, denn ich habe als jemand, der keine Verwandtschaft im Lande hatte, eigentlich die DDR gemieden, weil ich die Art und Weise, wie man dort von Polizei und anderen behandelt wurde, nicht ertragen mochte. 1989 war ich dann offizieller Staatsgast. Wir, Herr Burgemeister und ich, haben damals zwei Dinge ausgeheckt. Das Eine war die Vorbereitung der Rückgabe einer Paracelsus-Handschrift, die 1942 aus Heidelberg nach Dresden zur Benutzung gegeben worden war und nach dem Zweiten Weltkrieg nicht wieder zurückgegeben wurde. Sie ist in das Kulturabkommen der Bundesrepublik und der DDR mit aufgenommen worden. Das Zweite war, dass wir einen Austausch an Kunstliteratur vereinbarten. Die Dresdener Kollegen waren ja für die DDR Sondersammelgebiets-Bibliothek für die Kunstliteratur. Sie haben mit uns DDR-Literatur getauscht, um Devisen zu sparen, und – Heidelberg hatte ja das Sondersammelgebiet für Kunst im Westen – dafür westliche Literatur zurückerhalten. Inzwischen ist die Dresdener Bibliothek offiziell Sondersammelgebiets-Bibliothek für die Kunst nach 1945 geworden. Die Zusammenarbeit hat sich also in gewisser Weise fortgesetzt.

Für mich war der Besuch bei Burgemeister damals deshalb besonders wichtig, weil ich die vorrevolutionäre Stimmung in der DDR sehr gut kennen lernte; ich habe damals gesagt, ich könne mir nicht vorstellen, dass dieser Staat noch lange besteht. Burgemeister sprach ganz offen über die Situation in der DDR, über die Situation der Kollegen, wer was macht, wer was wie macht und so weiter. Ich habe in diesen zehn Tagen, die ich dort war, einen sehr detaillierten, teilweise persönlich gefärbten, aber insgesamt sehr umfangreichen Einblick, nicht nur in die Dresdener Bibliothek, sondern auch in das Bibliothekswesen der DDR und seine führenden Persönlichkeiten erhalten.

Mit Burgemeister und Frühauf habe ich, als wir 1989 – einen Tag vor Öffnung der Mauer – die Übergabe der Handschrift in Dresden realisiert haben, wieder diskutiert. Es ging um die große Frage, wie es weitergehen würde, und obwohl keiner irgendwie eine Idee hatte, wie es konkret realisiert werden könnte, kamen Burgemeister und ich zum Ergebnis, dass die Wiedervereinigung kommen muss. Frühauf, sein designierter Nachfolger, hat das abgelehnt. Er meinte damals, es hat hier viele Parolen gegeben, aber eine Parole zur Einheit nicht: an Wiedervereinigung denkt hier niemand, das wird niemals kommen. Ich erinnere mich, dass damals Burgemeister sagte: die Leute werden nach den Fleischtöpfen des Westens gieren, und sie werden überlaufen. (Er war ja eigentlich ein überzeugter Sozialist.) Ich habe gesagt: wenn ich mir ansehe, was hier an Infrastruktur schlicht kaputt ist und was hier an Investitionen notwendig ist, dann kann ich mir nicht vorstellen, dass diese Investitionen kommen, wenn das nicht ein Land wird. Wenn es nicht ein Land wird, aber eine Öffnung der Grenzen kommt – so etwas lag damals irgendwie in der Luft – dann wird es die Wiedervereinigung auf dem Boden Westdeutschlands geben, was wirtschaftlich aber nicht realisierbar ist. Kurz – es gibt keine Alternative zur Wiedervereinigung. Erstaunlicherweise ist dies dann nun auch wirklich gekommen. Heute ist es einem selbstverständlich, damals war es auch für Burgemeister und mich trotz unserer Analyse noch völlig unvorhersehbar, wie so etwas passieren könnte.

Sie waren also an den entscheidenden Tagen, mehr oder weniger durch einen Zufall, ganz, ganz nah dran. Wie hat sich die Zusammenarbeit dann anschließend weitergestaltet, und zwar auch im Hinblick auf die Zusammenarbeit der Verbände und vor allem in der BDB?

Es ist ganz interessant festzustellen, wie danach die Abwehrmaschinerie der SED und auch der letzten Endes zu ihr gehörenden Verbände zunächst noch ganz außerordentlich kräftig gewesen ist. Ich erinnere mich daran, dass ich in Heidelberg Anfang 1990 Besuch von einer Delegation von DDR-Kollegen bekam. Es war ein kleiner Kreis auf Verbandsebene, u.a. mit Jügelt, der in Magdeburg zum Vorsitzenden des VDB-Ost gewählt worden war und im Gespräch meinte, jetzt brauchen wir doch für die Fernleihe nicht mehr den internationalen Leihschein, jetzt können wir doch wieder den roten Leihschein nehmen. Aber ein SED-Funktionär, der mitgekommen war, sagte, das komme auf keinen Fall in Frage; man müsse doch die Dinge in Ordnung weiterführen. Das war im Januar 1990, und man sieht deutlich, dass noch in der Modrow-Zeit eine Menge Widerstand gegen die sich abzeichnenden Entwicklungen erkennbar war. Wir haben auf der bibliothekarischen Basis behutsam, aber doch gezielt, viele Gespräche geführt, teilweise in der Nähe von Rostock in einem alten SED-Haus. Ich erinnere mich noch, wie Ost-Kollegen damals gesagt haben: ich muss mich mal eben kneifen, um zu wissen, ob ich wach bin oder träume. Ich bin an diesem Haus x-fach vorbeigegangen, ich hätte es nie in meinem Leben für möglich gehalten, dass ich jemals in dieses Haus komme und dann auch noch mit solch einer Aktivität, wie wir sie jetzt betreiben.

Man muss sagen, dass noch wichtiger als die direkte Zusammenarbeit der Verbände, die Möglichkeit war, Mitglieder für die deutsch-deutsche Kommission zu benennen. Von BDB-Seite entstand eine Bibliotheksgruppe, die noch über die Zeit der Wiedervereinigung hinaus Bestand hatte. In dieser Gruppe haben wir die entscheidenden Entwicklungen vorbereiten können für das Überführen der DDR-Bibliotheken in die neue, westlich orientierte Situation. Dies war auch die Hauptaufgabe des Sprechers und der anderen Mitglieder, die daran beteiligt waren. Es war damals eine Chance, in dieser Situation des völligen Neuaufbaus, in der die Länderregierungen und die Länderverwaltungen letzten Endes neu geschaffen werden mussten, dafür zu sorgen, dass dies für den Bibliotheksbereich immer in ganz enger Abstimmung mit den Verbänden geschah. Es gibt in Sachsen z.B. ein Bibliotheksgesetz, in dem die Zusammenarbeit mit der Landesgruppe des Deutschen Bibliotheksverbandes fest etabliert ist. Dies war damals eine Strategie. Wir haben auf der einen Seite in der Arbeitsgruppe Richtwerte entwickelt, auf der anderen Seite haben wir diese Richtwerte den Kollegen bekannt gemacht, die sie dann mit ihren zuständigen Dienststellen diskutieren konnten. Wir haben aber gleichzeitig auf der Ebene der damals im Aufbau befindlichen Verwaltung getagt und dort dieselben Richtwerte und Strukturvorstellungen verbreitet. Es ist auf diese Weise gelungen, dass sich der Ring zwischen den

Partnern, die in Zukunft zusammenarbeiten sollten, wirklich geschlossen hat. Das hat in vielen Fällen perfekt funktioniert und wirklich auch dazu geführt, dass zwei Entwicklungen möglich wurden:

Erstens, die Universitätsbibliotheken auf ein total neues Niveau zu stellen. Die Universitätsbibliotheken waren in der DDR relativ schlecht behandelt worden, nach russischem Vorbild, wenn man so will. Jeder von uns wusste, das musste man auf ein anderes Niveau bringen. Wenn man das nicht schaffte, dann wäre die Zukunft verloren. Man musste es in einem Schlag machen, das war klar, und das Schlüsselwort dafür war HBFG. Dadurch, dass wir die DDR-Hochschulbibliotheken sozusagen als Einrichtungen von Neugründungen deklarierten, konnte ein Zwölf-Jahres-Programm des Neuaufbaus entwickelt werden, das dazu geführt hat, dass die Kollegen heute bessere Etats als die Kollegen im Westen haben. Man merkt inzwischen im Fernleihverkehr zunehmend, dass in den vergangenen zehn Jahren in den neuen Ländern mehr Geld zur Verfügung stand, als im Westen.

Die zweite ganz große Herausforderung – und dies war ein viel schwierigeres Terrain – war das „Leseland DDR". Es war zwar ein gutes Stück Propaganda, denn es bedeutete de facto, dass viel gelesen wurde, aber – wie wir heute noch besser als früher wissen – in sehr weitgehend vorstrukturierter Weise. Aber es wurde eben doch viel gelesen, und zwar über die Bibliotheken. Die wichtige Stellung der DDR-Bibliotheken brach natürlich in dem Augenblick total zusammen, als sich die Grenze öffnete und man nach Westen konnte. In Berlin war das am deutlichsten, wo einfach die West-Berliner Bibliotheken, die Amerika-Gedenkbibliothek vor allem, überrannt wurden und die Ost-Bibliotheken eigentlich hätten zumachen können. Es waren Gelder des Bundes zu besorgen, der eigentlich dafür überhaupt nicht zuständig war, und das gelang. Es wurde ein Programm realisiert, das es ermöglichte, trotz zahlreicher Schließungen von Mini-Bibliotheken, leistungsfähige Öffentliche Bibliotheken zu etablieren. Die Ausleihzahlen waren bald wieder genauso hoch oder teilweise höher als sie zwei, drei Jahre vorher, also noch zu DDR-Zeiten, gewesen sind. Dies war, ehrlich gesagt auch für mich selber, das wichtigste Ergebnis, das wir damals erreichen konnten.

Allerdings muss ich dabei auch erwähnen, dass es uns sowohl im Bereich wissenschaftlicher wie im Bereich Öffentlicher Bibliotheken trotz aller Bemühungen kaum einmal gelungen ist, solche positiven Nachrichten angemessen in der Presse zu platzieren. Es war bald zu spüren, wie eine Abkühlung des Verhältnisses zwischen West und Ost und Ost und West Realität wurde. Zu diesen pausenlosen Negativ-Meldungen, die man verbreitete, passten unsere Nachrichten einfach nicht. Das Zusammenwachsen von Ost und West und West und Ost, das aber war etwas, was wir versucht haben, in einem gewissen Kontrastprogramm in der BDB zu realisieren. Wir haben sehr bald Vertreter aus dem Osten in der BDB gehabt, und wir haben sehr bald, das war damals zunächst ein mutiger Schritt, einen Bibliothekskongress in Leipzig geplant. Bei vielen herrschte die Sorge, dass man dort vielleicht nicht unterkommen könne, dass man kein Bett finden würde. Wir haben es trotzdem gewagt. Es wurde dies 1993 einer der erfolgreichsten Kongresse überhaupt, in finanzieller Hinsicht ebenso wie in der Beteiligung. Wir hatten über 3.000 Besucher, und es geschah genau im richtigen Moment ein Schulterschluss zwischen den Kollegen Ost und West, und zwar nicht nur auf der Ebene der Direktoren, sondern insbesondere auch auf der Ebene der Mitarbeiter.

Dazu vielleicht noch eine kleine Story nebenbei, die mir aber wichtig ist. Noch zu DDR-Zeiten gab es die Möglichkeit, Geld vom Bundesministerium für Bildung und Wissenschaft für Lehrbuchsammlungen zu bekommen. Ich erinnere mich, wie ich mit den Kollegen aus dem Osten zusammensaß und gefragt wurde: wenn wir das Geld bekommen, dürfen wir es denn auch selbst ausgeben? Damals war es üblich, im Westen für die Ostbibliotheken zu bestellen und zu zahlen. Ich traute den Kollegen auf Grund meiner Gespräche mit Burgemeister in Dresden aber zu, dass sie es allein schafften. Ich habe versprochen: ich werde mich dafür einsetzen, dass ihr über das Geld verfügen dürft. Ich wusste damals noch nicht, wie viel Geld sie bekommen würden. Ich habe beim BMBW je 5 Millionen DM für drei Jahre erbeten – gegeben wurden (eine Leistung von Dr. Hirsch) 15 Millionen DM nur für 1990. Die Kollegen haben in den letzten Monaten des Jahres 1990 Tag und Nacht arbeiten müssen und dabei mehr westliche Bücher gekauft als in den zehn Jahren vorher. Dies hat den Kollegen trotz allem große Freude bereitet. Auf diesem Weg ist auch ein wenig Infrastruktur im Buchhandel gefördert worden, aber vor allen Dingen das Know-how der Kollegen. Ein Jahr später fühlten sie sich total sicher in diesem Geschäft, und das beruhte auf dem Vertrauen, das man berechtigterweise in sie setzte. Das haben uns die Kollegen, die davon wissen, auch nie ganz vergessen. Und von daher gesehen, haben wir ein wirklich harmonisches Verhältnis in dieser ganz schwierigen Situation zwischen Ost und West schaffen können – natürlich nur ein Tropfen auf dem heißen Stein der großen Strukturprobleme der Vereinigung.

Umso wichtiger ist es, an diese Dinge zu erinnern, die doch innerhalb von zehn Jahren sehr schnell in Vergessenheit geraten sind.

So etwas weiß heutzutage so gut wie keiner mehr. Es ist ja eben auch zu ganz wesentlichen Teilen hinter den Kulissen geschehen. Das macht auch die BDB aus, einerseits natürlich Öffentlichkeitsarbeit, zum anderen aber auch das stille und das zähe Verhandeln und das Vertrauenschaffen im Hintergrund, um solche Entwicklungen voranzubringen.

Das Zusammenwachsen des deutschen Bibliothekswesens im Auftrage der Bürgerinnen und Bürger aller Alters- und Sozialschichten sehen Sie zu Recht als Erfolg der BDB. Sie hatten auch das interne Zusammenwachsen der Verbände, die Einheit des wissenschaftlichen und Öffentlichen Bibliothekswesens, auch die Auseinandersetzungen mit dem Börsenverein zu diesen Erfolgen gezählt. Sie haben deutlich gemacht, dass diese Erfolge der BDB nicht in angemessener Weise in der Öffentlichkeit bekannt geworden sind. Wenden wir uns dem zweiten Teil der Frage zu, den Fehlern und Versäumnissen. Sie haben die Nichtbeachtung oder die wenige Beachtung dieser Leistungen in der Öffentlichkeit genannt. Sehen Sie hier Versäumnisse der BDB selbst? Welche anderen Fehler oder Versäumnisse sehen Sie in der Vergangenheit und Gegenwart des bibliothekarischen Verbandslebens oder der Bibliotheken selbst?

Wenn man nun über Fehler spricht, muss ich sagen, ich persönlich habe in meiner Amtszeit einen großen Misserfolg zu erleiden gehabt. Das war der Versuch, die Verbandsarbeit noch enger zusammenzuführen, der Versuch, einen Gesamtverband zu schaffen, der sowohl Institutionenverband wie die Personalverbände umfasst hätte. Es sollten dabei gewisse Handlungsfreiheiten für die Teilverbände gegeben sein insofern als die Personalverbände hier in Personalfragen selbstständig hätte agieren können ohne den Institutionenverband, aber das Ganze, der gesamte Verband hätte dann eine institutionalisierte große Kraft bekommen, die teilweise auch aus der Reduzierung des internen Verwaltungs- und Abstimmungsaufwandes entstanden wäre. Ein Dachverband BDB, in welcher Rechtsform auch immer, wird demgegenüber immer eine zusätzliche Anstrengung mit weniger Effekt erbringen.

Bei der Diskussion hatte es zunächst sehr positive Reaktionen gegeben, weshalb ich mich als Sprecher dann auch engagiert habe. Ich habe das natürlich immer sehr vorsichtig zu tun versucht. Die Tatsache, dass es in der Schweiz gelungen war, etwas Vergleichbares zu realisieren, wurde zunächst einmal sehr positiv bewertet. Dann aber entstand eine Situation, in der der damalige Präsident des DBV, der vom kommunalen Spitzenverband kam, meinte, der Institutionenverband könne von den Personalverbänden sozusagen als Gewerkschaften unterwandert werden. Er hat sich deshalb sehr massiv dagegen gestellt, was de facto bedeutete, dass die bisherige Unterstützung durch die Unterhaltsträger für den Institutionenverband im Öffentlichen Bereich für einen Gesamtverband nicht weiter gegeben gewesen wäre. Man war im kommunalen Bereich ganz anders politisch zu denken gewohnt, als das im wissenschaftlichen Bereich der Fall ist. So ist ein Gesamtverband praktisch von dieser Seite her blockiert worden. Damit aber entstand eine hoffnungslose Situation für die weitere Entwicklung des Gedankens einer Konzentration der Verbände.

Es war nämlich absehbar, dass der Verein Deutscher Bibliothekare, also der Verband der wissenschaftlichen Bibliothekare des Höheren Dienstes, niemals bereit sein würde, in einen reinen Personalverband einzutreten, weil er eine Majorisierung durch die Kollegen von den Öffentlichen Bibliotheken plus den Kollegen des gehobenen Dienstes so fürchtete. Der VDB brauchte sozusagen einen Gesamtverband, in dem er sich stärker an den Institutionenverband hätte anlehnen können. Die Kollegen des höheren Dienstes waren eher institutionenorientiert und wären nach ihrer Vorstellung innerhalb der Personalsektion die Garanten dafür gewesen, dass sie für den Institutionenverband das Zünglein an der Waage hätten sein können: in einem reinen Personalverband aber befürchteten sie, immer eine absolut minimale Position zu haben; so scheiterte der Versuch, einen Gesamtverband zu bilden, ebenso wie der, einen einheitlichen Personalverband zu schaffen. Damit ist etwas nicht gelungen, was ich eigentlich in der damaligen Zeit für eine dringende Notwendigkeit gehalten hatte. Vielleicht geben mir in diesem Punkte inzwischen manche Entwicklungen, die wir als großen Erosionsschub jetzt erleben, auch Recht.

Sie sprachen gegenwärtige Erosionen im Verbandsleben an und meinen, dass diese auch bedingt seien durch die nicht geglückte Vereinigung oder durch ein nicht geglücktes engeres Zusammenwachsen der Vereine und Verbände. Können Sie diese Erosionserscheinungen konkret benennen?

Ich kann mich darüber nicht in großem Umfange auslassen. Es ist ein Trend, den wir ganz deutlich sehen müssen, dass Strukturen, wie wir sie im Bibliothekswesen in den letzten Jahrzehnten erfolgreich aufgebaut und nach der Wiedervereinigung auch fortgeführt haben, dass Dinge, die uns selbstverständlich erschienen, heutzutage in Frage gestellt und dabei zu einem nicht unwesentlichen Teil durchaus nicht nach Vorstellungen von Bibliothekaren neu geregelt werden. Ein Beispiel ist zweifellos das Deutsche Bibliotheksinstitut, bei dem ich persönlich schon sehr bedaure, dass bei der jetzt auf der Tagesordnung stehenden Neueinrichtung die Bibliotheksverbände keine Rolle mehr spielen. Sie haben sich, aus meiner Perspektive gesehen, selbst dadurch die Hände gebunden, dass sie nicht wenigstens ein Minimum an finanzieller Beteiligung in Aussicht gestellt haben. Ich halte dies persönlich für einen ganz großen Fehler, der die politische Bedeutung der Verbände von einem Tag auf den anderen massiv reduziert hat.

Man denke auch an die Gestaltungsmöglichkeiten der Bibliotheken und der Bibliotheksverbände in anderen Bereichen, z.B. bei Urheberrechtsfragen oder an Lobby bei finanziellen Zuweisungen, an Lobby im Zusammenhang mit Globalhaushalten der Universitäten, an Lobby im Zusammenhang mit der Entwicklung der digitalen Bibliothek und ihrer verteilten und kooperativen Weiterentwicklungen, an Lobby für die Weiterbildung und Ausbildung von Bibliothekaren, an Lobby für die professionelle Sicherung von bibliothekarischer Ausbildung an Fachhochschulen oder auch Universitäten, an Fragen, wie etwa die, ob man Bibliotheken und Rechenzentren zusammenlegen soll, und so weiter. Vielleicht brauchten wir in dieser Situation einen starken, aber auch sehr flexiblen und damit auch vielgestaltigen Institutionen- und Personalverband in Kombination. Aktivitäten hier abgestimmt und erfolgreich durchzuziehen, wäre natürlich in einem Gesamtverband sehr viel leichter möglich, als das in dem schwierigen Geschäft der Meinungsbildung innerhalb der BDB und zwischen den Verbänden möglich ist. Auch die Verbindung zu anderen Berufsgruppen wie den früher Dokumentare genannten Informationsspezialisten und den Archivaren könnte mit einem leistungsfähigen wirklich großen Verband leichter zukunftsträchtig realisiert werden.

Sie sind damit meiner nächsten Frage zuvorgekommen, diese nämlich lautet: Wie sehen Sie die Zukunft der Bundesvereinigung Deutscher Bibliotheksverbände, was sollten die Verbände und was sollte die BDB Ihrer Meinung nach unternehmen, um das deutsche Bibliothekswesen zu stützen und zu fördern?

Das ist eine Frage, zu der ich mich gar nicht mehr so intensiv äußern möchte. Ich habe nun die Zeit als Sprecher der Bundesvereinigung fünf Jahre hinter mir, und habe mich im Wesentlichen aus diesen Verbandsarbeiten zurückgezogen. Ich halte das auch für richtig, denn ich bin ein überzeugter Demokrat, der der Meinung ist, dass man solche Ämter auch als befristete Ämter haben sollte und nicht in irgendeiner Weise als Dauerabonnement. Wenn es darum geht, was in Zukunft geschehen soll, dann scheint es mir wichtig zu sein, dass die Verbände auch in der jetzigen Form alles tun, um Funktionalität und Abstimmungsmöglichkeiten zu verbessern. Ganz sicher ist, dass man in Zukunft dafür sorgen muss, dass die Urheberrechtsfragen in angemessener Form gelöst werden; ganz sicher ist, dass man sehr dafür sorgen muss, dass die Bibliotheken als besondere Leistungsträger im Innovationsbereich, als Garanten der Zukunft im digitalen, im elektronischen Bereich erkennbar sind, dass sie hier als Partner, als Zugpferde gesehen werden. Dies muss umgesetzt werden in kooperative Arbeitsverhältnisse. Es wird sicher eine ganz wichtige Aufgabe der Verbände sein, die Kommissionsarbeit an den Stellen, wo sie unumgänglich ist, zu übernehmen, wenn ein Bibliotheksinstitut das nicht mehr kann. Hier werden neue Aufgaben auf die Verbände zukommen, hier werden auch finanzielle Belastungen auf die Verbände zukommen, die – wenn man sich das unter dem Strich überlegt – möglicherweise als Beitrag zum DBI politisch wesentlich höhere Früchte hätten tragen können.

Wir wollen beim Zukunftsaspekt bleiben und gegen Ende des Interviews wieder etwas persönlicher werden. Was würden Sie einer jungen Frau, einem jungen Mann, raten, die oder der eine bibliothekarische Ausbildung anstrebt? Können Sie den Beruf des Bibliothekars noch empfehlen, oder ist er eine Sackgasse?

Ich habe keine Probleme damit, diesen Beruf zu empfehlen, obwohl ich glaube, dass er in der Form, wie wir ihn in der Vergangenheit gekannt haben, so nicht Bestand haben wird. Ich sehe Erosionsentwicklungen auch bei der Ausbildung insbesondere des wissenschaftlichen Dienstes. Ich bin der Überzeugung, dass es notwendig ist, dass Fachwissenschaftler sich auch weiterhin sozusagen nachträglich mit dem Bibliothekswesen identifizieren durch eine Art Ausbildung. Darüber wird man viel nachdenken und viel dafür kämpfen müssen, dass entsprechende Möglichkeiten geschaffen werden. Insgesamt gesehen aber bin ich der festen Überzeugung, dass der bibliothekarische Beruf und die wesentlichen Aufgaben des bibliothekarischen Berufes heute wichtiger sind als je zuvor. Wenn es überhaupt eine Gruppe gibt, die sozusagen Stetigkeit und Dauerhaftigkeit, sagen wir vielleicht auch ein bisschen Ordnung, im Internet und in der digitalen Welt schaffen kann, dann sind es letzten Endes die Profis, die Bibliothekare, und zwar die, die eine stark bibliothekarisch-technisch orientierte Ausbildung haben, wie diejenigen, die eine spezialisierte, fachwissenschaftliche Ausbildung mit einem ergänzenden bibliothekarischen Akzent haben.

Also durchaus eine positive Sicht. Wenn Sie aber selbst noch einmal die Wahl hätten: Würden Sie den Beruf des Bibliothekars noch einmal ergreifen oder für welchen würden Sie sich mit Ihrer Lebenserfahrung heute entscheiden?

Ja, für mich gibt es keine Alternative zu dem, was ich als Beruf gewählt habe. Es war und ist für mich der spannendste Beruf, den ich mir vorstellen kann. Man hat die Chance, sich am selben Tag mit völlig divergierenden Dingen auseinander zu setzen, sozusagen von der Keilschrift bis zum Computer. Man kann weltweite Beziehungen aufbauen, die heute notwendig sind, um im globalen Zeitalter der Information, z.B. als Sondersammelgebiets-Bibliothek, weiter leistungsfähig zu bleiben. Wenn ich dann noch an solche wirklich unglaublichen Abenteuer denke wie das befristete Repatriieren der Palatina für eine Ausstellung auf Zeit und dann die Mikrofiche-Ausgabe auf Dauer, oder wenn ich an die vielen, vielen nationalen, lokalen, regionalen Kontakte denke, die man als Bibliothekar haben kann, und wenn ich schließlich an den Beruf eines Bibliotheksdirektors denke, der einem ja die Chance bietet, auch innerhalb eines Hauses mit einem Spektrum von Leuten zusammenzuarbeiten, das sozusagen vom einfachen Arbeiter, in Heidelberg hatte ich noch Heizer, bis zum Professor geht, das ist eine so reizvolle, vielfältige Aufgabe, die zu gestalten sich lohnt. Auch wenn man sich dabei, das ist vielleicht der einzige Wermutstropfen, mit den Gehältern anderer Leute, im Verlagswesen z.B., leider Gottes nicht vergleichen kann.

Sammelt Elmar Mittler privat?

Es ist schon ganz interessant, dass man als Bibliothekar persönlich eine Bibliothek besitzt, denn eigentlich kann man ja alles bekommen, was man haben will, und man braucht eigentlich gar keine eigenen Bücher. Ich habe eine große Bibliothek, ich weiß nicht genau, 15.000 Bände werden es bestimmt sein, und heute Nachmittag habe ich gerade einmal wieder neue Regale bekommen. Ich habe es allerdings vermieden, Sammler in irgendeinem Bereich zu werden, und zwar aus der Erfahrung heraus, dass die Gefahr besteht, dass man dann nicht mehr trennen kann zwischen dem, was man selbst haben will, und dem, was die Bibliothek haben soll. Ich habe dafür konkrete Beispiele in meinem Berufsleben erlebt und habe mir daraufhin geschworen, so etwas nie in meinem Leben zu tun und habe das durchgehalten. Um ehrlich zu sein, dafür gab es unter finanziellen Gesichtspunkten auch eigentlich keine Alternative.

Können Sie uns ein Ereignis aus Ihrem bibliothekarischen Leben nennen, das Sie besonders erheitert hat?

Wenn ich nach einer Anekdote gefragt werde, dann fällt mir am ehesten eine Geschichte ein, die ich von einem meiner guten bibliothekarischen Freunde habe, nämlich dem jüngst verstorbenen früheren Präfekten der Vatikanischen Bibliothek, Father Boyle, der mich mit irischem Humor immer wieder erfreut hat. Er erzählte mir einmal die schöne Geschichte, dass er – damals wohnte er noch nicht im Vatikan, sondern – wie in seinen letzten Lebensjahren wieder – in San Clemente, dem irischen Dominikanerkloster in Rom – dass er also jeden Tag zur Porta Santa Anna kam, durch die auch ich immer hineinzugehen hatte, beäugt von den Schweizer Gardisten und der Zivilpolizei des Vatikan, seinen Ausweis nur von weitem zeigte und hindurchging. Eines Tages fragte ihn ein Polizist: „Father Boyle, was machen Sie eigentlich hier?" Daraufhin hat Boyle geantwortet: „Io facio niente. Io sono il prefetto della Biblioteca Vaticana. – Ich tue gar nichts. Ich *bin* der Chef der Vatikanischen Bibliothek."

Vielleicht hat sich so mancher mein Leben gelegentlich auch so vorgestellt.

(Das Gespräch wurde am 6. August 1999 von Georg Ruppelt aufgezeichnet.)

„Wir denken zu wenig in großen Visionen“ Gespräch mit Birgit Dankert, BDB-Sprecherin 1994 – 2000

Interessanter als eine Abschrift aus einem „Who is who“ oder dergleichen ist es ja immer, wenn sich jemand selbst vorstellt. Darf ich Sie, Frau Dankert, um ein ganz persönliches Abstract Ihrer Vita bitten:

1944 bin ich in Mühltroff bei Plauen im Vogtland geboren. Meine Mutter und mein Bruder waren dorthin evakuiert worden, um der Bombardierung Münsters – wo meine Eltern wohnten – auszuweichen. 1945 ist meine Mutter mit uns wieder nach Westdeutschland geflüchtet. Ich verbrachte in Borghorst – einem kleinen Ort im Münsterland – eine wunderbare behütete, ländliche Kindheit und Jugend in privilegierten Verhältnissen. Das beschützt mich noch heute. Schon in der Schule – dem Gymnasium Arnoldinum Burgsteinfurt – war ich mit meinem späteren Ehemann befreundet. Wir haben gemeinsam in Münster und Tübingen studiert (Philosophie, Germanistik, Kunstgeschichte). Nach dem Examen (Magister Artium) haben wir beide in Hamburg die Ausbildung zum Diplom-Bibliothekar an der gerade installierten Fachhochschule Hamburg absolviert. Wir waren (übrigens zusammen mit Eva Homrighausen, der Direktorin der Stadtbibliothek Nürnberg) die ersten studentischen Vertreter im Fachbereichsrat, dem Selbstverwaltungsgremium der Fachhochschule Hamburg. Wir beide sahen in dem bibliothekarischen Beruf eine gesellschaftspolitische verantwortungsvolle Tätigkeit und Professionalisierung unserer literarischen Kenntnisse und Ambitionen, die übrigens schon damals Non-print-Medien einbezogen. Auch an dieser Überzeugung hat sich für uns nichts geändert. Es war damals nicht schwer, eine gute Stelle zu finden. 1971 sind wir dann nach Flensburg gezogen und haben dort angefangen zu arbeiten. Wir wollten ursprünglich höchstens drei Jahre bleiben, bei mir wurden es zehn Jahre. Mein Mann hat sein gesamtes Berufsleben an der Stadtbücherei Flensburg verbracht. Ich habe als Lektorin im Zentrallektorat der Büchereizentralen Flensburg/Rendsburg später der Landesbüchereistelle Schleswig-Holstein gearbeitet, daneben Projekte wie den Modellversuch zur schulbibliothekarischen Betreuung von Dörfergemeinschaftsschulen geleitet und sehr viele literarische Veranstaltungen organisiert oder selber gestaltet. Es war eine sehr vielseitige, reizvolle

Arbeit – ich habe diese Kulturarbeit auf dem Lande geliebt. Aber mit der Zeit wurden mir die Welt dort und auch mein Verantwortungsbereich doch zu klein. Vom Beginn meiner beruflichen Tätigkeit an übernahm ich berufspolitische Aufgaben und Ämter. Das hielt ich für ganz selbstverständlich. Mein Arbeitgeber, der Deutsche Grenzverein, unterstützte diese Aktivitäten, weil er sich davon – zu Recht – einen Reformschub für die bibliothekarische Arbeit im Landesteil Schleswig und Einfluss bei berufspolitischen Entscheidungen versprach.

1981 ging ich als Professorin für Bibliothekswissenschaft an die Fachhochschule Hamburg und wurde verantwortlich für den Bereich Bibliotheksarbeit mit Kindern und Jugendlichen. Wie das bei Fachhochschul-Professoren so ist, kamen aber andere Lehrinhalte, besonders Bestandsmanagement und Kulturmanagement hinzu. Zugute kam mir bei dieser Arbeit, dass ich schon im Studium Kinder- und Jugendmedien zu einem Interessen-Schwerpunkt gemacht und in Flensburg und anderswo sehr häufig Weiterbildungsveranstaltungen, VHS-Kurse und Lehraufträge durchgeführt, daneben kontinuierlich in Zeitungen und Fachzeitschriften, auch im Rundfunk veröffentlicht hatte. Das lief dann alles – zunehmend auch im internationalen Rahmen – so weiter. Der Einigungsprozess 1989/1990 bedeutete für mich einen Einschnitt. Ich habe mir immer gesagt: „Wenn du mit deinen Voraussetzungen, deiner politischen Einstellung, deinen Möglichkeiten in dieser Situation scheiterst und nicht alles tust, was dir möglich ist, dann war alles nichts“. Unter dieser Prämisse habe ich dann versucht, die deutsch-deutsche Bibliotheksintegration mit zu fördern. 1995/96 geriet ich in das, was man wohl eine Lebenskrise nennt, was mir aber rückblickend eher als „Klärung der Verhältnisse“ erscheint. Fast gleichzeitig erkrankten mein Mann und ich sehr schwer. Meinen Plan, als Direktorin der Hamburger Öffentlichen Bücherhallen tätig zu werden, gab ich nach turbulenten fünf Monaten auf und kehrte an die Fachhochschule Hamburg zurück. Mein Mann musste seine Berufstätigkeit wegen eines schweren Herzleidens beenden; ich bin wieder gesund. Von 1996 bis jetzt standen die Realisierung des reformierten Studienganges Bibliotheksmanagement an der Fachhochschule Hamburg und die berufspolitische Tätigkeit in meiner Eigenschaft als Sprecherin der BDB im Vordergrund.

Ihre bibliothekarische Laufbahn, Frau Dankert, ist, wie wir eben gehört haben, außerordentlich vielfältig. Auf welche beruflichen Erfahrungen und Erlebnisse schauen Sie mit besonderer Freude zurück und auf welche hätten Sie gern verzichtet?

Mir hat die Arbeit für die Region Schleswig gut gefallen, also für eine überschaubare Gesellschaft, deren Personen man kannte, deren Aufgaben man sehr genau kannte und wo man sich eine Zielsetzung gab, die dann auch realisierbar war. Es hat mir sehr viel Vergnügen bereitet, Literatur für eine gesellschaftspolitische Aufgabe aufzubereiten; also sehr genau zu wissen, auf welche Resultate hin man Literatur las, bewertete, für die Anschaffung vorschlug, und dies in so genannten Bücherrunden, in Diskussionsrunden, mit Lesern und Benutzern der Bibliotheken besprach. Das war eine ebenfalls überschaubare und gleichzeitig fachlich und politisch, kulturpolitisch fundierte Aufgabe. Die Lehrtätigkeit hier mit jungen Menschen in Hamburg, mit all den fachlichen und menschlichen Eigenheiten, macht mir ebenfalls immer wieder Freude, wobei natürlich sowohl bei der einen Tätigkeit in Schleswig-Holstein für ein Jahrzehnt, als auch hier bei meiner 20-jährigen Lehrtätigkeit eine gewisse Gewohnheit Raum greift. Was mir an der Lehrtätigkeit besonders gefällt, ist, die Tatsache dass wir sozusagen akademisch arbeiten, aber auch fragen müssen, ob unsere Lehre zur Berufsvorbereitung tauglich ist. Dieses Korrektiv, das durch die Anforderungen der Praxis bedingt wird, halte ich für außerordentlich nützlich und auch lehrreich, jeweils für denjenigen, der dort ausbildet.

Zum zweiten Teil Ihrer Frage: „Verzicht", das hört sich immer ein bisschen negativ an. Ich muss ehrlich sagen, das ich auf sehr wenig in meinem Leben verzichten möchte. Meine berufliche Laufbahn, die ja nicht karriereorientiert, sondern immer aufgabenorientiert war, bezeichne ich rückblickend als sehr befriedigend. Wünsche bleiben immer offen!

An welche Ereignisse erinnern Sie sich mit besonderem Vergnügen?

Es freut mich schon, dass ich den Personalverband VBB seinerzeit berufspolitisch wirksam werden lassen konnte, dass ich zu Zeiten der Bildungsreform und der Liberalisierung unserer Gesellschaft diese 68-er-Euphorie mit auf die Bibliotheken übertragen konnte und dabei sein durfte. Dass die Zeitschrift „Buch und Bibliothek" durch Verlagsverträge gerettet werden konnte, daran erinnere ich mich auch positiv. Ich habe die Lektoratskooperation mit ins Leben gerufen. Von der Deutschen Einheit und der Integration des deutsch-deutschen Bibliothekswesen wird noch die Rede sein. In fast missionarischem Eifer konnte ich die Europa-Politik des Bibliothekswesens mit einläuten und allgemeine Akzeptanz bewirken: Akzeptanz der Deutschen im europäischen Kontext und Akzeptanz der Europapolitik im deutschen Bibliothekswesen – denken Sie an EBLIDA. Zur Gründung der BDB beigetragen zu haben, freut mich ebenfalls. Dass die Anerkennung der BDB-Lobby-Arbeit erreicht wurde, gehört zu den Positiva, vor allem aber dass es gelungen ist, trotz aller Gegensätzlichkeiten und Schwierigkeiten, fünf Jahre das Miteinander der bibliothekarischen Verbände gestaltet zu haben. Natürlich freut es mich, dass wir die IFLA 2003 nach Berlin holen konnten.

Die schwierigen Dinge, an die ich mich erinnere, sind eher menschlicher Natur und deswegen halte ich sie für eine Begleiterscheinung, die einfach den Preis für solche Erfolge darstellen. Die Agonie des Deutschen Bibliotheksinstitutes und auch die politischen Umstände dieser Agonie sind für mich das schwärzeste Erlebnis meiner berufspolitischen Arbeit. Woran ich mich immer gern erinnere und was auch so ein bisschen der Mehrwert meiner Tätigkeit darstellt, waren die Räume und Gebäude, in denen ich tätig werden durfte. Hier erinnere ich mich an Gebäude wie die Paulskirche in Frankfurt, das Hambacher Schloss, die alte Aula in Heidelberg, die Schlosskirche in Meiningen. Es war immer eine innere Freude für mich, wenn die berufspolitische Arbeit in Räumen stattfand, die mit der kulturpolitischen Bedeutung der Bibliotheken im Verein zu sehen waren. Es kam dann ein Quantensprung der Qualität und ein Glücksgefühl zu Stande, die eine kleine Belohnung für die berufspolitische Arbeit boten.

Sie sind in Ihrem Beruf seit 30 Jahren sehr eng eingeflochten gewesen in die deutsche wie internationale Bibliotheksentwicklung. Wenn Sie diese Bibliotheksentwicklung Revue passieren lassen, welche positiven und welche negativen Entwicklungsstränge würden Sie nennen?

Da ist zunächst der Aufbau funktionierender Bibliothekssysteme im wissenschaftlichen und im Öffentlichen Bereich in der zweiten Hälfte der 70-er Jahre und in den 80-er Jahren zu nennen. Was ich ebenfalls als imponierend und als durchaus gelungen empfinde, ist die internationale Kompetenz und die internationale Anerkennung, die wir in der Bibliothekswelt gefunden haben, weil unsere Norm-, Standard- und Leistungsdaten anerkannt wurden und unsere Offenheit gegenüber den anderen Bibliotheken und Bibliothekaren in der Welt wirklich gefruchtet hat. Natürlich war die deutsch-deutsche Bibliotheksintegration ein großer Erfolg. Dass es uns gelungen ist, mit Bibliotheksverbünden, mit der Digitalisierung der Metadaten und mit einer im internationalen Vergleich sehr großen Liberalität der zukünftigen Informations- und Wissensgesellschaft vorzuarbeiten, bewerte ich als außerordentlich positive Entwicklungen.

Als negativ habe ich immer empfunden, dass wir so wenig koordiniert vorgehen, obwohl uns niemand daran hindern würde. Aus Arbeitsüberlastung, aus einem gewissen Autismus und einem gewissen Konkurrenzdenken wagen wir zu wenig Gemeinsamkeit. Wir zeigen zu wenig Big Thinking, denken zu wenig in großen Visionen. Natürlich erfahren wir zu wenig Akzeptanz in Politik und Wirtschaft, obwohl sich das in den letzten Jahren steigern konnte. Besonders schmerzlich ist die selbstkritische Einsicht, dass wir uns dabei selber im Wege stehen. Denn natürlich führt nur die Akzeptanz in Wirtschaft und Politik zu Einfluss, Geld und Ressourcen, die für die für die Entwicklung großer Visionen notwendig wären.

Sie haben von der internationalen Bibliothekszusammenarbeit gesprochen. Viele Jahrzehnte lang war ja auch die Zusammenarbeit von Bibliothekaren der DDR und der Bundesrepublik nur auf dieser Ebene möglich. Dennoch hat es in diesen Jahren, teilweise auch gleichsam unter der Hand, Kontakte, Gespräche und auch gemeinsame Arbeit gegeben. Wie gestaltete sich in Ihrer Erinnerung die Zusammenarbeit mit Bibliothekaren der DDR vor 1989?

Das war ein Geflecht von sehr unterschiedlichen Kontakten. Zu erwähnen sind die internationalen Kongresse. Es gab ja auch international oder multinational besetzte Fachgremien, wenn Sie an die Arbeitsgemeinschaft der Nationalbibliotheken denken oder auch an die Fachgremien der Kinder- und Jugendbibliotheken. Natürlich hat man die Fachliteratur gelesen, und es gab persönliche Kontakte von Menschen, die sich noch aus der Zeit kannten, als der Eiserne Vorhang noch nicht so undurchdringlich war. Es gab auch Personen, die sich aufgrund von politischen Kontakten mit Partei-, Jugend- oder Gewerkschaftstreffen kannten und dort ihre Kontakte knüpften. Ich muss aber – auch angesichts der riesigen Bibliotheken zum „Systemvergleich" – immer wieder feststellen: wir haben so gut wie nichts voneinander gewusst. Ich erinnere mich an meine Lektüre der Fachliteratur über Geschichte und Gegenwart der Bibliotheken in der DDR . Das habe ich übrigens auch gelehrt. Als ich es dann wirklich erlebt habe, war es ganz anders als ich erwartet hatte. Seitdem bin ich sehr, sehr misstrauisch gegenüber aller einseitigen und unter einer gewissen politischen Sichtweise transportierten Information.

Sie haben an der Zusammenarbeit und am Zusammenwachsen der deutschen Bibliotheken aktiv mitgearbeitet. Welche Erinnerungen haben Sie an die Zusammenarbeit zwischen ost- und westdeutschen Kollegen nach der Wiedervereinigung?

Dieser Integrationsprozess gehört zu den befriedigendsten Erinnerungen in meiner berufspolitischen Arbeit. Der erste offizielle Kontakt zu den Kollegen in der DDR fand im Zentralinstitut für Bibliothekswesen am 9.12.1989 statt. Daran erinnere ich mich sehr genau. Danach kam es, formal betrachtet, auf zwei Schienen ziemlich schnell und ziemlich rasant zu einer Integration. Einmal auf der Schiene der bibliothekarischen Fachverbände, der Personalverbände und des DBV im Westen und des Deutschen Bibliotheksverbandes im Osten. Das hat sich ja aufs Schönste dadurch entwickelt, dass die ostdeutschen Kollegen bereit waren, unter der Prämisse eines gemeinsamen großen Berufsverbandes in die westdeutschen und später gesamtdeutschen Vereine hineinzugehen bzw. sich von ihnen vertreten zu lassen. Die andere Schiene war die ministerielle Planung. Es gab eine Arbeitsgruppe, die die Integration des deutsch-deutschen Bibliothekswesens vorantreiben sollte. Diese Arbeit war sehr mühsam. Wir waren manchmal so erschöpft, dass wir uns wirklich nur noch mit einer Flasche Rotwein und irgendwelchen ungezielten Redereien abends überhaupt erholen konnte. Es war ein zähes Kämpfen um Gelder, die vom Ministerium bewilligt werden sollten. Ich erinnere mich noch daran, dass es uns schließlich gelungen war, Geld auch für die Öffentlichen Bibliotheken und für die Einrichtung und Bereitstellung von Fahrbibliotheken zu erhalten. Es ging um die Anerkennung aller Bibliothekssparten und aller Bibliothekstypen bei den Förderungsprogrammen. Es ging allerdings auch darum, mit dem Kollegen aus der DDR eine akzeptable Entwicklung zu installieren, die ihnen nicht das Gefühl gab, nun alles aufgeben zu müssen. Ich habe darüber berichtet, wie die Verhandlungen dann weiter fortgesetzt worden sind. Dieses zähe Ringen, das von Ideologie zu Fachkompetenz und dann im gegenseitigen fachlichen Austausch zu Vertrauensverhältnissen gewachsen ist, die bis heute gehalten haben und Kooperation möglich machen, gehört wirklich zu den wunderbarsten Erlebnissen, von denen ich berichten kann. Es hat mir übrigens auch gezeigt, dass gewisse menschliche und moralische Vorzüge, die man in solchen Kooperationen und Verhandlungen mitbringen muss, wichtiger sind als alles Dominanzverhalten oder irgendwelche ideologischen Vorstellungen. Als wir jahrelang miteinander gefochten, gerungen und verhandelt hatten, galt eher das schöne alte Lied aus der Garnisonskirche von Potsdam „Üb immer Treu und Redlichkeit“ als irgendwelche Programme aus Ost oder West. Diese Erkenntnis hat meine späten Berufsjahre sehr geprägt.

Das Zusammenwachsen der Bibliotheken und Bibliotheksverbände ist, wie Sie geschildert haben, mit sehr viel Diskussionen, aber auch mit sehr viel

Vertrauen und sehr geräuschlos zu Stande gekommen, ganz anders als in anderen Bereichen. Wir sehen es sicher alle als einen großen Erfolg an, dass dieses gelungen ist, wobei man immer an diese Tatsache erinnern muss, die nach zehn Jahren ins Vergessen zu geraten droht. Die Wiedervereinigung ist geschehen; wir schauen in die Zukunft. Unter welchen Zukunftsperspektiven sehen Sie die Entwicklung des Bibliothekswesens und welche Fehler gilt es nach Ihrer Meinung unter allen Umständen zu vermeiden?

Ich glaube, dass das Schlagwort „Local Access, Global Information" für die Bibliotheken der Zukunft sehr treffend ist. Es muss gelingen, dass die Bibliotheken, wissenschaftliche wie Öffentliche, die Digitalisierung der Medien, des Medientransportes, der Auskunftstätigkeit und der Strukturierung des Wissens vorantreiben und dass sie dabei sozusagen modellgebend und wegweisend sind. Gleichzeitig müssen Bibliotheken Kultureinrichtungen bleiben oder einige von ihnen auch noch werden. Sie müssen eine Anlaufstelle sein für Kulturzeugnisse, für Veranstaltungen, für Nachfragen, für die kulturellen Ereignisse in der näheren Umgebung. Dass dabei der unternehmerische Gedanke mehr im Vordergrund stehen muss als das bisher vielleicht der Fall war und dass man auch Kultur managen soll, soll nicht verschwiegen werden.

Wenn man sich überlegt, was schädlich wäre auf dem Wege zu dieser Vision des elektronischen Datentransfers und der Bibliotheken als Kultureinrichtung, so ist es das Verschwinden mühsam errungener Infrastrukturen bei den Printmedien, im Verlag und Buchhandel, in Bibliotheken und Bibliotheksverbänden. Es darf auf keinen Fall so sein, dass die Bibliotheken in ihrer zukünftigen Entwicklung irgendeiner Medienkonkurrenz vorarbeiten, d.h. also, dass sie ein Medium gegen das andere ausspielen bzw. dass sie sich in die große Vermarktung und Kommerzialisierung der Medien hineintreiben lassen. Sie müssen ihre Unabhängigkeit und eine Position behalten, die es ihnen erlaubt, mit den Produkten der globalen Medienproduzenten nach ihren Zielen umzugehen. Ich fände es verderblich, wenn sie das Solidaritätsprinzip, das auch die kleinen Bibliotheken von den Erkenntnissen der großen profitieren lässt, in irgendeiner Weise vernachlässigten und wenn die Kompetenz des Einzelnen wie Literaturkenntnis und die Vertrautheit mit dem Benutzer gering geachtet würde und in einem ganz diffusen Qualitätsprofil des Informationsarbeiters unterginge.

Sie sprachen eben auch die Bibliotheksverbände im Plural an, Sie selbst sind 1994 zur Sprecherin der Bundesvereinigung Deutscher Bibliotheks-

verbände gewählt worden. Was hat Sie bewogen, diese schwierige Aufgabe zu übernehmen?

Bei der Gründung der Bundesvereinigung Deutscher Bibliotheksverbände war ich seinerzeit mit beteiligt als Vorsitzende des damaligen VBB. Bis 1992 fungierte ich als stellvertretende Sprecherin der BDB. Dort wollte 1994 dort anknüpfen und das ging auch sehr gut. Wenn Sie nach der Motivation fragen, dann war es sicherlich eine Mischung aus Pflichtbewusstsein, die Arbeit voranzutreiben und aus der Lust, „den Tiger zu reiten" – denn nichts anderes bedeutet es, Sprecherin der BDB zu sein.

Wie beurteilen Sie die Leistungen der Bundesvereinigung Deutscher Bibliotheksverbände seit 1989 bis in die Gegenwart? Was hat sie Ihrer Meinung nach erreicht? Aber welche Fehler und Versäumnisse wurden auch begangen?

Es ist uns heute durch die Arbeit der Bundesvereinigung Deutscher Bibliotheksverbände schon vieles so selbstverständlich geworden, dass es schwer fällt, noch einmal zurückzudenken und zu sagen, was sich in den letzten zehn Jahren entwickelt hat. Es ist in meinen Augen in der Tat gelungen, gemeinsame Handlungsfelder auszuloten und auch zu bearbeiten, die früher von den Personalverbänden und dem DBV nicht gemeinsam bearbeitet werden konnten, als sie noch in der Position des Arbeitgebervertreters und des Arbeitnehmervertreters verharrten und die Sacharbeit zu einem großen Teil an das DBI delegiert hatten. Diese gemeinsamen Handlungsfelder haben auch ein gemeinsames Verantwortungsgefühl für die großen berufspolitischen Fragen gebracht, wobei jeder eine Stimme inne hat und es möglich wird, zu gemeinsamen Visionen und Programmen zu kommen.

Die BDB hat sicher auch eine politische Akzeptanz in Ministerien erreicht, sowohl in Bundes- als auch in Landesministerien, in der internationalen Arbeit und in weiten Feldern der Wissenschafts- und der Kulturpolitik. Dass es uns gelungen ist, ein gemeinsames Berufsbild, das auch die Informationsberufe außerhalb des Bibliothekswesens berücksichtigt, zu entwerfen, halte ich für einen großen Erfolg. Ich halte es auch für einen Erfolg, dass die BDB sozusagen als Anlaufstelle für Fachfragen oder für Koordinationsfragen, etwa bei Copyright oder bei der Zusammenarbeit mit dem Goethe-Institut angesprochen wird. Wie so oft, sind die Erfolge der BDB gleichzeitig ein Hinweis auf ihre Schwächen. Ich meine, dass die gemeinsamen Handlungsfelder noch vergrößert werden müssen, dass man wirklich als eine Stimme sprechen sollte, nicht mehr in der Gemeinsamkeit von vier oder fünf Stimmen. Wir bekämen dann auch mehr Schlagkraft nach außen.

Natürlich hat die BDB viel zu wenig Arbeitsressourcen, sie ist auch zu sehr personenbezogen. Wenn der Sprecher und die stellvertretenden Sprecher krank sind, wird es schon eng. Vielleicht haben wir auch die innere Infrastruktur bei unserer Arbeit nach außen etwas zu sehr vernachlässigt bis hin zu steuerlichen und zu Satzungsfragen. Hier müssen wir noch nachbessern.

Mit Ihrem Benennen der Erfolge aber auch der Versäumnisse haben Sie auch bereits einen Blick in die Zukunft der BDB getan. Meine nächste Frage schließt sich dem unmittelbar an. Wie sehen Sie die Zukunft der Bundesvereinigung?

Ich glaube, dass die BDB kein statisches Gebilde sein kann, das man immer weiter ausbaut, mit Untergruppen und Arbeitsgruppen versieht und mit einer ausführlichen Berichterstattung stützt. Die schnelle und aktuelle Schlagkraft der BDB ist in Zukunft nur gewährleistet, wenn alle bereit sind, Aufgaben und Struktur immer wieder neuen Bedingungen anzugleichen. Dann kann man die Prognose stellen, dass die BDB eine wachsende Bedeutung erhält. Der schmerzliche Wegfall des Deutschen Bibliotheksinstitutes wird ihr Koordinationsaufgaben bei der Facharbeit verstärken und sie wird sicherlich auch einer der Projektanträger für staatliche Gelder sein, um bestimmte Fachaufgaben in Projekten modellhaft zu erproben.

Die BDB wird mit komplexeren Bibliotheksstrukturen arbeiten müssen, die es neben den uns bekannten Strukturen WB, ÖB geben wird, mit Unternehmensbibliotheken, mit Einrichtungen, von denen man gar nicht mehr weiß, ob es sich um ein Informationszentrum, eine Bibliothek oder ein Kulturhaus handelt. Sie bekommt auch eine neue Bedeutung als Konstante, die sich in die inneren Differenzierungen der Bibliotheksstrukturen nicht einmischt, sondern darüber steht. Wichtig für ihre wachsende Bedeutung ist auch die Integration des gesamten BID-Bereiches, also die Hereinnahme des Informations- und Dokumentationsbereiches, die ja mit der anvisierten Mitgliedschaft der DGI schon begonnen hat. Als Anreger für bibliothekarische Entwicklungen, als eine Diskussionsplattform, auf der man sich in einem Freiraum ohne persönliche Konkurrenz und Interessenvertretung einigen kann, in der Lobbyarbeit mit Kultur- und Wissenschaftspolitik, in der internationalen Vertretung sehe ich sie mit wachsender Stärke. Die BDB muss auch Leitfiguren schaffen, die dann natürlich angezweifelt und kritisiert werden können, Leitfiguren, die ja gar nicht unbedingt nur aus dem Bibliothekswesen, sondern auch aus der Kultur- und Wissenschaftspolitik kommen könnten.

Vom Verbands- und Bibliothekswesen noch einmal zurück auf Sie persönlich. Was würden Sie aufgrund Ihrer Erfahrungen und Ihrer Zukunftsprognosen einer jungen Frau oder einem jungen Mann raten, die oder der eine bibliothekarische Ausbildung anstrebt?

Ich würde ihr oder ihm raten, sich breit ausbilden zu lassen, z.B. hier am Fachbereich Bibliothek und Information der Fachhochschule Hamburg möglichst die Studiengänge Bibliotheksmanagement und Mediendokumentation nebeneinander wahrzunehmen. Ich würde ihr oder ihm auch raten, einen Schwerpunkt mit überdurchschnittlicher Kenntnis, überdurchschnittlichem Engagement zu bilden – sei es in der Web-Site-Entwicklung für Einrichtungen wie Bibliotheken oder Dokumentationsstellen mit einem entsprechenden Praktikum in einer kleinen Multimedia-Firma, sei es in Kinder- und Jugendarbeit mit praktischen Erfahrungen im Kindergarten, einzelnen Kinder-Medienverlagen oder in Kinderbibliotheken. Zu betonen wäre, sich nicht durch diese ewigen Mäkelei und Schwarzmalerei zur Zukunft des Berufes beirren zu lassen. Das kann nur zu Einstellungen führen, die dann in self-fullfilling-prophecy einen Negativ-Trend bewirken. Ich würde mit sehr großer Freude in die Zukunft blicken, auch was die Zukunft der Bibliotheken oder vergleichbarer Einrichtungen anbelangt.

Wenn Sie nun selbst noch einmal vor die Entscheidung und die Wahl gestellt würden, einen Beruf zu ergreifen, würden Sie wieder den Beruf der Bibliothekarin wählen?

Finge ich unter den heutigen Rahmenbedingungen an, würde ich eine Kulturmanagement-Tätigkeit auf europäischer Ebene anstreben. Ich würde mich von vornherein international orientieren. Ich würde die Bibliothek, die ich nach wie vor als ein Arbeitsfeld schätze, das von einer Liberalität, von kulturpolitischen Möglichkeiten und ganz redlichem und ganz realistischen Bemühungen und Ergebnissen geprägt ist, einbinden in die Kulturpolitik. Mit anderen Worten, ich würde der modernen Version des Öffentlichen Bibliothekswesens im europäischen Raum vorarbeiten und würde dort wieder gerne arbeiten.

Bleiben wir bei Ihrer Person. Sammeln Sie selbst Bücher? Wenn Sie Bücher sammeln, wie groß ist Ihre private Bibliothek und was sammeln Sie?

Also da muss ich auf die frühe Verabredung eines alten bibliothekarischen Ehepaares zurückkommen, das schon in das gleiche Gymnasium ging und natürlich ständig Bücher hinzugekauft oder hinzubekommen hat. Wir haben ein Agreement, dass es nie mehr als 3.000 Bücher sein dürfen und deswegen passiert ein ständiger Wechsel. Konstanten sind, wenn ich das richtig überschaue, so etwa 600 Titel der Belletristik und der Philosophie und dazu kommt mein Sammelschwerpunkt, nach dem Sie ja fragten. Ich bin stolz darauf, nahezu alle Titel deutschsprachiger Sachliteratur seit 1945 zur Kinder- und Jugendliteratur zu besitzen, und da gibt es dann auch keine quantitative Beschränkung.

Sie sprachen von Sachliteratur. Wie beurteilen Sie die Publikationen über das Bibliothekswesen, und welche würden Sie als besonders gelungen bezeichnen?

Es handelt sich ja dabei um eine wirklich spezielle Literatur zu Spezialfragen und für einen kleinen Berufsstand von etwa 35.000 Tätigen. Deswegen meine ich, dass man diese Literatur auch unter diesem Gesichtspunkt beurteilen muss. Mir fällt auf, dass es für bestimmte Bereiche, wie etwa für die Schulbibliotheken, eine enorme Literaturfülle, aber eine sehr geringe Wirklichkeit gibt, und dass es für andere Bereiche, wie etwa das Management in Öffentlichen Bibliotheken recht wenig gute Literatur gibt. Aber das sind sehr spezielle Fragen. Mir gefallen natürlich die Veröffentlichungen sehr gut, mit denen man in der Berufspolitik und d.h. sowohl in der Information der Berufstätigen selber als auch in der Information der verantwortlichen Politiker etwas anfangen kann. Drei will ich nennen: das ist einmal „Bibliotheken '93“, was mein Vorgänger noch gemacht hat und was ich hier hoch loben darf. Es ist zweitens sicherlich die Fachzeitschrift des vba „Buch und Bibliothek“, die sich seit vielen Jahrzehnten um eine aktuelle Information bemüht. Drittens finde ich auch das „Handbuch Lesen“, das im vorigen Jahr bei Saur erschienen ist, ganz außerordentlich gut geeignet, sowohl für die erste Information als auch für die Argumentation im politischen Raum.

Bleiben wir beim Lesen und bei der Beurteilung von Büchern. Ganz privat an Birgit Dankert, die Frage gestellt: Welches sind Ihre Lieblingsschriftsteller oder Lieblingstexte?

Das kann ich ganz schnell beantworten: die frühen Gedichte von Johann Wolfgang von Goethe, das Bühnenstück „Der Schwierige" von Hugo von Hofmannsthal und natürlich immer wieder und in jedem Lebensalter Fontanes „Effi Briest". Mit diesen Texten lebe ich jeden Tag in meinen Gedanken und auch bei vielen Sitzungen, auf denen man sich innerlich mal erholen muss.

Ganz zum Schluss die Frage: Was wünschen Sie den deutschen Bibliotheken für die Zukunft ganz unabhängig von Ihrer Prognose, die Sie vorhin schon gestellt haben, und vielleicht auch noch die Frage – wenn Sie sie denn beantworten mögen – was wünschen Sie sich ganz persönlich?

Das ist kurz gesagt: ich wünsche den deutschen Bibliotheken Mut, Großzügigkeit und auch etwas mehr Schönheit und Anmut. Mir selbst wünsche ich Gesundheit und Fröhlichkeit.

(Das Gespräch wurde am 12. Oktober 1999 von Georg Ruppelt aufgezeichnet.)

Die BDB und die IFLA – ein gelungener Sprung in internationale Gewässer

Claudia Lux

Seit 1989, dem Gründungsjahr der Bundesvereinigung Deutscher Bibliotheksverbände (BDB), verändert sich die internationale Zusammenarbeit der Bibliotheken in atemberaubender Geschwindigkeit. Fax und Internet fördern die weltweite Vernetzung und lösen das zuvor für internationale Kontakte notwendige Telex ab. Katalogdatenbanken und Informationen sind auf den Webseiten der Bibliotheken international abrufbar und Online-Bestellungen werden über Grenzen hinweg akzeptiert. Eine fachliche Anfrage wird per E-mail nach Neuseeland gesendet, ein Abstract in die USA oder ein Vortrag zur Konferenz nach Bangkok – in den letzten drei Jahren haben sich die internationalen Kontakte zwischen den Bibliothekaren erheblich vereinfacht. Komitees der International Federation of Library Associations and Institutions (IFLA) mit Mitgliedern aus mehreren Ländern können ihre Diskussionen und Programme per Email-Besprechung vorbereiten. Die BDB, als gemeinsame Institution der bibliothekarischen Verbände in Deutschland, nimmt aktiv an dieser Kooperation teil, um eigene Ideen und Vorstellungen international zu vermitteln und um neue Entwicklungen und Ideen aus dem Ausland in ihre Politik und Lobbyarbeit einfließen zu lassen.

Die BDB wird seit 1995 durch ihre Sprecherin Birgit Dankert auf den IFLA-Konferenzen vertreten und die Idee, dass nach dem Fall der Mauer in Berlin eine Konferenz der IFLA stattfinden könnte, nimmt seitdem konkrete Gestalt an. Da die IFLA ihre Tagungsorte frühzeitig festlegt, steht schon 1995 fest, dass dieser Termin nach dem Jahr 2000 liegen wird. Eine offizielle Einladung eines deutschen Verbandes, der IFLA-Mitglied ist, muss ausgesprochen werden. Aber da liegt das erste Problem für die BDB – sie selbst ist 1995 noch nicht Mitglied der IFLA und kann daher diese Aufgabe nicht übernehmen. Die besondere Konstruktion der BDB, zunächst als ein koordinierendes Organ für die einheitliche Presse- und Lobbyarbeit der bibliothekarischen Verbände konzipiert, lässt eine Teilnahme bei der IFLA nicht so einfach zu. So stellt sich die Frage, inwieweit der Deutsche Bibliotheksverband (DBV) tätig werden soll, vertretungsweise für alle bibliothekarischen Verbände, die die IFLA-Konferenz in Deutschland als ihre gemeinsame Aufgabe ansehen. Anfang 1997 verändert sich die Situation: durch die allgemeine Gesetzgebung für Finanzabwicklungen ist es notwendig, dass die BDB ein eingetragener Verein wird. Jetzt kann die BDB selbst IFLA-Mitglied werden und die Konferenz in Berlin ausrichten.

Die BDB wird IFLA- Mitglied

Am Montag, den 6. Oktober 1997 beschließen die BDB-Mitglieder, dass die BDB einen Antrag zur Aufnahme in die IFLA stellen soll.[1] Die IFLA benötigt die schriftliche Zustimmung der einzelnen Mitgliedsverbände eines Landes, wenn ein weiterer Verband Mitglied wird. Innerhalb von vier Tagen hält die BDB alle Zustimmungen in ihren Händen und beantragt offiziell am 21. 10. 1997 die Mitgliedschaft.[2] Gleich nach der Bestätigung der Aufnahme auf der Dezembersitzung des Executive Boards, dem Vorstand der IFLA, kann Birgit Dankert dem IFLA-Headquarter in Den Haag mitteilen, dass die BDB sich für die

- Sektion 2: University Libraries and other General Research Libraries,
- Sektion 8: Public Libraries,
- Sektion 23: Educations and Training sowie
- Sektion 33: Reading

eintragen lässt.

Die Belegung von Sektionen – jedem Verband stehen vier, den Institutionen zwei Möglichkeiten zu – gibt dem Mitglied Wahl- und Nominierungsrecht in diesem Gremium. Daher ist es wichtig, dass die Teilnahme gut mit den anderen Verbänden abgestimmt ist. Zwei Nominierungen sind notwendig, um Mitglieder für die 20-köpfigen Standing Comitees der Sektionen, dieser Basis der IFLA-Hierarchie, aufstellen zu können. Nur so kann eine von deutschen Verbänden gewünschte Vertretung in diesen Gremien möglich werden.

Über das Sekretariat des deutschen IFLA-Nationalkomitees beim Deutschen Bibliotheksinstitut wird auch die Sektionswahl der institutionellen IFLA-Mitglieder erfasst, um sie zur Unterstützung von Kandidaten ansprechen zu können.

Die Aufteilung der Mitgliedsbeiträge und der Stimmen nach dem Eintritt der BDB muss zwischen den Verbänden intern geregelt werden. Im

1 Fax an die deutschen IFLA-Mitgliedsverbände vom 10.10.97 der Geschäftsstelle der BDB, Archiv der BDB, IFLA-Ordner.

2 Brief von Birgit Dankert an den Generalsekretär der IFLA, Leo Voogt, vom 21.10.97, Archiv der BDB, IFLA-Ordner.

April 1998 einigte man sich auf die folgende Regelung: Die Bundesvereinigung Deutscher Bibliotheksverbände erhält 10 Stimmen, der Deutsche Bibliotheksverband, die Arbeitsgemeinschaft der Spezialbibliotheken, der Verband der Bibliotheken des Landes Nordrhein-Westfalen, der Verein der Bibliothekare und Assistenten, der Verein deutscher Bibliothekare und der Verein der Diplombibliothekare an wissenschaftlichen Bibliotheken erhalten jeweils 5 Stimmen.[3] Gemeinsam besitzen die bibliothekarischen Verbände Deutschlands 40 Stimmen für Abstimmungen in der IFLA. Der IFLA-Beitrag wird je zur Hälfte von der Deutschen Forschungsgemeinschaft (DFG) und von den Verbänden in der BDB getragen, wobei der DBV-Anteil ein Viertel beträgt. Die Unterstützung durch die DFG ist ein wichtiger Beitrag zum fachwissenschaftlichen Austausch im deutschen Bibliothekswesen.

Die BDB bewirbt sich um die IFLA-Konferenz Berlin 2003

Bald nach dem Fall der Mauer finden auf verschiedenen Ebenen Gespräche statt, ob Berlin die IFLA-Konferenz ausrichten kann, doch die Wahl fällt auf andere Orte. Anfang 1996 beschließt das deutsche IFLA-Nationalkomitee die Initiative für Berlin mit einer Einladung an den Präsidenten der IFLA, Robert Wedgeworth, und den Generalsekretär Leo Voogt zu verstärken. Beide besuchen den Bibliothekartag in Erlangen, wo sie an einem Abend mit dem Beirats- und Vorstandsmitgliedern des VDB und des VdDB zusammentreffen. Die anregenden Diskussionen ziehen sich bis zum späten Abend hin. Dann fahren sie weiter nach Berlin, um den Konferenzort selbst anzusehen. Birgit Dankert begleitet die kleine Delegation gemeinsam mit dem ehemaligen Präsidenten der IFLA, Hans-Peter Geh, auf ihrer Tour durch Berlin. Gespräche mit der Berliner Messegesellschaft, mit dem Deutschen Bibliotheksinstitut und der Staatsbibliothek zu Berlin stehen auf dem Programm. Doch in allen Gesprächen, die Robert Wedgeworth und Leo Voogt führen, stellen sie klar, dass erst das neue Executive Board der IFLA über die Vergabe der Konferenz entscheidet. Außerdem liegen alle Konferenzorte bis 2002 schon fest, denn zum 75. Jahrestag ihrer Gründung am 30. September 1927 in Edinburgh wird die IFLA wieder nach Schottland zurückkehren und ihren Kongress in Glasgow/Edinburgh abhalten.

Nach der Wahl des neuen Executive Boards auf der Kopenhagener Konferenz im August 1997, in das Klaus-Dieter Lehmann als deutscher

3 Brief von Birgit Dankert an Leo Voogt vom 4.4.1998, Archiv der BDB, IFLA-Ordner.

Kandidat gewählt wird, verändert sich das Verfahren für die Entscheidung über zukünftige Konferenzorte. Zum ersten Mal wird für 2003 ein neuer Bewerbungs- und Entscheidungsprozess mit festgelegten Kriterien eingeleitet, bei dem die Ausrichter der Konferenz ausführliche Bewerbungsunterlagen einreichen müssen. Am 30. Oktober 1997, gleich nach Antragstellung auf die IFLA-Mitgliedschaft, sendet Birgit Dankert die erste offizielle Bewerbung der BDB um die Ausrichtung der 69. IFLA-Generalkonferenz in 2003 an die Präsidentin der IFLA Christine Deschamps. Erst im Januar erhält Birgit Dankert vom Planungskomitee der IFLA einen Bestätigungsbrief, dass Berlin von vier Kandidaten in die engere Wahl gekommen ist. Bis zum 13. März muss die BDB eine ausführliche schriftliche Bewerbung erstellen und ein Besichtigungsprogramm in Berlin vorschlagen. Die IFLA verlangt eine genaue Beschreibung des Konferenzgebäudes mit seinen Möglichkeiten, der Verkehrsverbindungen, der Hotels und erwartet eine offizielle Bestätigung von Regierungsseite sowie die aktive Unterstützung der Konferenz durch die bibliothekarischen Verbände Deutschlands. Mit großem Einsatz und ganz kurzfristig erstellt das Sekretariat des IFLA-Nationalkomitees beim Deutschen Bibliotheksinstitut die Unterlagen der Berliner Bewerbung für die BDB und sendet sie am 12. März 1998 komplett ab.[4] Auch ein Schreiben des Regierenden Bürgermeisters von Berlin, Eberhard Diepgen, liegt dieser Bewerbung bei. Sechs Wochen später kommen Nancy John, zweite Vizepräsidentin der IFLA, mit Carol Henry vom IFLA-Headquarter nach Berlin, um die Örtlichkeiten und das Engagement der deutschen Bibliothekare zu prüfen. In den drei Tagen werden sie von Klaus Reinhardt aus dem Sekretariat des IFLA-Nationalkomitees im Deutschen Bibliotheksinstitut begleitet und betreut. Die BDB wird durch ihren stellvertretenden Sprecher Georg Ruppelt vertreten, da Birgit Dankert verhindert ist. Am letzten Abend sind mehrere in der IFLA aktive Bibliothekarinnen und Bibliothekare anwesend, so dass die Delegation den Eindruck mitnehmen kann, dass nicht nur das Berliner, sondern das gesamte deutsche Bibliothekswesen hinter der Bewerbung steht.

In der Executive-Board-Sitzung zu Beginn der IFLA-Konferenz in Amsterdam im August 1998 wird der Zuschlag für 2003 an Berlin gegeben. Kurzfristig gelingt es, „Berliner Bären“ nach Amsterdam einfliegen zu lassen. Sie werden bei der Bekanntgabe des Konferenzortes auf der Abschlussveranstaltung in die Menge geworfen und lösen Begeisterung aus.

4 Brief von Christoph Albers an Leo Voogt vom 12.3.98, Archiv der BDB, IFLA-Ordner, Bewerbung Berlin 2003.

Birgit Dankert überbringt den Anwesenden die Einladung der BDB für 2003 nach Berlin und drückt ihre Freude über diese Entscheidung aus. Von den Teilnehmern hört man großes Interesse am vereinten Berlin und spürt die Freude dahin fahren zu können. Glücklich war die Wahl von Claudia Lux ins Executive Board nach dem Ausscheiden von Klaus-Dieter Lehmann 1999, die von der BDB und ihren Mitgliedsverbänden einheitlich vorbereitet und unterstützt wurde, und die Wahl von Hans-Christoph Hobohm in das Professional Board der IFLA. Damit sind die Weichen auf Berlin 2003 hin gut gestellt.

Die BDB im IFLA-Nationalkomitee

Die IFLA-Präsidentschaft von Hans-Peter Geh, 1985–1991, die sich genau über die Zeit der deutschen Wiedervereinigung hinzieht, macht das deutsche Bibliothekswesen in der IFLA und die IFLA in Deutschland weiter bekannt. Im Jahr 1997, als die BDB der IFLA beitritt, gibt es außer den bibliothekarischen Verbänden 62 institutionelle und 10 persönliche Mitglieder der IFLA in Deutschland. Bis Anfang 1997 bleibt Hans-Peter Geh Vorsitzender des IFLA-Nationalkomitees, in dem die bibliothekarischen Verbände und die drei deutschen Nationalbibliotheken, Die Deutsche Bibliothek, die Bayerische Staatsbibliothek, die Staatsbibliothek zu Berlin, sowie das Deutsche Bibliotheksinstitut Mitglieder sind. Danach löst Heinz Fuchs, Mitglied des Herausgeberkomitees des IFLA-Journals, ihn ab, Klaus-Peter Böttger vom vba wird stellvertretender Vorsitzender des Nationalkomitees. Zum ersten Mal wird dieses Gremium neu strukturiert und Wahl und Amtszeit für Vorsitz und Stellvertretung festgelegt. Am 3. Dezember 1997 und am 4. Februar 1998 beschäftigt sich das Gremium vor der Aussicht, 2003 den IFLA-Kongress in Berlin auszurichten, mit der Frage, wie die IFLA-Arbeit in Deutschland noch effektiver gestaltet und verbreitet werden kann und veröffentlicht ein Grundsatzpapier.[5] Danach unterstützt die Bundesvereinigung Deutscher Bibliotheksverbände mit ihren Mitgliedsverbänden die deutsche IFLA-Arbeit

- „durch ihre aktive Mitgliedschaft in der IFLA,
- durch die Repräsentanz des deutschen Bibliothekswesens auf den IFLA-Kongressen,
- durch die Berücksichtigung von IFLA-orientierten Programm- und Ausstellungsanteilen auf den Deutschen Bibliothekskongressen der BDB und den Jahrestagungen ihrer Mitgliedsverbände,

5 Fuchs, Heinz: Grundsatzpapier zur IFLA-Arbeit in Deutschland. In: Bibliotheksdienst 32(1998)7, S. 1193-1196.

– durch die Berichterstattung von IFLA-Aktivitäten ihrer Verbandsvertreter."[6]

Diese Aufgaben nimmt die BDB mit ihren Verbänden seitdem regelmäßig wahr und informiert und unterrichtet über die IFLA-Arbeit vor allem auf den Kongressen, denn für die Zukunft gilt es, nicht nur mehr deutsche Institutionen als IFLA-Mitglieder zu werben, sondern vor allem junge Kolleginnen und Kollegen für die internationale Arbeit zu begeistern.

Wünsche für die zukünftige IFLA-Arbeit der BDB

Die IFLA-Arbeit der BDB kann für die Zukunft drei deutliche Schwerpunkte setzen:

- Motivierung für die internationale Arbeit,
- Erschließung finanzieller Ressourcen und offizieller Unterstützung für die Teilnahme an den IFLA-Konferenzen,
- offene Information über alle Aspekte der IFLA-Arbeit.

1. *Motivierung für die internationale Arbeit*

Die Motivierung im deutschen Bibliothekswesen für die internationale Arbeit mit der IFLA muss sich auf Institutionen richten, die als neue Mitglieder der IFLA gewonnen werden können, sowie auf Personen, die Interesse an fachlichen internationalen Beziehungen haben.

Institutionelle Mitglieder erhalten neben dem IFLA-Directory das IFLA-Journal und weitere Informationen aus der internationalen bibliothekarischen Arbeit. Alle von der IFLA herausgegebenen Publikationen können sie mit einem deutlichen Discount erwerben.

Die Gewinnung aktiver Personen für die Arbeit in der IFLA ist eine weitere Aufgabe der BDB. Grundsätzlich ist in jeder Altersgruppe immer nur ein kleiner Prozentsatz mobil und an internationalen Kontakten interessiert. Auf IFLA-Konferenzen bilden zurzeit die 45-55-Jährigen die stärkste Gruppe. Viele von ihnen waren in ihrer Ausbildungszeit oder kurz danach im Ausland. Sie sind nach Zeiten der stärkeren familiären Bindung wieder in der Lage zu reisen, haben häufig ein beruflich spezialisiertes Interesse und erweitern dies durch die internationalen Kontakte.

Einen Schwerpunkt sollte die BDB auf die 25-35 jährigen Mitarbeiterinnen setzen, um Mobilität und Kontaktfähigkeiten dieser Gruppe zu

---

6 Fuchs, Heinz: Grundsatzpapier ..., S. 1195-1196.

nutzen. Mehr als früher sind Personen aus dieser Altersgruppe als Schüler eine Zeit lang im Ausland gewesen und sie verfügen über aktive Sprachkenntnisse. Am einfachsten ist diese Motivierung über die Arbeit mit den Ausbildungsinstitutionen zu erreichen. Der Vorstand der IFLA kann dafür auf dem Kongress einen Nachmittag für junge Fachleute organisieren, wie es auf den Bibliothekartagen in Deutschland auch geschieht. Negativ wirkt sich die allgemein schlechtere finanzielle Situation dieser Zielgruppe aus, die dringend Förderung benötigt.

2. *Erschließung finanzieller Ressourcen und Gewinnung offizieller Unterstützung für die Teilnahme an IFLA-Konferenzen*

Die Erschließung zusätzlicher Ressourcen für die Teilnahme an IFLA-Konferenzen ist ein wichtiger Punkt für erfolgreiche IFLA-Arbeit in Deutschland. Als finanzielle Unterstützung der IFLA-Arbeit sollten für die Konferenzgebühr zusätzliche Reisekostenzuschüsse eingeworben werden. Die Deutsche Forschungsgemeinschaft unterstützt dankenswerterweise eine beschränkte Anzahl von Funktionsträger aus wissenschaftlichen Bibliotheken und Bibliothekare bei wissenschaftlichen Vorträgen auf IFLA-Konferenzen mit einem Zuschuss. Nur ein Teil der aktiven deutschen IFLA-Mitglieder kann davon profitieren. Die Bibliothekarische Auslandsstelle erschließt Mittel des Auswärtigen Amtes für einige Kolleginnen des öffentlichen Bibliothekswesens, Funktionsträger oder Vortragende. Die BDB muss versuchen, eine Erweiterung dieser Mittel zu erreichen oder neue Quellen für Reisezuschüsse herausfinden. Gerade die Mitglieder in den Standing Committees sollen nach dem Statut der IFLA mindestens an drei IFLA-Konferenzen in vier Jahren anwesend sein. Nur durch eine regelmäßige Teilnahme an den Standing Committees ist eine bessere deutsche Vertretung in IFLA-Funktionen zu erreichen. In allen Gremien der IFLA – bis hin zum Executive Board – werden die Reisekosten von den Funktionsträgern selbst getragen oder von Dritten bezuschusst, da die IFLA keine Gelder dafür zur Verfügung stellt. Die BDB muss hier in Zukunft weitere Geldquellen erschließen. Auch in Hinsicht auf den Kongress in Berlin 2003 erscheint es notwendig, frühzeitig Mittel z.B. auf Länderebene zu beantragen. Aufgrund von Förderungsprogrammen ist dies für jüngere Fachleute einfacher. Hauptproblem ist für sie der Tagungsbeitrag, da er mit 300 – 400 US-Dollar ein wirkliches Hindernis für ihre Teilnahme darstellt. Die Reisen dagegen, z.B. als Rucksackreisen, werden häufig von Studenten und jungen Kollegen selbst finanziert, wenn sie ihren Urlaub in der Nähe des Konferenzortes verbringen.

Ein weitere wichtige Aufgabe im Bereich der Motivation für die internationale Arbeit ist die Einflussnahme der BDB auf Bibliotheksdirektoren und andere Leitungsebenen für die Teilnahme ihrer Mitarbeiter an der IFLA. Tatsächlich können Beispiele aufgezeigt werden, wo Bibliothekarinnen die Dienstreise oder Dienstbefreiung für die IFLA-Konferenz trotz Übernahme der Kosten nicht erhalten. Sie müssen für die Kongresstage ihren eigenen Urlaub einsetzen. Hier sollte die BDB eine Initiative starten, da es sich negativ auf das Image des deutschen Bibliothekswesens auswirkt und die positiven internationalen Erfahrungen für die eigene Bibliothek nicht gesehen werden. Immerhin könnte durch Berichterstattung oder verpflichtende Teilnahme an bestimmten Teilen des IFLA-Programms ein Feed-back eingefordert werden.

3. Offene Information über alle Aspekte der IFLA-Arbeit.

Die Verbreitung der Aktivitäten und Entwicklungen aus der IFLA in die deutsche bibliothekarische Öffentlichkeit ist die wichtigste Aufgabe der BDB in ihrer Beziehung zur IFLA. Ohne den konkreten Nutzen dieses Verbandes zu sehen, werden keine neuen Mitglieder gewonnen werden können. Die Notwendigkeit der IFLA nimmt derzeit durch wichtige globale Entwicklungen erheblich zu. Beispiele sind der WTO-Gipfel mit einer gefährlichen Entscheidungsvorlage zur Freiheit privater bibliothekarischer Dienstleistungen und der Konkurrenzabwehr gegenüber staatlich finanzierten bibliothekarischen Dienstleistungen, das Copyright Gesetz und die Vereinbarungen der WIPO, die Lizensierungfragen für digitale Medien und die Verteidigung gegen politische Zensur in Bibliotheken – dies sind alles Probleme, die auch kleinere Bibliotheken direkt betreffen. Nur über die Verbände bis hin zum internationalen Verband ist eine sachgerechte Verfolgung des bibliothekarischen Interesses nach freiem Zugang zur Information möglich.

Erklärungen über die Wahlen und Strukturen in der IFLA sollten ebenfalls mehr bekannt gemacht werden – vielleicht kann die BDB auf ihrer Webseite mit dem IFLA-Nationalkomitee einen Frageknopf zur IFLA einrichten oder ab und zu erklärende „IFLA-Regularien" in die bibliothekarischen Mailinglisten einstreuen. Jede internationale Organisation neigt schneller als andere zur Bürokratisierung, auch weil ihre Entscheidungsprozesse häufig länger dauern als auf nationaler Ebene. Zukünftig kann man darauf hoffen, dass die IFLA ihre Neuordnung des Statuts bald realisiert, um Vereinfachung und mehr Offenheit und Demokratie auch auf der zentralen Ebene zu zeigen.

Spätestens bis zum IFLA-Kongress in Berlin im Jahr 2003 sollte die BDB ihre Rolle im internationalen Bibliothekswesen durch die Mobilisierung vieler deutscher Teilnehmer verstärken können.

Begegnung ergibt sich nicht in Einbahnstraßen: Das Goethe-Institut als Partner im Dialog zwischen deutschen und ausländischen Bibliotheken

Hilmar Hoffmann

„Man fühlt sich beim Beschauen einer Bibliothek in der Gegenwart eines großen Kapitals, das geräuschlos unberechenbare Zinsen spendet." J. W. von Goethe

Das Goethe-Institut als eine weltweit tätige Kulturorganisation zur Pflege der deutschen Sprache im Ausland und zur Förderung der internationalen kulturellen Zusammenarbeit orientiert seine Arbeit an den Zielen der deutschen auswärtigen Kulturpolitik: Mit einem Netz von 135 Auslandsinstituten, 43 Lesesälen und zahlreichen vertraglich angebundenen Kulturgesellschaften gilt das Goethe-Institut als der wichtigste „globale Spieler" auf dem Feld auswärtiger Kulturarbeit. Der deutschen Öffentlichkeit ist das Goethe-Institut vor allem als eine Institution zum Erlernen der deutschen Sprache bekannt. Weniger bekannt sind seine kulturellen Projekte im Ausland und seine Informations- und Bibliotheksarbeit. Das Goethe-Institut hat es sich zur Aufgabe gemacht, um Verständnis für Deutschland und den Zugang zur deutschen Kultur und deren „Landschaft" zu werben und damit einen Beitrag zu leisten, das Ansehen unserer Bundesrepublik zu mehren.

Warum engagiert sich das Goethe-Institut immer stärker im Bibliotheks- und Informationsbereich?

Bibliotheken fallen in einer beschleunigten Phase der Internet-Entwicklung und der Digitalisierung auch von kulturellen Bereichen besondere Aufgaben zu[1]: Sie sind „Orte der Multikulturalität", durch globale Vernetzung und Erschließung alternativer Ressourcen erhalten sie eine neue Qualität. Sie sind mehrsprachig: Mehrsprachigkeit im Netz bedeutet Fähigkeit zur aktiven Nutzung mehrerer Sprachen sowohl für die Information (Bereitstellen und Abrufen von Quellen) als auch für die Kommunikation (Diskussionsgruppen). Bibliotheken sind Informations- und Kommunikationsknoten durch Multimedialität (erweiterter Text-

---

1 Rafael Capurro in GI Intern 1/99. S. 54-57.

begriff: Bild, Text und Ton, immer öfter in digitalisierter Form). Und sie sind durch weltweite Vernetzung Anlaufstellen für einen globalen Informationsaustausch und expansive Kommunikation. Die Möglichkeit eines demokratischen Zugangs zu Information erweist sich immer deutlicher als Korrektiv zur gesellschaftlichen Spaltung in informationsarme und informationsreiche Zeitgenossen.

Gebetsmühlenartig ist in unserer Gesellschaft von Globalisierung die Rede, von ihren Chancen und Risiken, wie auch von der Notwendigkeit einer verstärkten internationalen Zusammenarbeit, um den freien Zugang zu Information und Wissen für alle zu gewährleisten. „Um neuen Polarisierungen und den von ihnen ausgehenden Gefahren vorzubeugen, ist weltweit ein Kulturdialog gleichberechtigter Partner erforderlich [...].“[2] Das ist auch einer der Gründe dafür, warum sich das Goethe-Institut im Informations- und Bibliotheksbereich verstärkt engagiert: „Die Veränderung der Kommunikationskultur durch die neuen Medien hat dem Goethe-Institut [...] neue dialogische Möglichkeiten [...] eröffnet. Das Institut hat sie genutzt. Deshalb nimmt es heute in diesem Bereich eine herausragende Stellung ein. Es gilt, diese Stellung zu halten und durch Ressourcenkonzentration weiter auszubauen. Denn die Informations- und Bibliotheksarbeit und der damit verbundene kulturelle Wissenstransfer sind zentrale Zukunftsaufgaben.“[3] Wer meint, die Bibliotheks- und Informationsarbeit der Goethe-Institute im Ausland erschöpfe sich in der Bereitstellung und Vermittlung deutschlandbezogener Informationen, hat nur einen Bruchteil davon erfasst. Immer wichtiger geworden ist die so genannte „bibliothekarische Verbindungsarbeit“, das heißt die Zusammenarbeit mit den Bibliotheken vor Ort und die Förderung des fachlichen Austausches bei gleichzeitiger Vermittlung deutschsprachiger Literatur. Wie alle Verbindungsarbeit des Goethe-Instituts basiert sie auf dem Grundsatz des partnerschaftlichen Austausches und des Dialogs. „Partner sind in erster Linie andere Informationsvermittler des Gastlandes, also vor allem Bibliotheken, Dokumentationsstellen, das Verlagswesen, der Buchhandel, Berufsverbände, bibliothekarische Ausbildungsstätten u.a.“[4]

Das Goethe-Institut genießt inzwischen in allen fünf Kontinenten als Partner für den fachlichen Austausch professioneller Informationsvermittler das nötige Vertrauen: Es fördert die Bibliothekskooperation mit über 70 Ländern mit relevanten Partnern in Deutschland ebenso wie den

---

2 Grundsätze für die zukünftige Arbeit: Aufgaben und Ziele des Goethe-Instituts. München 1998, S. 6.

3 Joachim Sartorius in ebda, S. 15.

4 Jahrbuch des Goethe-Instituts 1997/98. München 1998, S. 43.

internationalen fachlichen Dialog im Informations- und Bibliotheksbereich. Instrumentarien hierfür sind u.a. lokale und internationale Bibliothekskonferenzen im Ausland, sind Workshops und Seminare zu Themen der Informations- und Bibliothekspolitik, zur Bibliothekstheorie und Praxis. Darüber hinaus vermittelt das Goethe-Institut ausländischen Fachleuten Fortbildungsaufenthalte in Deutschland, es unterstützt Projekte und vermittelt Serviceleistungen deutscher Bibliotheken ins Ausland. Zu einem wichtigen Teil dieser Vermittlungstätigkeit zählen Fachstandards zur Unterstützung von Modernisierungsprozessen des Bibliotheks- und Informationswesens im Ausland, vorzüglich in den Bereichen Ausbildung, Service, Bibliotheksbau, elektronische Datenverarbeitung, Konservierung, Archivierung usw.

Als jüngstes Beispiel sei auf die *Internationale Konferenzreihe „Öffentliche Bibliotheken in einem neuen Europa“* verwiesen, die als deutsch-französische Initiative 1997, 1998 und 1999 von den Informationszentren der Goethe-Institute Budapest, Prag und Zagreb (Konferenzort: Ljubljana), dem Institut Français und den nationalen Bibliotheksverbänden veranstaltet wurde. Ausgangspunkt waren die rasanten Veränderungen im Arbeitsumfeld der Bibliotheken durch die neuen Informations- und Kommunikationstechnologien. Diskutiert wurde, welche Anforderungen in diesem Kontext besonders an Öffentliche Bibliotheken zu stellen sind, um den freien Zugang zu Informationen zu sichern und dem individuellen Anspruch auf lebenslange Fortbildung eine wichtige Grundlage zu geben. Die Konferenzen lieferten einen wichtigen Beitrag zum fachlichen Meinungsaustausch. Sie boten aber auch die Möglichkeit, gelungene Lösungen kennen zu lernen, wie z.B. die Öffentlichen Bibliotheken zu einem wichtigen Faktor der Stadtentwicklung und der lokalen gesellschaftlichen Integration werden können oder wie man neue Medienangebote in Öffentlichen Bibliotheken präsentieren kann, und die Planungsprozesse über nationale Grenzen hinweg zu evaluieren.

Ein weiteres Beispiel ist das Konzept eines Informationszentrums am Goethe-Institut Johannesburg: Das Ziel von Konferenzen wie *„Telematics for Libraries“* oder Seminaren wie *„Public Libraries and the Information Society“* war, die südafrikanischen Bibliotheken beim Aufbau einer demokratischen und zeitgemäßen Informationsgesellschaft zu unterstützen. Schon nach zwei Jahren stellten sich erste Erfolge ein: eine den Fachaustausch dokumentierende Diskussionsliste zwischen südafrikanischen und deutschen Bibliothekaren (Telematics-lis) wurde im Internet platziert, südafrikanische Referenten wurden nach Deutschland und deutsche Referenten nach Südafrika vermittelt und innerhalb des südafrikanischen Bibliotheksverbands LIASA wurde ein „Steering Comittee“ gegründet, das sich mit Auswertung und Umsetzung europäischer Telematikprojekte in Südafrika befasst.

Eine ähnliche Form der fachlichen Unterstützung fand schon Mitte der 90-er Jahre in Kiew statt. Die Leiterin des noch im Aufbau befindlichen Informations- und Bibliotheksbereichs des Goethe-Instituts half bei der „Geburt“ des *Ukrainischen Bibliotheksverbandes*, der inzwischen einer der wichtigsten Partner des Goethe-Instituts Kiew ist: Themen und Referenten für Veranstaltungen des Verbands werden abgesprochen, während der Verband über die Aktivitäten des Goethe-Instituts informiert.

Das Engagement des Goethe-Instituts erstreckt sich auch auf den fachlichen Austausch zwischen Deutschland und Großbritannien: Mit Unterstützung des Goethe-Instituts London konnte 1998 eine *Studienreise britischer Bibliothekare nach Deutschland* realisiert werden. Hervorgegangen war das Projekt aus einer Studienreise europäischer Bibliothekare nach Großbritannien, die das British Council im Jahr zuvor organisiert hatte. Auf der Suche nach einem Partner für die Gegeneinladung war das British Council an das Goethe-Institut herangetreten. Die Studienreise britischer Bibliothekare nach Deutschland hatte das Thema „Academic libraries and new media – buildings, design and organisation“, die Reise deutscher Bibliothekare nach Schottland 1999 stand unter dem Motto „Library buildings and new services“. Ergebnis der beiden Studienreisen und des sich anschließenden Workshops: Deutsche und britische Bibliothekare und Architekten suchen jetzt gemeinsam nach Lösungen für das beide Seiten gleichermaßen beschäftigende Problem, dass Archivbibliotheken einerseits einen steigenden Raumbedarf haben und andererseits ihre Bestände und vor allem auch die neuen Medien in attraktiver Freihandaufstellung präsentieren wollen.

Über den fachlichen Austausch hinaus haben die Bibliotheken und Informationszentren der Goethe-Institute den Ehrgeiz, in Zukunft auch „Schaufenster des deutschen Bibliothekswesens“ zu sein, sie wollen versuchen, deutsche Bibliotheksarbeit im örtlichen Kontext darzustellen – und zwar sowohl auf der Ebene der Benutzer als auch aus fachlicher Sicht.

Ein gutes Beispiel dafür liefert die Bibliothek des Goethe-Instituts Budapest. In einer der Hauptstädte der europäischen Kultur wird einem gebildeten und hoch motivierten Publikum mit guten bis ausgezeichneten Deutschlandkenntnissen nicht nur ein ebenso aktueller wie attraktiver Bestand an deutscher Literatur, Philosophie, Kunst, etc. angeboten: Das reichhaltige Zeitungs- und Zeitschriftenangebot kann man genauso wie die Internet-Plätze 14 Stunden täglich beim erschwinglichen Espresso im Café „eckermann" nutzen, Informationsdienste wie „Bücher, über die man spricht" (aktuell kommentiertes Buchangebot) runden das Angebot ab. In der Zusammenarbeit mit den bibliothekarischen Partnern des Instituts geht es nicht nur darum, die Konzeption eines modernen Informationszentrums zu realisieren, sondern auch einen wichtigen Beitrag zur Leseförderung zu leisten.

1992 hat das Goethe-Institut außerdem damit begonnen, *deutsche Lesesäle* in Mittel-, Ost- und Südosteuropa sowie in der GUS einzurichten. Diese Lesesäle sind zumeist örtlichen Bibliotheken inkorporiert, sie sollen helfen das Institutsnetz an jenen geistigen, wirtschaftlichen und politischen Ballungszentren zu erweitern, an denen sich kein Goethe-Institut befindet. Lesesäle sind – im Unterschied zu Buchspenden – bewusst partnerschaftlich konzipiert und setzen auf eine langfristige Zusammenarbeit. Das Goethe-Institut stattet örtliche Bibliotheken mit deutschsprachigen Beständen aus und aktualisiert diese jährlich gemäß des örtlichen Bedarfs. Die Gastbibliotheken wiederum stellen Raum, Personal und bibliothekarische Infrastruktur zur Verfügung. Das Goethe-Institut übernimmt die fachliche und sprachliche Fortbildung des in den Lesesälen tätigen Personals. Das jüngste ‚Kind' ist der Lesesaal an der Shanghai Library, der erste Lesesaal außerhalb der Regionen Mittelsüdosteuropa und Osteuropa/Zentralasien, der im November 1999 von Bundeskanzler Schröder eröffnet wurde. Eine Besonderheit dieses Lesesaals liegt darin, dass es in langen und schwierigen Verhandlungen gelungen ist, einen öffentlich zugänglichen Informationsbestand zu aktuellen deutschlandbezogenen Themen zu realisieren, dem Einzigen in ganz China übrigens neben dem der Goethe-Institute Peking und Hongkong. Und noch etwas ist neu am Lesesaal Shanghai: seine Medienausstattung wurde zum größten Teil durch Sponsorengelder finanziert, der Commerzbank-Stiftung sei Dank.

Das Goethe-Institut ist Partner für deutschlandbezogenen Bestandsaufbau an Bibliotheken im Gastland: Es fördert das Interesse an deutschsprachiger Literatur, indem es durch Informationsveranstaltungen z.B. im Rahmen von internationalen Buchmessen, durch Beratungsservice für Bibliothekare und durch Literaturempfehlungen Sachkompetenz zur Verfügung stellt.

Eines der initiativen Beispiele für diesen Arbeitsschwerpunkt stammt aus den USA. Anfang der 90er-Jahre erhielt das Goethe-Institut New York den ehrenvollen Auftrag, als „German Language Specialist" eine Liste mit deutschsprachigen Titeln für *Booklist* zusammenzustellen, jene wichtige

Publikation der American Library Association, in der Anschaffungsempfehlungen für Öffentliche Bibliotheken gegeben werden. Seitdem wird in New York jedes Frühjahr eine Liste von 30 bis 40 deutschsprachigen Titeln – Sachbücher (deutschlandkundliche Grundbestandstitel) und Schöne Literatur (das, was in Deutschland bevorzugt gelesen wird) – erstellt, von denen die Kollegen annehmen, dass sie sich für die Bestände amerikanischer Öffentlicher Bibliotheken eignen. Die Titel sind im Komprimat weniger Sätze in englischer Sprache beschrieben. *Booklist* erscheint 22-mal im Jahr, hat eine Auflage von 28.000 Exemplaren und wendet sich an ein Publikum, für das ein Etat von bis zu 75 Millionen U.S. Dollar im Jahr nur für Bücher und Auskunftsmaterialien investiert wird. Die New York Times lobt *Booklist* als die „acquisitions bible" für Stadtbüchereien und Schulbibliotheken – besonders auch in Bezug auf den fremdsprachigen Bestand.

Ähnliche Erfolge verspricht man sich in Frankreich von einer annotierten Neuerscheinungsliste deutscher Gegenwartsliteratur (Goethe-Institut Bordeaux) und von einer annotierten Zusammenstellung deutschsprachiger Kinder- und Jugendliteratur (Goethe-Institut Nancy).

Das Goethe-Institut ist Partner für Buch- und Übersetzungsförderung: Gefördert werden in erster Linie Bücher aus Deutschland und Werke deutschsprachiger Autoren durch entsprechende Informationsdienste im Internet, durch Dokumentations- und Buchausstellungen sowie gezielte Informationen für Verleger.[5]

Geradezu exemplarisch ist das zweimal jährlich in enger Kooperation mit dem Goethe-Institut London publizierte Magazin *„New Books in German"* der britischen Autorenvereinigung (Society of Authors). Es stellt den britischen Verlegern jeweils ca. 25 deutschsprachige Neuerscheinungen zur Übersetzung ins Englische vor. Außer bei ihrer spezifischen Verleger-Klientel stößt die Publikation auch bei Bibliotheken, Buchhandlungen, Journalisten und Akademikern auf großes Interesse. Insgesamt erschienen seit 1997 17 Probeübersetzungen aufgrund von Empfehlungen von *„New Books in German"*. Das Goethe-Institut zeichnet auch für die online-Version dieses Programms verantwortlich, die seit kurzem unter http://www.new-books-in-german.com/ zu finden ist.

Ursprünglich aus Brüssel stammt die Dokumentationsausstellung *„Was bleibt? Deutsche Prosa (Ost und West) seit 1945"*, die es mittlerweile auch in englischer (Goethe-Institut London), russischer (Goethe-

5 S. hierzu auch Hilmar Hoffmann, Deutsche Sprache im Internet. In: *Frankfurter Allgemeine Sonntagszeitung* vom 9.5.1999.

Institut Moskau), rumänischer (Goethe-Institut Bukarest) und spanischer Fassung (Goethe-Institute Buenos Aires und Mexiko City) gibt. Die Einführung stammt jeweils von einer Kapazität des Gastlandes. In der Ausstellung werden 24 Bücher und deren Autoren unter Fragestellungen wie „Was bleibt von der Überfülle der literarischen Nachkriegsproduktion der deutschen Schriftsteller? Was hat Bestand noch im Rückblick? Was liest man gern noch einmal? Was liest man noch?" vorgestellt.

Ein weiteres Exempel für dezidierte Buchförderung ist die von der Internationalen Jugendbibliothek in München organisierte Wanderausstellung *„Frieden, Freiheit, Toleranz: Bücher gegen den Krieg"* (200 Bücher aus 30 Ländern). Sie wurde 1995/96 in Kroatien und Bosnien sehr erfolgreich gezeigt und tourte als *„Hello, dear enemy: Picture books for peace and tolerance"* 1998 erfolgreich durch Indien.

Das Goethe-Institut empfiehlt sich als Anbieter von thematischen Informationsdiensten. Durch die Bereitstellung von Informationsdiensten zu aktuell besonders nachgefragten Themen versuchen einzelne Informationszentren eine konkrete, lokal eruierte Nachfrage zu bedienen und die Ergebnisse zugleich in das weltweit ausstrahlende Informationsnetz einzuspeisen.

Zum Beispiel die dreisprachige Website *„Formfragen: Design in Deutschland"* des Goethe-Instituts Hongkong (http://www.goethe.de/os/hon/design/deindex.htm). Fast 3.000 „Besucher" registrierte dieses Angebot allein im Oktober 1999.

Oder der Katalog des Goethe-Instituts London, der alle ins Englische übersetzten Theaterstücke zusammenführt, die in den Goethe-Instituten des englischsprachigen Raumes vorhanden sind (http://www.goethe.de/gr/lon/stuecke/stuindex.htm). Dieser Katalog wurde im selben Monat 1200-mal aufgerufen.

Ähnlich erfolgreiche Angebote existieren auch zu anderen Themenbereichen, zum Beispiel zur Kunst (Goethe-Institut Paris: http://www.goethe.de/fr/par/art/deaindex.htm), zum Film (http://www.goethe.de/z/wwfilm/deindex.htm) oder zum Studieren und Forschen in Deutschland (Goethe-Institut Hongkong: http://www.goethe.de/os/hon/destud.htm).

Im Ausland werden die Goethe-Institute schon lange als Spezialisten für Deutschlandinformationen nachgefragt. Sowohl die Informationsvermittlung als auch Literaturversorgung werden optimiert durch den *Informationsverbund* der Goethe-Bibliotheken in einem Land bzw. einer Region. Die Erfahrungen in Frankreich sind dafür prototypisch: Für ein spezifisches Projekt wurde 1997 der Bedarf an Deutschlandinformationen landesweit abgefragt. Durch thematische Schwerpunktsetzungen (Paris:

Philosophie, Wirtschaft, Geschichte, Verlagswesen, Kunst; Lille: Architektur/Städtebau, Film; Lyon: Tanz/Theater, Bordeaux: Deutschsprachige Gegenwartsliteratur; Nancy: Kinder- und Jugendliteratur) entstand ein arbeitsteiliger Informationsverbund, der in einem nächsten Schritt auch Ausstrahlung auf die gesamte frankophone Welt haben kann.

Um das weltweite Informationsnetz der Goethe-Institute nutzen zu können wurde der Listserver *„Bibliolis"* eingerichtet, der es jeder elektronisch entsprechend ausgestatteten Goethe-Bibliothek (mittlerweile 95 %) ermöglicht, Anfragen, die vor Ort nicht ausreichend beantwortet werden können, per E-mail an alle angeschlossenen Goethe-Institute weiterzuleiten.

Das Informationsnetz der Goethe-Institute im Ausland wird durch die Serviceleistungen des *Informationszentrums der Zentralverwaltung* in München unterstützt. Ziel ist die Schaffung einer professionellen zentralen Informationsvermittlungsstelle (Clearingstelle), die für die Mitarbeiter in der Zentralverwaltung wie im Ausland in allen verfügbaren Datenbanken und (Presse-)Archiven recherchiert, aber auch mit der Bereitstellung von Informationsdiensten auf aktuelle Ereignisse wie die Verleihung des Literatur-Nobelpreises an Günter Grass spontan reagiert.

Aber auch im Inland wird das Goethe-Instituts zunehmend als Mittler geschätzt: Die deutschen Bibliotheken haben längst erkannt, wie effizient sie sich der Goethe-Institute bedienen können, wenn sie etwa ihre Informationen und Produkte in der Informations- und Bibliothekswelt des Auslands bekannt machen möchten.

Jüngstes Beispiel dafür ist die *„Kulturpolitische Allianz" zwischen Der Deutschen Bibliothek und dem Goethe-Institut*. Ziel ist die Förderung des Informations- und Wissenstransfers. Die Deutsche Bibliothek ermöglicht dem Goethe-Institut die Nutzung ihrer Datenbanken und Datendienste (Literaturrecherchen, elektronische Dokumentlieferdienste und Datenübernahmen). Im Gegenzug macht das Goethe-Institut Die Deutsche Bibliothek und ihre Dienstleistungsangebote einer breiteren ausländischen Öffentlichkeit bekannt.[6] Ein erstes solches Jointventure ist die Fotoausstellung „Transformation einer Bibliothek – Neubau der Deutschen Bibliothek in Frankfurt am Main".

Auch die europäische Bibliothekskonferenz *Lokal ↔ Global*, die Ende April 1999 im Goethe-Forum in München stattgefunden hat, war ein erfolgreiches Jointventure. Angeregt durch die Aktivitäten des Europarats auf dem Gebiet der Bibliotheksgesetzgebung, zuletzt durch die Konferenz „Libraries and Democracy: the responsibilities of the State, local autho-

---

6 BuB 51 (1999) H.2, S. 86.

rities and professionals" in Straßburg im November 1998, hat das Goethe-Institut die Initiative zu einer internationalen Konferenz ergriffen, die zusammen mit dem Europarat und dank der Unterstützung durch die Bundesvereinigung Deutscher Bibliotheksverbände (BDB), dem Deutschen Bibliotheksverband (DBV), dem Kultusministerium des Landes Sachsen-Anhalt, dem Deutschen Bibliotheksinstitut, dem British Council, dem spanischen Ministerium für Bildung und Kultur sowie den Regionen Piemont und Emilia Romagna zum Erfolg wurde. Ausgangspunkt war die Einsicht, dass die heutigen kommunikations- und medientechnischen Möglichkeiten eine Bibliotheksgesetzgebung für die Bundesrepublik Deutschland dringlicher denn je machen. Ebenso sehen es Länder wie Italien, Spanien und Großbritannien, die ebenfalls einen nationalen Gesetzesrahmen für eine Bibliotheksgesetzgebung auf regionaler Ebene reklamieren. Aus der Konferenz ist eine europäische Agenda zur Definierung von Grundsätzen für eine Bibliotheksgesetzgebung in Ländern mit föderativer oder dezentraler Struktur hervorgegangen. Diese Agenda ist eingeflossen in die im Oktober 1999 in Straßburg überarbeitete „Draft Recommendation on Library Legislation and Policy in Europe" des Europarats.

Das Goethe-Institut steht als verlässlicher und kompetenter Kooperationspartner für den internationalen Dialog auch im Informations- und Bibliotheksbereich: Es verfügt über ein weltweites Netz, garantiert Kontinuität durch Präsenz vor Ort und die Mitarbeiter verfügen in der Regel über spezifische Landeskenntnisse und vertrauensbildende Sprachkompetenz. Sollen internationale Zusammenarbeit und ein dialogischer Meinungs- und Erfahrungsaustausch als Grundlage für die Weiterentwicklung der Partner wirksam werden, müssen in kontinuierlicher Arbeit die relevanten Themen und passenden Kooperationsformen gemeinsam gefunden werden. Allein auf diese Weise kann Nachhaltigkeit entstehen und dauerhafte Wirkung erzeugt werden. Internationale Zusammenarbeit ist erst recht im Informationswesen und im Bibliotheksbereich angewiesen auf menschliche Kontakte und persönlichen Austausch. Die Kontakte müssen nicht nur geknüpft, sondern auch gepflegt werden, auch über das Ende von Projekten hinaus. „Es besteht Bedarf an einer stärkeren Präsenz des deutschen Bibliothekswesens in der internationalen Elite der Informationsvermittler. Zugleich bedarf es in Deutschland einer Besinnung auf das demokratiefördernde Potenzial von Bibliotheken. Weder das eine noch das andere kann gelingen ohne den lebendigen internationalen Austausch."[7]

---

7 Christiane Bohrer: Keine Alternative? Die Auswärtige Kulturarbeit des Goethe-Instituts im Bibliotheks- und Informationsbereich. In: BuB 51 (1999) H.4, S. 248-250.

Nationalbibliotheken in Europa

Elisabeth Niggemann

Denken Sie bei dem Thema Nationalbibliotheken in Europa auch an die herrlichen alt-ehrwürdigen Gebäude mit ihren wunderschönen Lesesälen z.B. in London oder Paris? Oder fallen Ihnen als Erstes die beeindruckenden Neubauten der vergangenen Jahre ein, die in Paris, London, Frankfurt am Main oder Kopenhagen eingeweiht wurden, vielbeachtet von der Öffentlichkeit? Dann fällt es Ihnen sicherlich auch nicht schwer, die Frage von Maurice Line „Do national libraries have a future?"[1] mit einem spontanen und optimistischen „Ja!" zu beantworten. Diese Symbole in Stein und Glas, die in den 90er-Jahren des 20. Jahrhunderts an mehreren Stellen Europas fast zeitgleich als Antwort auf die nicht nur einmal gestellte Frage nach der Zukunft, nach dem Sinn von Nationalbibliotheken gebaut wurden, zeigen deutlich, dass die staatlichen Träger dieser Institutionen ganz offenkundig davon überzeugt sind, dass auch heute ihre Nationalbibliotheken ein schönes großes Haus für ihre Zukunft brauchen.

Dies ist nicht selbstverständlich in einer Zeit, in der von vielen Seiten her suggeriert wird, das Buch, das gedruckte Medium sei obsolet, ein musealer Gegenstand, und das Informationsmedium der Zukunft sei die elektronische Publikation, die Bibliothek der Zukunft daher die virtuelle Bibliothek. So wurden diese realen Häuser auch nur zum Teil gebaut, um gedruckte Bestände zu bewahren und sie der Öffentlichkeit zugänglich zu machen. Zu einem sicherlich immer größer werdenden Teil dienen die Bauten auch dazu, die Entwicklung und den Aufbau virtueller oder elektronischer Bibliotheken zu beherbergen. Esko Häkli beschreibt mit seiner Aussage, dass sich Nationalbibliotheken inmitten eines tief greifenden Umwandlungsprozesses befinden[2], die Situation in den alten wie den neuen Häusern treffend, auch wenn sie sich an den einzelnen Standorten unterschiedlich ausprägt.

Wie unterschiedlich das Erscheinungsbild der Nationalbibliotheken Europas ist, lässt sich erahnen, wenn man z.B. die Artikel von Michael Smethurst in Liber Quarterly nachliest, der für die Jahre 1996, 1997 und 1998 die Jahresberichte der europäischen Nationalbibliotheken zusammen-

---

1 Maurice B. Line, Do national libraries have a future? In: LOGOS 10 (1999), S. 154-159.
2 Esko Häkli, Die Rolle der Nationalbibliotheken im neuen Jahrhundert, im Druck.

fasst.[3] Je nach Aspekt, je nach Betrachtungsweise ergeben sich schon fast kaleidoskopartig sehr bunte, mannigfaltige Bilder. Trotz vieler Gemeinsamkeiten sind sie eben doch eingebunden in sehr unterschiedliche Traditionen und Situationen. Betrachtet man allein das Alter der Institutionen, so reicht das Spektrum von der Vatikan Bibliothek („The earliest origins ... are lost in antiquity")[4] über die Gründungen des 15., 16. oder 17. Jahrhunderts (z.B. Belgien, Frankreich, Dänemark, Österreich, Schweden, Tschechische Republik), über die vielen Nationalbibliotheken des 18. und 19. Jahrhunderts bis zu denen, die erst nach dem 2. Weltkrieg gegründet wurden (Liechtenstein, Türkei). In Abhängigkeit von Größe, Reichtum und Geschichte ihrer jeweiligen Staaten sind ihre Bestände, Etats, Personalzahlen, Besucherzahlen, ihr Automatisierungsgrad oder ihr Engagement in innovativen Projekten in einem bemerkenswerten Ausmaß unterschiedlich. In ihrer Hauptfunktion erfüllen sie alle die Aufgaben einer Nationalbibliothek, manche sind gleichzeitig aber auch Universitätsbibliothek (z.B. die Nationalbibliotheken in Dänemark, Finnland, Island, Makedonien, Slowenien) oder Parlamentsbibliothek (z.B. in Estland, Lettland).

In den vergangenen Jahren hat aber trotz aller äußeren Unterschiede eine unübersehbare Entwicklung hin zu einer gemeinsamen Zielsetzung, zu verstärkter Kooperation und Standardisierung eingesetzt. Das politische Klima der letzten zehn Jahre in Europa bot dazu hervorragende Rahmenbedingungen: der überall spürbare, ernst zu nehmende politische Wille, ein vereintes Europa zu schaffen, sowie die politischen Veränderungen im Osten Europas. Auf bibliothekarischer Ebene haben sich die Nationalbibliothekare in der Conference of European National Librarians, CENL, zusammengeschlossen. Als im Februar 1987 ein erstes Treffen der Direktoren von damals zehn europäischen Nationalbibliotheken in Lissabon stattfand und damit die Geschichte der CENL begann, war der Zeitpunkt gut gewählt. 1991 entwickelte die Europäische Kommission mit ihrem Action Plan die Vision einer ganz Europa umfassenden Informationsgesellschaft, in der der einzelne Bürger einen direkten und einfachen Zugriff auf Information jedweder Art und auf das gesamteuropäische kulturelle Erbe erhalten sollte. Die Interessen der Nationalbibliothekare und die der Europäischen Kommission trafen sich hier in idealer Weise. Folgerichtig waren die Aktivitäten der letzten zehn Jahre innerhalb von CENL

---

3 Michael Smethurst, European National Libraries. A Review of the Year's Activities. In: Liber Quarterly 7 (1997), S. 303-350, 8 (1998), S. 235-284, 9 (1999), S. 462-504.

4 Angaben zu europäischen Nationalbibliotheken sind abrufbar bei Gabriel, dem Informationsdienst der Nationalbibliotheken Europas, z.B. unter der Adresse http://www.ddb/gabriel.de.

stark geprägt von der Projektarbeit, die im Kontext der aufeinander folgenden Rahmenprogramme stattfand.

Voraussetzung für die Teilnahme an den gemeinsamen Aktivitäten ist die Mitgliedschaft der jeweiligen Staaten im Europarat. Die Zahl der in CENL organisierten Nationalbibliothekare ist mittlerweile auf 40 Teilnehmer aus 38 Staaten angewachsen.[5] Seit dem 1. Januar 1999 ist CENL mit Wim van Drimmelen (Königliche Bibliothek, Den Haag) als Vorsitzendem eine Stiftung unter niederländischem Recht. Gemeinsames vertragliches Handeln der vielen Teilnehmer wird dadurch wesentlich erleichtert – und damit die gemeinsame Projektarbeit.

Die Projekte der europäischen Nationalbibliotheken waren – wie es sich eigentlich immer bei erfolgreicher Projektarbeit feststellen lässt – Katalysator für eine bis dahin nicht in diesem Ausmaß vorhandene Zusammenarbeit. Es gibt wohl kaum ein besseres Beispiel für eine erfolgreiche, greifbare Kooperation über viele politische Grenzen und fast ebenso viele Sprachgrenzen hinweg als die in CENL geleistete Arbeit der letzten zehn Jahre.

Wesentlich für alle Projektarbeit war das CoBRA Forum (Computer and Bibliographic Record Actions), eine Art Steuerungsgremium für alle CENL-Projekte. CoBRA wurde 1993 als Ergebnis eines Workshops der Europäischen Kommission gegründet. Es ist letztlich eine kleinere und daher schlagkräftigere Untergruppe von CENL, bestehend aus acht National-

---

5 *Mitgliedschaft in CENL:*
Albanien: Biblioteka Kombetare, *Belgien*: Koninklijke Bibliotheek van België/Bibliothèque royale de Belgique, *Bulgarien*: Narodna Biblioteka „Sv. Sv. Kiril i Metodii“ (NBKM), *Dänemark*: Det Kongelige Bibliotek, *Deutschland*: Die Deutsche Bibliothek, *Estland*: Eesti Rahvusraamatukogu, *Finnland*: Helsingin Yliopiston Kirjasto, *Frankreich*: Bibliothèque Nationale de France, *Griechenland*: Nationalbibliothek Griechenland, *Großbritannien und Nordirland*: The British Library, *Irland*: Leabharlann Naisiunta na hEireann, *Island*: Landsbókasafn Islands, *Italien*: Biblioteca Nazionale Centrale di Firenze, *Italien*: Biblioteca Nazionale Centrale di Roma, *Kroatien*: Nacionalna i Sveucilisna Knjiznica, *Lettland*: Latvijas Nacionala Bibliotèka, *Liechtenstein*: Liechtensteinische Landesbibliothek, *Litauen*: Lietuvos Nacionaliné Martyno Mazvydo Biblioteka, *Luxemburg*: Bibliothèque Nationale, *(Ehemalige Yugoslav.) Republik Mazedonien*: Narodna i univerzitetska biblioteka „Sv. Kliment Ohridski“, *Malta*: Bibljoteka Nazzjonali ta' Malta, *Niederlande*: Koninklijke Bibliotheek, *Norwegen*: Nasjonalbiblioteket, *Österreich*: Österreichische Nationalbibliothek, *Polen*: Biblioteka Narodowa, *Portugal*: Instituto de Biblioteca Nacional e do Livro, *Rumänien*: Biblioteca Nationala a României, *Russland*: Die Nationalbibliothek, *Russland*: Die Russische Staatsbibliothek, *San Marino*: Biblioteca di Stato e Beni Librari, *Schweden*: Kungliga Biblioteket, *Schweiz*: Schweizerische Landesbibliothek, *Slowakei*: Matica slovenská, *Slowenien*: Narodna in Univerzitetna knjiznica, *Spanien*: Biblioteca Nacional, *Tschechische Republik*: Národní knihovna Ceské republiky, *Türkei*: Millî Kütüphane, *Ukraine*: Natsional'na biblioteka Ukraïny im. V. I. Vernads'koho, *Ungarn*: Országos Széchényi Könyvtár, *Vatikanstadt*: Biblioteca Apostolica Vaticana.

bibliotheken.[6] Dieses Steuerungsgremium setzte wiederum Arbeitsgruppen ein:[7] Im Ergebnis entwickelten die Arbeitsgruppen innerhalb des 3. Rahmenprogramms 1994 Vorschläge für Studien und Projekte, von denen die Europäische Kommission insgesamt neun bewilligte. Für das vierte Rahmenprogramm wurde das Forum und seine Arbeitsgruppen unter dem Namen CoBRA+ von 1996 an bis Ende 1998 fortgeführt. Die Projekte sind größtenteils abgeschlossen oder in der Abschlussphase.[8] Seit Januar 1999 besteht kein direkter Zusammenhang zwischen CoBRA+ und der Europäischen Kommission – und vor allem keine finanzielle Förderung von CoBRA+-Aktivitäten mehr durch sie. Die Arbeit von CoBRA+ für CENL wird seitdem mit gleicher Zielsetzung aber eigenfinanziert und ohne direkten Zusammenhang mit EC-Programmen fortgesetzt.

Wie die Auflösung des Akronyms CoBRA schon besagt, ging es zunächst einmal darum, den Austausch bibliographischer Daten durch Standardisierung und durch die Entwicklung von technischen Werkzeugen zu erleichtern. In einer zweiten Phase trat der Austausch von Ressourcen dazu. Je mehr das Internet, je mehr die elektronischen Publikationen an Bedeutung gewannen, desto stärker traten als Themen Pflichtablieferung und Langzeitarchivierung von Netzpublikationen und damit Metadaten, Persistent Identifier (URN, DOI) und die Anwendung von Z39.50 als vereinbartem Protokoll dazu. In diesem Kontext sind auch die Ergebnisse der CENL/FEP- (FEP ist die Federation of European Publishers) Arbeitsgruppe von besonderer Bedeutung. In dieser Arbeitsgruppe wird derzeit an einem „Code of Practice for the Voluntary Deposit of Electronic Publications“ gearbeitet, der die Zeit überbrücken helfen soll, in der es für die meisten Länder noch kein Pflichtgesetz für elektronische Publikationen gibt.

Nationalbibliotheken sehen es als ihre selbstverständliche Aufgabe an, neben den gedruckten Publikationen auch die Netzpublikationen zu sammeln, zu archivieren und zur Verfügung zu stellen. Auch wenn derzeit die Pflichtgesetze dies noch nicht vorsehen, so ist eine Änderung in vielen Ländern vorgesehen.[9] Die Nutzung der elektronischen Publikationen ist

---

6 Zu CoBRA s. Klaus-Dieter Lehmann, European National Libraries and the CoBRA Forum of the EU Libraries Programme. In: Alexandria 8 (1996), S. 155-166. Peter W. Dale, CoBRA+, a Review, with a Look to the Future. In: Alexandria 11 (1999), S. 161-166.

7 Ute Schwens. CoBRA, ein Jahr danach. In: Dialog mit Bibliotheken 7 (1995), S. 9-12.

8 Kurzinformationen zu den Projekten können in den genannten Beiträgen nachgelesen werden. Bei Peter Dale findet man auch die Netz-Adressen, unter denen weiterführende Information gefunden werden kann. Für Eingeweihte seien kurz die Akronyme erwähnt: FLEX, CHASE, UseMARCON, AUTHOR, UNIMARC, BIBLINK, NEDLIB, ONE-2.

9 Die Deutsche Bibliothek erarbeitet zusammen mit deutschen Verlagen in der AG elektronische Depotbibliothek die Voraussetzungen für einen Novellierungsvorschlag für das deutsche Pflichtexemplarrecht.

ein wesentlicher Bestandteil von zwischenzeitlich abgeschlossenen Verträgen zwischen einzelnen Verlagen und einzelnen Nationalbibliotheken – aber auch der angestrebten Gesetze. Konsens besteht weitgehend darüber, dass die Nutzung von Netzpublikationen in den Räumen der Nationalbibliothek in Analogie zu gedruckten Publikationen oder CD-ROM-Produkten kostenlos erfolgen kann. Die Bibliotheken aber erwarten sich für ihre Benutzer mehr von einer virtuellen Bibliothek. Selbstverständlich wollen die Verleger aber ihre elektronischen Produkte nicht weltweit kostenlos über die Server der Nationalbibliotheken zur Verfügung gestellt sehen. Dies gilt allerdings im Wesentlichen nur für die Publikationen, für die es einen nennenswerten Markt gibt. Gerade für ältere Zeitschriftenjahrgänge oder für ältere Publikationen ohne nennenswerten Umsatz, für die im Gegenteil ein verlegerisches Interesse an der Archivfunktion der Nationalbibliotheken besteht, lässt sich sicherlich sehr schnell ein Konsens erzielen.

Vor diesem Hintergrund ergibt sich ein interessantes neues Kooperationsmodell der Nationalbibliotheken Europas, das von folgenden Voraussetzungen ausgeht:

1. Pflichtgesetze für elektronische Publikationen

Nationale Pflichtgesetzregelungen sollten möglichst bald europaweit auch die Ablieferung von Netzpublikationen vorsehen. Dieser Punkt entzieht sich zwar der direkten Einflussnahme, es kann aber in Europa mit einer Art Sogwirkung gerechnet werden, sobald die ersten nationalen Regelungen verabschiedet sind.

2. Vernetzung der Online-Kataloge

Die Kataloge der europäischen Nationalbibliotheken sollten so miteinander verbunden sein, dass der Nutzer mit einer Anfrage – falls gewünscht – alle oder eine definierte Zahl von nationalen Katalogen ansprechen kann. Eine solche Vernetzung der Kataloge ist ein mögliches Projektziel des Gabriel-Board von CENL. Gabriel (Gateway to Europe's National Libraries) ist seit dem 1. Januar 1997 der WWW-Netzdienst von CENL[10] und bietet neben der Information über die CENL-Mitgliedsbibliotheken (Geschichte, Funktionen, Bestände, Dienstleistungen) möglichst auch einen direkten Zugang zu den Online-Diensten an. Nach dem CENL beschlos-

---

10 Marco de Niet, Europas Nationalbibliotheken in line, Der GABRIEL-Workshop 1997. In: ZfBB 45 (1998), S. 464-475.

sen hat, das Z39.50-Protokoll in allen europäischen Nationalbibliotheken anzuwenden, und auf der Basis von Ergebnissen aus bereits abgeschlossenen CoBRA-Projekten (Format-Converter aus UseMARCON und ONE-2) kann jetzt ein Projekt zur Verknüpfung einiger Pilot-OPACs geplant werden. Wirklich interessant ist dies aber erst in Verbindung mit dem dritten Punkt:

3. Transnationale europäische Nationalbibliothek

Elektronische Publikationen sollten in den Online-Katalogen der Nationalbibliotheken so verzeichnet sein, dass der direkte Zugriff auf die dahinter stehenden Volltexte möglich ist. Für viele europäische Nationalbibliotheken ist dies heute gängige Praxis. Sie bieten ihren Nutzern elektronische Publikationen im Volltext in den Räumen der Bibliothek komfortabel mit einem einzigen Maus-Klick an. Ein virtueller europäischer Katalog bietet somit für die elektronischen Publikationen prinzipiell den Zugang zu einer virtuellen europäischen Bibliothek. (Derzeit leider nur „prinzipiell“ und nicht real, weil das unter Punkt 4 noch zu nennende Abrechnungssystem fehlt.) Eine echte, durchgängige transnationale Nationalbibliothek hat für den Nutzer den ganz offenkundigen Vorteil eines „One-stop-shopping“: die Sicherheit, an einer Stelle das zu finden, was er oder sie sucht, vor allem dann, wenn sich die Nationalbibliotheken beteiligen, die als Depotbibliothek der bedeutenden Wissenschaftsverlage dienen. Gekoppelt mit einem Dokumentliefersystem für die nicht elektronischen Publikationen ist hier ein Dienst vorstellbar, der in idealer Weise im kulturellen Bereich die Vorzüge eines politisch vereinten Europas sichtbar macht.

Vor allem die Garantie des Zugangs auch im Hinblick auf eine Langzeitarchivierung macht dieses Modell so attraktiv. Europäische Nationalbibliotheken in ihrer Gesamtheit können eine Zuverlässigkeit oder Sicherheit anbieten, die nur schwerlich übertroffen werden kann. Sie werden damit ein interessanter Partner für andere große Nationalbibliotheken oder Bibliothekskonsortien – aber auch für die Produzenten von Information, die Verleger und Autoren.

4. Copyright

Copyright-Fragen müssen geklärt sein, nicht nur bezogen auf die Langzeitarchivierung, sondern auch auf die Frage der Nutzungsbedingungen für den direkten Zugriff oder die Lieferung von Kopien an die Nutzer.

Für einen anzustrebenden umfassenden Dienst muss ein Abrechnungssystem für den Zugriff auf kostenpflichtige elektronische Publikationen zur Verfügung stehen. Derzeit liegt zwischen dem Lager derjenigen, die den Ansatz vertreten, wissenschaftliche und technische Information sei ein wirtschaftliches Gut, eine Ware, die als Informationsprodukt oder -dienstleistung hergestellt, gehandelt und verkauft wird, also einen Markt besitzt[11] und dem Lager, das die entgegengesetzte Meinung vertritt, dass Bibliotheken einen freien und ungehinderten Zugang zur Information schaffen und bieten müssen, wobei frei und ungehindert dann meist auch die Kostenfreiheit impliziert, ein tiefer Graben. Dieser Graben wird umso breiter und tiefer, je mehr elektronische Publikationen frei und ungehindert zur Verfügung gestellt werden könnten, bzw. je schneller und komfortabler gedruckte Publikationen digitalisiert und dann in elektronischer Form bereit gestellt werden können. Wie so oft hilft ein Blick auf die analoge Situation bei den Printmedien. Bibliotheken stellen sie (für den Nutzer) kostenfrei zur Verfügung, Kosten entstehen allerdings trotzdem und werden auch getragen. Somit gibt es einen Markt für die Ware Information. Die Frage stellt sich letztlich nach der Höhe des Preises für die Ware und danach, wer den Preis zu bezahlen hat. Es steht Bibliotheken und schon gar europäischen Nationalbibliotheken gut an, für die Kostenfreiheit für ihre Nutzer zu streiten. Allein für Deutschland ist es allerdings hochgradig wirklichkeitsfremd zu glauben, der Unterhaltsträger der Nationalbibliothek, der Entgeltlichkeit wissenschaftlicher Information in seinem Programm stehen hat, würde die gesamten Kosten tragen, die die Verleger und Produzenten der Ware in Rechnung stellen. Ein Weg muss also gefunden werden, in einem transnationalen Kontext alle Mal, der in den verschiedensten Modellen, auf Angebots- wie auf Nutzerseite gegangen werden kann. Das erfordert einen Dialog zwischen den Parteien. Auf der Ebene der europäischen Nationalbibliotheken wird er, wie bereits erwähnt, in der CENL/FEP-Arbeitsgruppe geführt.

Letztlich wird es für bestimmte Produkte, bestimmte Nutzergruppen und bestimmte Arten des Zugriffs keine Alternative zu verlässlichen Abrechnungssystemen geben. Ohne solche Systeme, ohne Electronic Cash wird es nur sehr beschränkt wirksame virtuelle Bibliotheken geben. Das wäre eine versäumte Chance, denn der Erfolg von kommerziellen Unternehmungen wie amazon.com zeigt, dass der Nutzer nicht begrenzt, sondern umfassend, erfolgreich und zuverlässig agieren möchte.

---

11 Information als Rohstoff für Innovation, Programm der Bundesregierung 1996–2000.

5. Multilingualität

Ein Europa, das trotz aller Kooperation, Integration und Harmonisierung den Pluralismus lebt und den regionalen Identitäten seiner verschiedenen Kulturen eine hohe Bedeutung zumisst, muss mit dem Problem der Multilingualität leben und umgehen. Auch wenn Englisch für den Bereich Wissenschaft eine globale Bedeutung gewonnen hat, so ist es doch offensichtlich, dass sich der Pluralismus der europäischen Kulturen gerade auch im Pluralismus der Sprachen weiterhin noch länger behaupten wird. Für eine virtuelle europäische Nationalbibliothek bedeutet das, dass sie sich mit dem Thema Multilingualität auseinander setzen muss. In dem Projekt MACS (Multilingual Access to Subjects) werden derzeit Teile der Schlagwortnormdateien SWD, LCSH und RAMEAU so miteinander gekoppelt, dass ein Zugang mit muttersprachlichem Vokabular auf fremdsprachige Texte ermöglicht wird. Projekte dieser Art sind notwendig, um eine transnationale virtuelle europäische Bibliothek nutzbar zu machen.

Erwähnenswert ist dieses Projekt auch, weil hier erstmalig eine Finanzierung eines gemeinsamen Projekts aus den Mitteln der Projektbibliotheken erfolgt, ohne Projektfinanzierung durch Dritte.

Fazit

So offensichtlich die Vorteile einer transnationalen Nationalbibliothek sind, so offensichtlich ist auch die Bedeutung von Standardisierung und von mächtigen technischen Werkzeugen, um sie zu gestalten. Wenn Nationalbibliotheken es versäumen, ihr Handwerkzeug mit dem weltweiten Prozess technologischer Umwälzung einigermaßen synchron zu halten, dann haben die Unkenrufer der frühen 90er-Jahre Recht, die den Nationalbibliotheken keine Zukunft gaben, denn dann verlieren sie ihre Rolle als Informationsvermittler und -anbieter und gleichzeitig ihre Rolle als objektives Gedächtnis eines kulturellen Erbes.[12] Daher sind Standardisierungsprogramme und innovative Projekte so wichtig, trotz aller tagtäglichen, alltäglichen Belastung durch den vom Gesetzgeber formulierten Auftrag. Entscheiden über die Zukunft wird schließlich und letztendlich der Nutzer, der in einer Welt der elektronischen Angebote die freie Wahl haben und sie auch nutzen wird. Die Portalfunktion der Nationalbibliotheken wird daher rapide an Bedeutung gewinnen – der Eingang zum schönen steinernen oder gläsernen Gebäude mit gedruckten Werken wird daneben aber noch lange nicht an Bedeutung verlieren!

---

12 Klaus-Dieter Lehmann (wie Anm. 6).

Börsenverein und Bibliothekswesen

Roland Ulmer

Wer erinnert sich nicht an den alten Jorge von Burgos, den menschenverachtenden blinden Bibliothekar in Umberto Ecos „Der Name der Rose"? Sein Verständnis des bibliothekarischen Berufs ist das von Herrschaft und Macht, Ausgrenzung und Geheimwissen. Der Erfinder dieser Kunstfigur, Umberto Eco, hat 1981 anlässlich eines Festvortrags zum 25-jährigen Bestehen der Mailänder Stadtbibliothek das Selbstverständnis dieses Typs von Bibliothekar ironisch beschrieben (der Carl Hanser Verlag hat die Rede 1987 veröffentlicht): „Der Bibliothekar muss den Leser als einen Feind betrachten, als Nichtstuer (andernfalls wäre er bei der Arbeit) oder als potenziellen Dieb." Eco entwickelte in seinem Mailänder Vortrag noch einige Kriterien für eine „gute" Bibliothek im Sinne des Jorge von Burgos. Zum Beispiel: „Das Ausleihverfahren muss abschreckend sein", „Die Zeit zwischen Bestellung und Aushändigung muss sehr lang sein", „Die Auskunft muss unerreichbar sein" oder „Die Öffnungszeiten müssen genau mit den Arbeitszeiten zusammenfallen ..., totale Schließung an allen Samstagen, Sonntagen, abends und während der Mittagspausen." Umberto Ecos sarkastisches Resümee: „Ideal wäre schließlich, wenn der Benutzer die Bibliothek gar nicht erst betreten könnte ...".

Dass dieses abschreckende Leitbild des Bibliothekars und der Bibliothek, dass der Typus „Jorge" bei uns – trotz einer gewissen Bekanntheit durch Ecos Buch und den gleichnamigen Film – sich nicht durchsetzen konnte, liegt nicht wenig an einem anderen Typ von Bibliothekar, den die langjährige Vorsitzende der Bundesvereinigung Deutscher Bibliotheksverbände (BDB) wie kaum eine zweite Persönlichkeit verkörpert. Der Bibliothekar vom „Typus Birgit Dankert" ist nämlich Lichtjahre von jenem dämonischen Zerrbild entfernt, das Umberto Eco – wie vor ihm Jorge Luis Borges und andere – so lustvoll abschreckend beschrieben hat.

Das Selbstverständnis der Bibliothekare hat sich ja in den letzten Jahrzehnten revolutionär verändert. Die Regel – und nicht mehr die Ausnahme – ist heute, dass gut ausgebildete, kommunikationswillige und kundenorientierte Bibliothekarinnen und Bibliothekare ein völlig neues Bild ihres Berufsstandes entwickelt haben. Über der Misere des Umgangs mancher demokratisch legitimierter Potentaten mit den ihnen anvertrauten Öffentlichen Bibliotheken geht der Blick auf diesen großartigen Fortschritt zu oft verloren. Die Öffentliche Bibliothek als gesellschaftliches und soziales Zentrum eines Stadtteils oder einer Gemeinde, ihre grundsätzliche Offenheit für alle (und nicht zuletzt für die Benachteiligten und sozial Schwächeren) – das ist die wirkliche Erfolgsgeschichte der Öffentlichen Bibliotheken im 20. Jahrhundert.

Und diese Erfolgsgeschichte ist letztlich wichtiger als die vielen ärgerlichen Eingriffe und Einschnitte in die Entwicklungschancen der Bibliotheken durch bürokratische Vorschriften, Haushaltszwänge oder falsche Prioritätensetzung.

Was machen Bibliothekare eigentlich? Gewiss, sie archivieren und erschließen Bücher und Medien. Doch letztlich kann man ihren Beruf zusammenfassen: Sammeln und Vermitteln. Damit ist die bibliothekarische Tätigkeit dem sehr nahe, was Verleger und Buchhändler betreiben. Auch wir sorgen dafür, dass der Kreislauf der Meinungen und des Wissens weitergeht, auch wir sind uns bewusst, dass bestimmte Voraussetzungen unserer Berufe, bestimmte professionelle Fähigkeiten und Kenntnisse, technische und fachliche Referenzen kein Selbstwert sind, sondern sich mit der Weiterentwicklung der technischen Möglichkeiten, des gesellschaftlichen Umfelds und neuer Bedürfnisse wandeln müssen.

Manche Wissenschaftler, also: Autoren, wollen die Umstellung auf elektronische Publikationen nutzen, indem sie teilweise direkt oder über ihre Gesellschaften die Rolle der Verlage oder Bibliotheken übernehmen. Beim Fachkongress „Die unendliche Bibliothek", den der Börsenverein gemeinsam mit Der Deutschen Bibliothek und der Bundesvereinigung Deutscher Bibliotheksverbände im November 1995 in Bonn durchgeführt hat, haben die Wissenschaftler Martin Grötschel und Joachim Lügger die These aufgestellt: *„Die neuen Technologien transformieren das Kommunikationsverhalten in der Naturwissenschaft und Mathematik. Institute und auch Einzelpersonen können im Internet autonom publizieren und annoncieren, unabhängig vom Verlagswesen, vom Buchhandel und von Zentren der Fachinformation."*

Seitdem sind mehr als vier Jahre vergangen. Die These vom Wissenschaftler, der als sein eigener Verleger und Bibliothekar fungiert, hat sich nicht durchgesetzt. Denn Wissenschaftler wollen Wissenschaft betreiben. Sie wollen dabei von fachlich kompetenten Dienstleistern, nämlich Verlagen, Buchhandlungen und Bibliotheken, deren Bestände und technische Einrichtungen auf dem neuesten Stand sind, angemessen und zu fairen Konditionen unterstützt werden.

Auch die Bibliotheken denken – wie die Verlage und Buchhandlungen – über die Zukunft der Information und ihre eigene Rolle nach. Gemeinsame Auffassung aller in unseren Berufsfeldern ist, dass wir die Möglichkeiten der Elektronik nutzen müssen, um unsere Angebote zu verbessern und auch um neue Angebote zu entwickeln. Es sei allerdings nicht verschwiegen, dass Börsenverein und Bibliotheksverbände – im kollegialen Gespräch und im Austausch von Argumenten – teilweise unterschiedliche Lösungsansätze favorisieren.

Unterschiedliche Meinungen gibt es zum Beispiel beim Urheberrecht. Wichtig in diesem Zusammenhang ist vor allem der aktuelle Richtlinienentwurf der Europäischen Kommission, der im Wesentlichen das Vervielfältigungsrecht und das Verbreitungsrecht auch im digitalen Umfeld regelt sowie Maßnahmen gegen die Umgehung oder den Missbrauch elektronischer Verwaltungs- und Schutzsysteme bei Datenbanken vorsieht. Nach langwierigen Beratungen im Europäischen Parlament – insbesondere waren der Rechts-, der Wirtschafts- und der Kulturausschuss befasst – liegen nunmehr ausführliche Änderungsanträge vor, die zurzeit von der Kommission bearbeitet werden. Im Moment ist allerdings noch völlig offen, ob die Richtlinie überhaupt zu Stande kommt, da die Differenzen zwischen Rechte-Inhabern und bestimmten Nutzergruppen zurzeit noch unüberbrückbar scheinen.

Dieser Richtlinienentwurf ist ein konkretes Beispiel für die Fragestellungen, die von Bibliotheksverbänden und Verlagen unterschiedlich beurteilt werden. In der Praxis arbeiten wir jedoch eng zusammen. Börsenverein und Bibliotheksverbände treffen sich regelmäßig zu so genannten „Spitzengesprächen", um für Politik und Öffentlichkeit die Aussagen abzustimmen und gemeinsame Initiativen zu ergreifen. Wir haben im politischen Bereich eine gute Tradition der gegenseitigen Unterstützung. Während der Börsenverein vehement und mit unterschiedlichen Mitteln nicht nur auf seinen Pressekonferenzen, sondern auch im Rahmen der Frankfurter Buchmesse und seiner gesamten Öffentlichkeitsarbeit immer wieder auf die notwendige Förderung der Bibliotheken hinweist, gegen den Abbau von staatlichen Zuschüssen und gegen die Schließung von lokalen Filialen von Öffentlichen Bibliotheken zu Felde zieht, sind zum Beispiel für uns die Bibliotheksverbände ein wichtiger Partner im Kampf um die Erhaltung der Preisbindung. Hier waren und sind die Sprecher der BDB, aber auch die Vorsitzenden verschiedener bibliothekarischer Einzelverbände zuverlässige und hilfreiche Mitstreiter. Denn auch die Bibliothekare haben ja verstanden, dass die Preisbindung, und damit die Erhaltung der Vielfalt auf dem Buchmarkt und die Verhinderung von überproportionalen Preissteigerungen für Bücher ohne „Massenpublikum" ein gemeinsames Anliegen ist.

Immer wieder dokumentieren wir auch nach außen auf gemeinsamen Veranstaltungen, zum Beispiel auf Bibliothekartagen, im Rahmen der Frankfurter oder der Leipziger Buchmesse oder auch bei Kongressen und Symposien unsere sich ergänzenden Anliegen. Diese Zusammenarbeit ist am fruchtbarsten und ganz selbstverständlich in der praktischen Alltagsarbeit. Unsere gemeinsamen Empfehlungen für die Zusammenarbeit zwischen Öffentlichen Bibliotheken und dem Buchhandel oder die (inzwischen dritte überarbeitete) Empfehlung für den Geschäftsverkehr zwischen wissenschaftlichen Bibliotheken und dem Buchhandel sind bewährte Grundlagen der täglichen Arbeit in Buchhandlungen und Bibliotheken.

Wie fruchtbar und eng die Verbindung des Börsenvereins zu den Bibliotheken und ihren Aufgabenstellungen ist, zeigt im historischen Rückblick nicht zuletzt die auf Initiative des Börsenvereins erfolgte Gründung der Deutschen Bücherei zu Leipzig und – nach dem Zweiten Weltkrieg – die Mitwirkung der Verleger und Buchhändler bei der Neugründung der Deutschen Bibliothek in Frankfurt. Nach wie vor arbeiten Vertreter des Börsenvereins in den Gremien Der Deutschen Bibliothek mit. Die Deutsche Nationalbibliographie erscheint bis heute im Verlag des Börsenvereins, der Buchhändler-Vereinigung GmbH.

Wie einstmals die Abgabe von Pflichtexemplaren bei der Gründung der Deutschen Bücherei zu Leipzig vom Börsenverein organisiert worden ist und bis heute die damaligen Regelungen als Grundlage der entsprechenden gesetzlichen Bestimmungen gelten, so kooperieren wir – wiederum zunächst auf freiwilliger Basis – eng mit Der Deutschen Bibliothek, um im Bereich elektronischer Publikationen die beste Möglichkeit einer umfassenden Sammel- und Archivierungstätigkeit auszuloten. Auch hier geben die Verlage ohne gesetzliche Verpflichtung freiwillig „Pflichtstücke“ ab, die von Der Deutschen Bibliothek in einem Pilotprojekt erfasst und bearbeitet werden. Wir sind sicher, dass diese Zusammenarbeit zu einer praxisnahen und für Buchhandlungen, Verlage und Bibliotheken – und letztlich auch für die Nutzer – gleichermaßen zufrieden stellenden dauerhaften Lösung führen wird.

Längst ist die oftmals verkrampfte berufsegoistische Frontstellung zwischen Bibliothekaren und Buchhändlern kein wirkliches Thema mehr. Der Koordinierungs-Ausschuss für Bibliotheksfragen des Börsenvereins – einer der traditionsreichsten Arbeitsausschüsse im Berufsverband der deutschen Buchhändler und Verleger – hat vor wenigen Monaten noch einmal die Grundsätze der Zusammenarbeit zwischen Buchhandel und Bibliothek pointiert formuliert.

Ich fasse die Kernpunkte zusammen:

- Der Börsenverein betont die Bedeutung, die Bibliotheken gemeinsam mit dem Buchhandel im Entstehen einer vielfältigen Literaturlandschaft und der breiten Verfügbarmachung von Literatur in der Vergangenheit gehabt haben und in Zukunft weiter haben werden. Er sieht deshalb die Zusammenarbeit mit den Bibliotheken und deren Unterstützung auch auf politischer Ebene als eine seiner wichtigen Aufgaben an. Aus diesem Grunde hält er es für weiterhin erforderlich, den Diskurs mit den Bibliotheken insbesondere über Fragestellungen der sich durch elektronische Veröffentlichungen verändernder Publikationsformen intensiv zu führen. Dies wird in Form einer ebenso partnerschaftlichen offenen wie auch kritischen Auseinandersetzung erfolgen, wobei der Börsenverein aus Sicht des Buchhandels sich ergebende Fehlentwicklungen ebenso engagiert aufgreifen wird wie auch neue Formen möglicher Zusammenarbeit.
- Auf elektronischem Wege verbreitete Informationen werden für die Wissenschaft immer wichtiger. Für Bibliotheken daraus folgende Aufgaben erfordern auch zusätzliche Finanzmittel. Gleichwohl haben auch die Printmedien unvermindert fortbestehende Bedeutung. Aber bereits die Finanzierbarkeit von Printmedien wird heute zunehmend dadurch gefährdet, dass die gleichmäßige reguläre Etatausstattung der Bibliotheken vielfach nicht mehr dauerhaft gesichert ist. In dieser Situation erscheinen Mittelzuwendungen der öffentlichen Hand für Projekte, mit denen neue Infrastrukturen geschaffen werden sollen, ohne dass aber ersichtlich ist, inwieweit daraus gewonnene Erkenntnisse tatsächlich Wirkung auf Dauer entfalten, nicht zielführend.
- Das Urheberrecht trägt als eines der Fundamente des Literaturbetriebs entscheidend zur bestehenden Vielfalt der Informationsangebote bei. Die Beachtung der rechtlichen Rahmenbedingungen und insbesondere der Schutz des geistigen Eigentums gerade auch im Bereich der elektronischen Medien ist Grundvoraussetzung für den Fortbestand und die weitere Entwicklung eines vielfältigen Angebots im Rahmen eines unbelasteten und konstruktiven Nebeneinanders und Miteinanders aller am Informationsprozess Beteiligten.
- Auch im Informationssektor ist in erster Linie privatwirtschaftliches Handeln ohne Mitwirkung des Staates gefordert. Die Bibliotheken, die zur Erfüllung ihrer spezifischen, im öffentlichen Interesse liegenden Aufgaben aus Steuergeldern finanziert werden, sollten sich auf die Wahrnehmung dieser insoweit vorgegebenen Aufgaben beschränken. Auch aus sonstigen Quellen akquirierte Mittel wie Sponsorengelder

legitimieren Bibliotheken in der Regel nicht zu Aktivitäten mit semikommerziellem Charakter.

- Die nur zeitweise Überlassung von gedruckten Texten (Ausleihe in klassischer Form) als eine spezifische Form der Nutzbarmachung ist eine originäre Aufgabe der Bibliotheken. Völlig anders stellt sich dieser Vorgang in Zusammenhang mit elektronischen Medien dar. Bei einem ungeregelten Zugang zu und einer ungeregelten Distribution von Inhalten über elektronische Netze durch Bibliotheken treten diese mit den privatwirtschaftlichen Informationsanbietern des Buchhandels unmittelbar in Wettbewerb. Auch im elektronischen Bereich bleibt es nämlich deren Aufgabe, Literatur zu vervielfältigen und zu verbreiten. Dieser Aufgabe wird der Buchhandel durch sein vielfältiges, sich ständig erweiterndes Informationsangebot in Online-Systemen gerecht.
- Angesichts höherer Aufwendungen im Bibliothekswesen für Investitionen in die elektronischen Medien kommt der Entwicklung der Erwerbungsetats besondere Bedeutung zu. Es hat – nicht nur für die Bibliotheken selbst – schwer wiegende und dauerhafte Auswirkungen, wenn trotz gleich bleibender oder gar steigender Gesamtetats Erwerbungsetats gegenläufig abgesenkt werden. Eine solche Tendenz führt zwangsläufig zur Lückenhaftigkeit der Bestände in den Bibliotheken und gefährdet deren Möglichkeiten, ihre Aufgaben gegenüber der Öffentlichkeit wahrzunehmen.
- Die rasante technische Entwicklung erfordert von allen Beteiligten ein hohes Maß an Kooperationsbereitschaft. Es gibt nach wie vor zahlreiche ungelöste Probleme im Bereich der elektronischen Distribution von Inhalten (wie Fragen des Urheber- und Verwertungsrechts, der Qualitätssicherung, der Verfügbarkeit), die so weit wie möglich gemeinsam und im Einvernehmen zwischen den Betroffenen zu lösen sind. Gemeinschaftliche Projekte zwischen Verlagen, Buchhandlungen und Bibliotheken bei der Entwicklung neuer Modelle der Zusammenarbeit im Bereich der elektronischen Medien können daher durchaus zweckmäßig und im allseitigen Interesse sein.

Vor 600 Jahren wurde Johannes Gutenberg in Mainz geboren. Sein Name steht für einen historischen Medienumbruch, der Politik und Religion, Gesellschaft und Wissenschaft dramatisch veränderte. Die Zeitgenossen ahnten wohl die Bedeutung dieser Veränderungen, konnten deren Auswirkungen in voller Konsequenz jedoch noch kaum erfassen. Auch wir arbeiten und treffen Entscheidungen vor dem Hintergrund eines aktuellen

Medienumbruchs, den auch wir heute erst in Ansätzen einordnen und dessen Perspektiven wir nur erahnen können.

Aufgaben und Chancen der Kommunikationsberufe in der Informationsgesellschaft werden heute neu definiert. Die engen finanziellen Rahmenbedingungen und die neuen technischen Möglichkeiten führen zu Diskussionen zwischen allen am Publikationsprozess beteiligten Gruppen. Die Rollen von Verlag, Buchhandel, Wissenschaft und Bibliothek werden neu definiert. Es ist an uns, zusammenzuarbeiten und gemeinsam neue Wege zu finden, um auch in Zukunft das Buch und die Zeitschrift – auf welchem Trägermedium, in welcher Form auch immer – ob virtuell als Datenbank, ob gedruckt oder ob offline auf CD-ROM – dem Leser zugänglich zu machen.

Auch wenn dieser aktuelle Medienumbruch vieles verändern wird, wenn die gewohnte Welt der Bücher und der gedruckten Informationen ergänzt und in manchen Bereichen sogar ersetzt werden – für Buchhändler, Verleger und Bibliothekare gilt auch weiterhin, trotz aller gelegentlicher Differenzen und trotz mancher Partikularinteressen: Amor librorum nos unit – Die Liebe zum Buch eint uns.

Lobby für die Kultur und Lobby für das Bibliothekswesen – Deutscher Kulturrat und Bundesvereinigung Deutscher Bibliotheksverbände

Olaf Zimmermann

Wer im „Wer ist was in der Kulturpolitik“ den Eintrag der Sprecherin der Bundesvereinigung Deutscher Bibliotheksverbände, Prof. Birgit Dankert, liest, erhält nicht nur einen Einblick in das große Engagement von Prof. Birgit Dankert in zahlreichen Organisationen und Verbänden, er bekommt zugleich einen Einblick in die vielfältige Zusammenarbeit der Bundesvereinigung Deutscher Bibliotheksverbände mit nationalen und internationalen Verbänden und Institutionen.

Der Deutsche Kulturrat als Lobby für die Kultur

Im Deutschen Kulturrat, dem Spitzenverband der Bundeskulturverbände, wirkt die Bundesvereinigung Deutscher Bibliotheksverbände bereits seit vielen Jahren mit. Sie gehörte zu den ersten Mitgliedern der Arbeitsgemeinschaft Literatur, die bis 1996 die dritte Sektion des Deutschen Kulturrates bildete. Im Jahr 1996 ging die Arbeitsgemeinschaft Literatur in der Deutschen Literaturkonferenz auf und seither stellt die Deutsche Literaturkonferenz mit ihren 23 Mitgliedsverbänden die dritte Sektion des Deutschen Kulturrates.

Gemeinsam mit den anderen sieben Sektionen[1] im Deutschen Kulturrat streitet die Deutsche Literaturkonferenz und mit ihr die Bundesvereinigung Deutscher Bibliotheksverbände für die Verbesserung der Rahmenbedingungen für Kunst und Kultur.

Mit ihrer Struktur als Zusammenschluss von Verbänden und Organisationen unterschiedlicher Bereiche des Bibliothekswesens ist die Bundesvereinigung Deutscher Bibliotheksverbände mit der Struktur des Deut-

1 Sektion 1: Deutscher Musikrat (91 Mitgliedsverbände), Sektion II: Rat für darstellende Künste (26 Mitgliedsverbände), Sektion III: Deutsche Literaturkonferenz (23 Mitgliedsverbände), Sektion IV: Kunstrat (25 Mitgliedsorganisationen), Sektion V: Rat für Baukultur (9 Mitgliedsverbände), Sektion VI: Sektion Design (8 Mitgliedsverbände), Sektion VII: Sektion Film/Audiovision (6 Mitgliedsverbände), Sektion VIII: Rat für Soziokultur (13 Mitgliedsverbände).

schen Kulturrat vergleichbar. Die Besonderheit des Deutschen Kulturrates besteht eben nicht nur darin, dass Verbände verschiedener Sparten, sondern auch dass Zusammenschlüsse mit zum Teil übereinstimmenden, aber auch divergierenden Interessen zusammengeschlossen sind. So gehören dem Deutschem Kulturrat neben den Künstlerverbänden wie der IG Medien, der Genossenschaft Deutscher Bühnenangehöriger oder dem Bundesverband Bildender Künstlerinnen und Künstler auch Verbände der Verwerter an wie z.B. der Deutsche Bühnenverein, der Börsenverein des Deutschen Buchhandels oder der Bundesverband Deutscher Galerien. Die Bundesvereinigung Deutscher Bibliotheksverbände zählt im Deutschen Kulturrat, abseits der in ihr vertretenen Arbeitnehmer- und Arbeitgeberinteressen, zu den Vermittlerverbänden. Und hierin liegt ihre besondere Stärke.

Herausforderung Informationsgesellschaft

Als dritte Instanz zwischen den Interessen der Autorinnen und Autoren sowie des Buchhandels- und Verlagswesens wird von der Bundesvereinigung Deutscher Bibliotheksverbände immer wieder die Grundversorgung der Bevölkerung mit Literatur und die sich wandelnden Interessen der Nutzerinnen und Nutzer ins Feld geführt. Ein zentrales Thema ist dabei in den letzten Jahren die Entwicklung der Informationsgesellschaft. Die vermehrte Nutzung neuer Technologien wie Internet oder E-mail, die Publizierung im Internet und die Aufbewahrung von Schriftzeugnissen auf digitalen Datenträgern hat die Bibliothekslandschaft vor neue Herausforderungen gestellt. Bibliotheken sowie Bibliothekare und Bibliothekarinnen müssen sich neu positionieren. Die Bundesvereinigung Deutscher Bibliotheksverbände hat mit ihren Kongressen und Arbeitspapieren in den letzten Jahren Position bezogen. Sie hat die Chancen des Einsatzes neuer Techniken aber auch die Grenzen aufgezeigt. Neben der eigenen Positionierung wurden dabei immer die Nutzer mit in den Blick genommen, was wird von ihnen akzeptiert, wo sind Verbesserungen – gerade im Service – erforderlich, welche neuen Formen der Vermittlung von Literatur in Bibliotheken gibt es.

Die in der Bundesvereinigung Deutscher Bibliotheksverbände erarbeiteten Positionen und Stellungnahmen wurden in die Gremien des Deutschen Kulturrates, als Spitzenverband der Bundeskulturverbände, eingebracht. Auch im Deutschen Kulturrat war in den letzen Jahren die Entwicklung der Informationsgesellschaft eines der zentralen verbandspolitischen Themen.

Der Deutsche Kulturrat hat zu dieser Frage in einer Stellungnahme („Stellungnahme des Deutschen Kulturrates zur Informationsgesellschaft, zu Multimedia und Kultur“) Position bezogen. Die Bundesvereinigung Deutscher Bibliotheksverbände hat an der Erarbeitung dieser Stellungnahme mitgewirkt und im o.g. Sinne an den Formulierungen mitgefeilt.

Auch in den Ausschüssen des Deutschen Kulturrates besonders im Fachausschuss Urheberrecht und im Fachausschuss Europa/Internationales[2] ist die Stimme der Bundesvereinigung Deutscher Bibliotheksverbände wirkungsvoll vertreten. Wie im Deutschen Kulturrat insgesamt erfolgt auch in den Fachausschüssen die Arbeit konsensorientiert. Die widerstreitenden Interessen werden benannt und dann bei der Erstellung von Positionspapieren, Resolutionen und Stellungnahmen ein Konsens gesucht, in dem sich die unterschiedlichen Organisationen und die verschiedenen Sparten wieder finden. Dass dies keineswegs bedeutet, es allen rechtmachende Papiere zu verfassen, belegen die im Jahresbericht 1999 „Lobbyarbeit für die Kultur“ veröffentlichten Stellungnahmen.

In den Stellungnahmen zum Urheber- und Leistungsschutzrecht wurde hart um die Formulierungen gekämpft und die gefundenen Kompromisse sind eine Plattform für weitere Aktivitäten der einzelnen Verbände sowie für das gemeinsame Vorgehen im Deutschen Kulturrat. Es besteht dabei der Konsens, dass Fragen, die über die gemeinsame Auffassung der im Deutschen Kulturrat zusammengeschlossenen Verbände hinausgehen, von den einzelnen Verbänden selbst vertreten werden müssen.

Die Stärke des Deutschen Kulturrates liegt darin, alle Sparten und alle Bereiche des kulturellen Lebens zu umfassen und zu repräsentieren. Arbeitsprinzip ist die spartenübergreifende Tätigkeit. D.h. konkret, dass sich der Deutsche Kulturrat nicht zu Fragen äußert, die speziell nur eine Sparte betreffen. Eine Ausnahme ist, wenn Verbände einer Sparte den Deutschen Kulturrat um eine Positionierung bitten. So hat sich der Deutsche Kulturrat in schriftlichen Stellungnahmen für den Erhalt des Deutschen Bibliotheksinstituts eingesetzt. Für das Gutenberg-Jahr 2000 ist die Mitwirkung des Deutschen Kulturrates an gemeinsamen Veranstaltungen der Bundesvereinigung Deutscher Bibliotheksverbände und des Börsenvereins des Deutschen Buchhandels geplant. In diesen gemeinsamen Positionierungen oder auch Veranstaltungen von Deutschem Kulturrat und seinen Mitgliedsverbänden wird deutlich, dass die Interessen im

---

2 Neben den genannten Ausschüssen arbeiten im Deutschen Kulturrat folgende Ausschüsse: adhoc AG Soziale Sicherung/Künstlersozialkasse, Fachausschuss Frauen in der Kultur, Fachausschuss Kultur und Bildung, Fachausschuss Medien und Fachausschuss Steuern.

Kulturbereich oftmals nicht so weit auseinander liegen, wie man zunächst vermutet. Dies gilt umso mehr, wenn die Spartengrenzen immer fließender werden und die neuen Technologien in allen künstlerischen Sparten die Produktion, Verwertung und Vermittlung von Kunst und Kultur verändern.

Dieser fließende Übergang zwischen den künstlerischen Sparten wird in den nächsten Jahren an Bedeutung gewinnen. Ebenso werden die Grenzen zwischen Produktion, Verwertung und Vermittlung durchlässiger. Künstlerinnen und Künstler können sich mithilfe neuer Techniken den direkten Zugang zu den Endabnehmern, den Rezipienten, erschließen. Texte, die im Internet veröffentlicht werden, brauchen keine Verleger und auch keine Bibliothekare mehr.

Dass dennoch Bibliotheken und das in ihnen beschäftigte Personal in der Informationsgesellschaft eine zentrale Funktion übernehmen können, davon ist der Deutsche Kulturrat wie die Bundesvereinigung Deutscher Bibliotheksverbände überzeugt. Damit Bibliotheken aber ihre alten sowie zusätzliche neue Funktionen erfüllen können, brauchen sie Planungssicherheit und eine ausreichende finanzielle und infrastrukturelle Ausstattung. In ihrer Lobbyarbeit setzen sich die Bundesvereinigung Deutscher Bibliotheksverbände und der Deutsche Kulturrat dafür ein.

Eine weitere Voraussetzung für die Fortentwicklung der Bibliotheken ist, dass ihre Tätigkeiten das Urheberrecht nicht verletzen und sie aber zugleich als Institutionen sich neue Potenziale erschließen können. Das Urheberrecht ist das zentrale Recht für Künstlerinnen und Künstler. Bei Anpassungen des Urheberrechts an die Anforderungen der Informationsgesellschaft muss ein Ausgleich zwischen den berechtigten Interessen aller Seiten des kulturellen Lebens, also Künstlern, Verwertern und Vermittlern, gesucht werden.

Funktion von Verbänden in der Demokratie

Lobbyarbeit gründet darauf, dass bereits im vorparlamentarischen Raum nach gemeinsamen tragfähigen Auffassungen gesucht wird. Informationen aus den Bundesministerien werden diskutiert und eine gemeinsame Position formuliert. Auf diese Weise kann, in der Regel frühzeitig noch bevor ein fertiger Gesetzesentwurf vorliegt, auf mögliche Gefahren für den Kulturbereich hingewiesen werden. Als Lobbyverband vertritt der Deutsche Kulturrat die Anliegen seiner Mitglieder im Gespräch mit den Bundesbehörden, den Abgeordneten des Deutschen Bundestags und den Ausschüssen des Deutschen Bundestags. Eine Rückkopplung zur Arbeit seiner Mitgliedsverbände, so auch der Bundesvereinigung Deutscher Bibliotheksverbände, ist dabei unerlässlich.

Das konsensorientierte Arbeiten des Deutschen Kulturrates enthebt die einzelnen Sektionen und auch die Mitgliedsverbände der Sektionen nicht ihrer eigenen Lobbyarbeit für die spezifischen Interessen ihrer Mitglieder. Die Bundesvereinigung Deutscher Bibliotheksverbände verwirklicht diese Lobbyarbeit durch ihre Stellungnahmen, Schreiben an und Gespräche mit Abgeordneten sowie die anderen Aktivitäten im vorparlamentarischen Raum. Auch innerhalb der Bundesvereinigung Deutscher Bibliotheksverbände wird daher, wie man im Bibliotheksdienst lesen kann, um Positionen gerungen, die den Abgeordneten vorgebracht werden. Doch ist dieses Ringen um Positionen, die Suche nach der gemeinsamen, tragfähigen Auffassung, das Abstecken der Grenzen meines Erachtens die spezifische Leistung von Vereinen und Verbänden überhaupt.

Verbände sind ein wesentlicher Bestandteil der Demokratie. Verbände sammeln Informationen, Meinungen und Annahmen, diskutieren diese und erarbeiten hieraus in der Diskussion Positionen. In Verbänden werden also aus unterschiedlichen, zum Teil divergierenden Meinungen und Annahmen durch die Behandlung in den Gremien Interessen. Erst auf dieser Ebene der Interessen kann der Dialog mit der Politik beginnen. Verbände haben also einen wesentlichen Anteil an der Entwicklung und dem Erhalt von Pluralismus und Demokratie.

Doch Verbände sind nichts ohne die Menschen, die sich in ihnen engagieren. Der Deutsche Kulturrat hat im Jahr 1996 seine Mitgliedsorganisationen befragt, wie es um das ehrenamtliche Engagement in ihren Reihen bestellt ist. Ein Anlass für diese Befragung war der in der Öffentlichkeit häufig beklagte Rückgang an ehrenamtlichen Engagement gerade in Vereinen und Verbänden. Der Deutsche Kulturrat kam in seiner Untersuchung zu anderen Ergebnissen.

Unverkennbar ist: das ehrenamtliche Engagement – auch in Verbänden – hat sich verändert. Doch von einem generellen Rückgang zu sprechen würde zu kurz greifen. Es ist vielmehr so, dass sich die Menschen zielorientierter stärker auf ein Projekt bezogen mit einem definierten Beginn und Ende engagieren wollen. Lebenslange Aktivitäten für einen Zusammenschluss werden seltener. Und auch die Verbände selbst mussten sich Veränderungen stellen. In einigen fand ein Generationenwechsel in den Vorständen statt, andere bündelten ihre Aktivitäten mit Zusammenschlüssen ähnlicher Interessenlagen, wiederum andere schärften in internen Diskussionsprozessen ihr Profil. – Auch Mitglieder der Bundesvereinigung Deutscher Bibliotheksverbände durchliefen diese Veränderungsprozesse, die der Deutsche Kulturrat mit großem Interesse verfolgte. – Insgesamt sind die Veränderungen in den Verbänden und Verbandsstrukturen eher ein Zeichen an Stärke, als dass sie auf die Krise des Verbandswesens hindeuten.

Verbände müssen die Quadratur des Kreises vollbringen, sie müssen sich laufend verändern und zugleich für Kontinuität und Verlässlichkeit sorgen. Die feste Struktur von Verbänden und ihre demokratischen Entscheidungsprozesse unterscheidet sie grundsätzlich von losen Zusammenschlüssen oder Netzwerken.

Aufgrund ihrer demokratischen Legitimation haben Aussagen von Verbänden eine hohe Verbindlichkeit. In der Verbindlichkeit unterscheiden sich die von Verbandsvertretern vorgetragenen Positionen von denen unabhängiger Expertinnen und Experten. Unabhängige Expertinnen und Experten müssen ihre Positionen nicht vor Verbandsgremien verteidigen. Sie können damit freier agieren, ihre Aussagen spiegeln aber nicht die Positionen eines Bereiches wider. Die politische Legitimität ist damit deutlich eingeschränkt.

Verbände und ihre ehrenamtlichen Strukturen sind also weitaus mehr als die Besitzstandswahrer als die sie häufig bezeichnet werden. Dass gerade der Kulturbereich eine wirkungsvolle Lobbyarbeit nötig hat, belegen zahlreiche Beispiele aus der jüngsten Vergangenheit und den aktuellen kulturpolitischen Debatten. Dabei wird immer wieder deutlich, dass durch gesetzliche Änderungen zumeist der Kulturbereich als ganzer betroffen ist.

Die Verbindungen und wechselseitigen Verbindungen von Kulturproduzenten, -verwertern und -vermittlern sind so eng, dass Veränderungen bei der einen Gruppe ebenso Folgen bei den anderen zeitigt. Insofern ist der Austausch der unterschiedlichen Interessenverbände im Deutschen Kulturrat und die Erarbeitung von gemeinsamen Positionen eine wichtige Grundlage für die Formulierung von Forderungen an die Politik.

Die Bundesvereinigung Deutscher Bibliotheksverbände agiert ebenso wie der Deutsche Kulturrat auf der bundespolitischen Ebene. Hier werden gesetzgeberischen Entscheidungen im Bereich des Steuerrechts, des Urheberrechts und des Arbeits- und Sozialrechts getroffen. Kulturpolitik wird zu einem wesentlichen Teil in diesen Rechtsgebieten gestaltet.

Veränderungen im Steuerrecht wie die derzeitige Diskussion um das Stiftungssteuerrecht haben direkte Auswirkungen auf das Handeln von Kulturorganisationen. Veränderungen im Stiftungsrecht können Impulse für das bürgerschaftliche Engagement setzen. Sie können zugleich die Chancen für eine nachhaltige Kulturfinanzierung verbreitern.

Zukunft der Kulturfinanzierung

Die Entwicklung von langfristig tragfähigen Strukturen zur Kulturfinanzierung ist ein einigendes Band aller im Deutschen Kulturrat zusammengeschlossenen Verbände. In Deutschland besteht die Tradition der öffentlichen Finanzierung von Kultureinrichtungen wie Museen, Theatern und Bibliotheken. Die Finanzierung dieser Einrichtungen beruht, obwohl sie keine Pflichtaufgabe der Kommunen, Länder oder des Bundes ist, auf einem historisch gewachsenen Konsens. In erster Linie die Kommunen und Länder tragen auch eine Mitverantwortung für den Fortbestand und die Weiterentwicklung von Kultureinrichtungen.

Zwar sollten in erster Linie die Einrichtungen selbst bzw. die Verbände, in denen sie zusammengeschlossen sind, neue Finanzierungsmodelle entwickeln, doch kann dies nicht losgelöst von den Veränderungen insbesondere in den Kommunen diskutiert werden. Vielmehr handelt es sich hier um kommunizierende Röhren.

Die Verwaltungsreform mit der Einführung neuer Steuerungsmodelle in zahlreichen Kommunen hat gerade in Bibliotheken zu Veränderungen geführt. Es sind dadurch Flexibilisierungen in der Haushaltsführung möglich geworden. Dennoch wird es nach meiner festen Überzeugung mit Blick auf die Zukunft erforderlich sein, noch weitergehende Modelle zu entwickeln.

Stiftungen – gerade Bürgerstiftungen – könnten bei der Finanzierung von Bibliotheken eine wichtige Verantwortung übernehmen. Die Verbindung von Bürgerinnen und Bürgern zu ihrer Bibliothek würde damit gestärkt. Denn wer sich in einer Stiftung für den Erhalt und Ausbau mit finanziellen Mitteln einsetzt, wird an dieser Einrichtung ganz anders beteiligt sein als ein „einfacher" Nutzer. Das Engagement von Stiftungen wird aber auch Handlungs- und Haltungsänderungen vonseiten der Verwaltung erfordern. Wird eine Bibliothek ganz oder zu erheblichen Teilen aus den Erträgen einer Stiftung gefördert, wird die Verwaltung nicht nur finanziell weniger beteiligt sein, sie wird ebenso an hoheitlichem Einfluss verlieren.

Eine stärkere Einbindung privater Formen der Kulturfinanzierung bedeutet also eine geringere Einflussnahme vonseiten des Staates auf die Einrichtungen. Und sie bedeutet zugleich eine Lockerung der Fesseln des öffentlichen Haushaltsrechts. Zwar wurden auf der kommunalen Ebene bereits einige Anstrengungen unternommen, stärker nach betriebswirtschaftlichen Wirtschaftlichkeitskriterien zu handeln, dennoch besteht auch hier noch weiterer Handlungsbedarf.

Die Weiterentwicklung der Kulturfinanzierung wird neben den Diskussionen um die Informationsgesellschaft zu den wichtigen kulturpolitischen Themen der nächsten Zeit gehören. Wenn die Bundeskulturverbände sich in diese Diskussionen offensiv einbringen, wie es auch die Bundesvereinigung Deutscher Bibliotheksverbände tut, können sie, die Verbände, und die von ihnen vertretenen Mitglieder nur gewinnen. Wenn sie sich nicht an den Diskussionen beteiligen, werden Veränderungen aller Voraussicht nach trotzdem stattfinden, ob sie im Sinne der Kultur sind, bleibt dahingestellt.

Der Deutsche Kulturrat, als Lobby für die Kultur, wird offensiv für positive Veränderungen für das ganze kulturelle Leben eintreten. Auf die streitbare und konstruktive weitere Zusammenarbeit mit der Bundesvereinigung Deutscher Bibliotheksverbände freuen wir uns.

Literaturhinweise

Deutscher Kulturrat (Hg.), Ehrenamt in der Kultur. Redaktion: Gabriele Schulz. Bonn 1996.

Deutscher Kulturrat (Hg.), Lobbyarbeit für die Kultur – Jahresbericht des Deutschen Kulturrates Mai 1998 bis April 1999. Bonn 1999.

Olaf Zimmermann, Gabriele Schulz (Hg.), Wer ist was in der Kulturpolitik. Bonn, Berlin 1999.

Urheberrecht und Bibliotheksangebote – ein Interessenkonflikt?

Gabriele Beger

Es gibt kaum eine Branche, in der nicht urheberrechtlich geschützte Werke geschaffen und genutzt werden. Die Bibliotheksbranche aber lebt davon. Ohne geistige Werke wären die Regale leer, der Bildschirm dunkel und der Auskunftsbibliothekar arbeitslos. Bibliotheken sind die Lotsen durch die Informations- und Medienflut. Allein auf dem deutschen Medienmarkt erscheinen rund 90.000 Titel jährlich neu, aus denen die gewünschte Information, der dringend benötigte Titel, herauszufinden ist. Bibliotheken sind auch die Bewahrer des geistigen Schaffens. Sie archivieren, konservieren und behüten, wenn der Verleger schon lange aus wirtschaftlichen Gründen auf eine Neuauflage, Lagerung oder Speicherung auf dem Verlagsserver verzichten muss. Bibliotheken leisten diese Angebote ohne Wenn und Aber, ohne Blick auf Profit und stellen sich auf jeden neuen Informationsträger ein. Das Ziel bleibt immer das Gleiche: Der freie ungehinderte Zugang zu Informationen für jedermann[1].

Jedes neue urheberrechtlich geschützte Produkt bedarf der vorherigen Auseinandersetzung mit vorhandenem Wissen. So studiert, liest und verarbeitet jeder Urheber Informationen, um selbst Neues zu schaffen, welches dann als neues Verlagsprodukt auf dem Medienmarkt erscheint. Die Informationen liegen in den Bibliotheken für ihn bereit. Dies ist die Kette der Arbeitsteilung von der Bibliothek und dem Urheber zum Verleger über den Buchhandel bis zur Bibliothek. Worin besteht der Interessenkonflikt?

So wie manch ein Bibliothekar vergisst, dass die Ausnahmetatbestände im Urheberrechtsgesetz nicht der Grundsatz des Gesetzes sind, so sehr vergisst manch ein Urheber und Verleger den sozialen Bezug des geistigen Eigentums. Aber dieser Konflikt soll nur am Rande gewürdigt werden, im Mittelpunkt steht der tatsächliche, der nur durch einen Interessenausgleich gelöst werden kann. Die Bereitschaft zum gegenseitigen Verständnis und zur Balance zwischen den Interessen wird für beide Seiten angesichts der zunehmend vertraglichen an Stelle einer gesetzlichen Regelung von existenzieller Bedeutung.

---

1 Grundrecht nach Art. 5 Grundgesetz der Bundesrepublik Deutschland; Art. 10 der Europäischen Menschenrechtskonvention; Art. 19 Allgemeine Erklärung der Menschenrechte; Art. 19 Menschenrechtspakt der Vereinten Nationen.

Der Interessenkonflikt

Durch das Urheberrecht werden die Urheber von Werken der Literatur, Kunst und Wissenschaft geschützt. Das Recht des Urhebers an seiner persönlichen geistigen Schöpfung wird als ein eigentumähnliches Recht behandelt. Daraus begründen sich Persönlichkeitsrechte und vermögensrechtliche Ansprüche, die im Gesetz über Urheberrecht und verwandte Schutzrechte[2] ihre Regelung finden. Danach stehen allein dem Urheber die exklusiven Rechte zu, sein Werk zu veröffentlichen, zu verbreiten, zu vervielfältigen, auszustellen und in unkörperlicher Form öffentlich wiederzugeben sowie anderen Personen Nutzungsrechte einzuräumen. Die vermögensrechtlichen Ansprüche sollen sicherstellen, dass der Urheber an jeder Verwertung seines Werkes materiell zu beteiligen ist. Er soll den wirtschaftlichen Vorteil aus seinem geistigen Eigentum ziehen. Das ist der Grundsatz, die Regel.

Wie jedes Eigentum, so unterliegt auch das geistige Eigentum einer Sozialbindung. Soziale Bindung des Urheberrechts bedeutet, dass die ausschließlichen vermögensrechtlichen Ansprüche des Urhebers durch überwiegende Bedürfnisse der Allgemeinheit begrenzt werden. Die Sozialpflichtigkeit gibt das Grundgesetz vor. Dort heißt es: „Eigentum verpflichtet. Sein Gebrauch soll zugleich dem Wohle der Allgemeinheit dienen“ (Art. 14 Abs. 2 GG). So „sollte das Urheberrecht so ausgestaltet werden, dass es optimal zum geistigen, kulturellen und kulturwirtschaftlichen Fortschritt beiträgt.“[3] Ein überwiegendes Bedürfnis der Allgemeinheit besteht in dem ungehinderten Zugang zu Informationen, für den persönlichen und beruflichen Gebrauch sowie für Bildung und Wissenschaft. Dem hat der Gesetzgeber durch eine Reihe von Ausnahmeregelungen entsprochen. Diese gestatten bei Vorliegen eines gesetzlich eingeräumten privilegierten Zwecks die Nutzung ohne Genehmigung des Urhebers oder Berechtigten. Das sind die Schranken, die Ausnahmen.

Der Interessenkonflikt besteht darin, dass dem Grundsatz (die exklusiven Rechte des Urhebers) die Schranken (die Ausnahmeregelungen) gegenüberstehen.

Da der Gesetzgeber sowohl den berechtigten Interessen der Allgemeinheit, als auch den nicht minder berechtigten Schutzinteressen des Urhebers verpflichtet ist, darf er Ausnahmeregelungen nur nach einer

---

2 Gesetz über Urheberrechte und verwandte Schutzrechte (Urheberrechtsgesetz – UrhG) vom 9. Sept. 1965 (BGBl I 1273, zuletzt geändert durch Gesetz vom 8. Mai 1998, BGBl I 902).

3 Einl. Rdnr. 13. In: Urheberrecht. Kommentar. Hrsg. Gerhard Schricker. München 1987, S. 7.

Abwägung der Interessen vollziehen. Die Abwägung der Interessen schließt regelmäßig die Prüfung ein, dass kein Interesse unverhältnismäßig beschränkt wird. Des Weiteren sind Möglichkeiten eines Interessenausgleichs zu finden. Der Interessenausgleich wird im deutschen Urheberrecht durch die grundsätzliche Vergütungspflicht erfüllt. Damit die zu entrichtende Vergütung nicht zu einer Verhandlungssache zwischen den Interesseninhabern wird, können nur Verwertungsgesellschaften diese geltend machen.

Bei der Diskussion des Interessenkonflikts stehen den bibliothekarischen Interessenvertretern jedoch nicht die Urheber gegenüber, sondern die Verleger. Urheber, die ihre Werke veröffentlichen wollen, übertragen in der Regel einem Verleger die entsprechenden Nutzungsrechte. Verleger, die das wirtschaftliche Risiko tragen, sind bestrebt, dieses so gering wie nur möglich zu halten. Sie bedienen sich deshalb häufig der Bedingung, dass ihnen die ausschließlichen Nutzungsrechte vom Urheber eingeräumt werden. Damit erhält der Urheber in der Regel ein einmaliges Honorar, alle weiteren wirtschaftlichen Erfolge fließen dem Verleger zu. So tobt auf einem Nebenschauplatz ein weiterer Interessenkonflikt, der zwischen Urhebern und Verlegern. Dieser tangiert unseren nur insoweit, dass den Bibliotheken nicht der durch das Gesetz geschützte Urheber gegenübersteht, sondern die wirtschaftlichen Interessen des Produzenten.

2. Ausnahmetatbestände nach geltendem Recht

Das Urheberrechtsgesetz benennt im sechsten Abschnitt des 1. Teils die Schranken des Urheberrechts. Des Weiteren befinden sich auch außerhalb dieses Abschnittes Ausnahmeregelungen. Vor dem Hintergrund des europäischen Binnenmarktes und der Verfügbarkeit von urheberrechtlich geschützten Werken in weltweiten Netzen sind auch die in EU-Richtlinien und internationalen Verträgen und Übereinkommen enthaltenen Ausnahmen von besonderer Bedeutung. Dabei gilt es zu unterscheiden zwischen den Mindeststandards, auf die sich die Unterzeichnerstaaten von internationalen Verträgen geeinigt haben, unter die sich keine Norm im nationalen Recht bewegen soll, und dem Status des geltenden Rechts von EU-Richtlinien für alle Mitgliedsstaaten der europäischen Union. Letztgenannte sind zwingend in das nationale Recht umzusetzen. Mit unmittelbarer Wirkung auf das Urheberrecht ist dies in einer Reihe von EU-Richtlinien in den letzten Jahren geschehen, unter anderem durch die Richtlinien zum Vermiet- und Verleihrecht, zum Schutz von Computerprogrammen und zum Schutz von Datenbanken. Im Wesentlichen sind für die Bibliotheksangebote folgende Ausnahmeregelungen nach geltendem Recht relevant:

- die Vervielfältigung zum privaten und sonstigen eigenen Gebrauch (§ 53 UrhG).
  Danach ist es gestattet, ohne Zustimmung des Urhebers für den persönlichen Gebrauch bis zu 7 identische Kopien von veröffentlichten und nichtveröffentlichten Werken herzustellen oder herstellen zu lassen. Des Weiteren können für den sonstigen eigenen Gebrauch Kopien aus veröffentlichten Werken hergestellt werden. Eine vollständige Kopie ist nur statthaft, wenn dafür ein eigenes Werkstück benutzt wird und das Kopieren geboten ist oder wenn das Werk seit mindestens zwei Jahren als vergriffen gilt. Eine Weiterverbreitung oder öffentliche Wiedergabe ist grundsätzlich nicht statthaft. Das Kopieren von Computerprogrammen ist ausgeschlossen. Für Noten und elektronische Datenbanken gelten einschränkende Bestimmungen.
  Der Interessenausgleich findet über die von Bund und Ländern pauschalisierte Kopierabgabe[4] statt.
- die öffentliche Wiedergabe (§ 52 UrhG).
  Danach ist eine öffentliche Wiedergabe eines erschienenen Werkes ohne Genehmigung des Urhebers statthaft, wenn kein Eintritt erhoben wird, die Mitwirkenden keine besondere Vergütung erhalten und die Wiedergabe keinem Erwerbszweck des Veranstalters dient. Ausgenommen davon ist die öffentliche Wiedergabe eines Filmwerkes. Es besteht eine Vergütungspflicht. Diese können Bibliotheken unter Nutzung des Rahmenvertrages mit der GEMA[5] zu günstigen Tarifen erfüllen.
- Zeitungsartikel und Rundfunkkommentare (§ 49 UrhG).
  Diese Ausnahme gestattet, ohne Zustimmung des Urhebers sog. Pressespiegel herzustellen und diese zu verbreiten. Der Interessenausgleich wird durch eine Vergütungspflicht geregelt, die von der Verwertungsgesellschaft Wort geltend gemacht wird[6].
- Ausnahmen von den zustimmungsbedürftigen Handlungen im Rahmen des besonderen Schutzes für Computerprogramme (§ 69d UrhG).

---

4 Rahmenvertrag zwischen den Bundesländern und der Verwertungsgesellschaft Wort vom 15. Dez. 1988. In: Rechtsvorschriften für die Bibliotheksarbeit. 3. Ausg. Berlin 1998, S. 602.

5 Gesamtvertrag für öffentliche Musikwiedergaben in Bibliotheken. Abgeschlossen 1989 zwischen der Bundesvereinigung der kommunalen Spitzenverbände und der GEMA. In: Rechtsvorschriften für die Bibliotheksarbeit. 3.Ausg. Berlin 1998, S. 605.

6 Wahrnehmungsvertrag zwischen dem Urheber (Berechtigter) und der VG Wort gemäß § 1 Ziff. 4.

Danach ist es dem zur Nutzung eines Computerprogrammes Berechtigten gestattet, eine so genannte Sicherungskopie herzustellen, um eine weitere Benutzung sicherzustellen. Dieses Recht darf vertraglich nicht ausgeschlossen werden.

- Benutzung eines Datenbankwerkes (§ 55a UrhG).
  Danach darf die übliche Benutzung (sachgerechte Benutzung: technisch notwendige Vervielfältigung, Zugang, Recherche) durch Vertrag nicht ausgeschlossen werden. Anders lautende Vereinbarungen sind nichtig.
- Schranken des Rechts des Datenbankherstellers (§ 87c UrhG).
  Danach ist die Vervielfältigung ohne Genehmigung des Herstellers eines wesentlichen Teils einer Datenbank statthaft, wenn es zum wissenschaftlichen Gebrauch und zur Veranschaulichung im Unterricht geschieht und damit kein gewerblicher Zweck verfolgt wird, sowie zum persönlichen Gebrauch, wenn die Einzelelemente nicht einzeln zugänglich sind. Unwesentliche Teile dürfen grundsätzlich entnommen werden, soweit es sich nicht um eine systematische Entnahme handelt, die im Ergebnis wieder zu einem wesentlichen Teil der Datenbank führt.
- Verträge über die Benutzung einer Datenbank (§ 87e UrhG).
  Danach darf die übliche Benutzung und die Vervielfältigung von unwesentlichen Teilen einer Datenbank vertraglich nicht ausgeschlossen werden. Anders lautende Vereinbarungen sind nichtig.
- Kopiendirektversand
  Nach dem BGH-Urteil in Sachen Kopienversand (TIB/Börsenverein)[7] steht fest, dass der Kopienversand durch Bibliotheken direkt an einen Einzelbesteller, der sich auf einen privilegierten Tatbestand des § 53 UrhG berufen kann, ohne Genehmigung des Berechtigten statthaft ist, jedoch analog des § 27 (Bibliothekstantieme), § 49 (Pressespiegel), § 54 (Kopierabgabe) eine Vergütung zu entrichten ist. Dementsprechend verhandelt die Kommission Bibliothekstantieme der Kultusministerkonferenz (KMK) derzeit mit den Verwertungsgesellschaften Wort und Bild über eine angemessene Vergütung.

Das genehmigungsfreie Verleihen durch Bibliotheken (§ 27 Abs. 2 UrhG) wird nicht durch den Katalog der Ausnahmen erfasst, da es auf dem Erschöpfungsgrundsatz gemäß § 17 Abs. 2 UrhG beruht, wonach die Weiterverbreitung eines durch Veräußerung (Eigentumsübergang) in Verkehr

[7] BGH Urteil vom 25. Febr. 1999 – I ZR 118/96.

gebrachten Werkes ohne Zustimmung des Berechtigten zulässig ist. Für das Verleihen durch öffentliche Bibliotheken wird die so genannte Bibliothekstantieme durch Bund und Länder entrichtet[8].

Zu den internationalen Vereinbarungen und Übereinkommen, die von Deutschland ratifiziert wurden, zählen insbesondere die Revidierte Berner Übereinkunft (RBÜ)[9] und die Weltorganisation für geistiges Eigentum (WIPO). Die darin enthaltenen Mindeststandards zu den Ausnahmetatbeständen sind, wie bereits dargestellt, bindend für deutsches Recht. Die RBÜ räumt in Art. 9 Abs. 2 den Unterzeichnerstaaten das Recht ein, für bestimmte Sonderfälle Ausnahmen zuzulassen, wenn dadurch die normale Auswertung nicht unangemessen beeinträchtigt und die berechtigten Interessen der Urheber nicht unverhältnismäßig beschränkt werden, in der Fachliteratur und in Kommentaren als sog. Drei-Stufen-Test bezeichnet. Die jüngsten WIPO-Verträge, der Urheberrechtsvertrag (WCT)[10], der zum Inhalt elektronische und digitale Medien hat, sowie der Vertrag über die Darbietungen und Tonträger (WPPT)[11], verweisen in Art. 10 auf den Drei-Stufen-Test der RBÜ. Danach könnten de facto bei einer grundsätzlichen Vergütungspflicht die Ausnahmetatbestände sowohl in europäischen EU-Richtlinien, als auch im deutschen Urheberrechtsgesetz auf elektronische Medien erweitert werden. Dem entgegen steht bereits die EU-Richtlinie zum Schutz von Datenbanken, die durch Art. 7 des Informations- und Kommunikationsdienstegesetzes[12] in das UrhG (vgl. §§ 4, 53 (5), 55a, 87a – e UrhG) umgesetzt wurde und die Vervielfältigung aus elektronischen Datenbanken stark einschränkt. Diese Tendenz wird weiter verstärkt durch den EU-Richtlinienvorschlag zur Harmonisierung bestimmter Aspekte des Urheberrechts und verwandter Schutzrechte[13].

Ein Einblick in das US-amerikanische Urheberrecht, welches traditionell mehr auf den wirtschaftlichen Schutz des Produzenten als auf den

---

8 Vertrag über die Abgeltung urheberrechtlicher Ansprüche nach § 27 des Urheberrechtsgesetzes vom 18. Juni 1975 mit Anschlussverträgen. In: Rechtsvorschriften für die Bibliotheksarbeit. 3. Ausg. Berlin 1998, S. 592.

9 Berner Übereinkunft zum Schutz von Werken der Literatur und Kunst vom 9. Sept. 1886 zuletzt revidiert am 20. Sept. 1990 (BGBl II 1346).

10 WIPO Copyright Treaty vom 20. Dez. 1996. WIPO-Dokument CRNR/DC/89.

11 WIPO Performances and Phonograms Treaty vom Dez. 1996. WIPO-Dokument CRNR/DC/90.

12 Gesetz zur Regelung der Rahmenbedingungen für Informations- und Kommunikationsdienste (Informations- und Kommunikationsdienste-Gesetz – IuKDG) vom 22. Juli 1997 (BGBl I 1870).

13 Geänderter Vorschlag für eine Richtlinie zur Harmonisierung bestimmter Aspekte des Urheberrechts und der verwandten Schutzrechte in der Informationsgesellschaft. – KOM (1999) ... endg. 97/0359/COD.

ideellen Schutz des Urhebers eingeht, werden in dem „Digital Millennium Act“ vom 27. Januar 1998 eigene Ausnahmetatbestände für Bibliotheken festgelegt, die sich im Wesentlichen mit den deutschen Ausnahmen decken, jedoch digitale Medien erfassen[14].

Ausnahmetatbestände nach zukünftigem Recht

Die Ausnahmeregelungen bedürfen in erster Linie einer Auslegung auf die Nutzung von elektronischen und digitalen Medien. Die in naher Zukunft geltenden Regelungen werden bestimmt durch Art. 9 RBÜ, Art. 10 WIPO-Urheberrechtsvertrag, die EU-Richtlinie zur Harmonisierung bestimmter Aspekte des Urheberrechts und das 5. Änderungsgesetz zum deutschen Urheberrecht[15]. Allen ist gemein, dass sie die Vervielfältigung und die öffentliche Wiedergabe digitaler Werke als exklusives Recht des Urhebers bzw. des Berechtigten regeln. Dabei ist besonders auf die neue Definition der „öffentlichen Wiedergabe“ hinzuweisen. Bislang war der Öffentlichkeitsbegriff an einen unbestimmten Kreis von Mitgliedern der Öffentlichkeit gebunden. Die Familie, der Freundeskreis, das Arbeitsteam, die Teilnehmer eines Seminars waren stets Nichtöffentlichkeit[16]. Im zukünftigen Recht wird der Abruf, die Zugänglichmachung von elektronischen und digitalen Medien in Netzen als öffentliche Wiedergabe bezeichnet, wenn ein Teilnehmer der Öffentlichkeit von einem Ort und einem Zeitpunkt seiner Wahl Zugang hat. Demnach erfüllt jeder Abruf aus dem Intranet und Internet durch einen Bibliotheksbenutzer den Tatbestand der öffentlichen Wiedergabe. Die derzeit in der konsolidierten Fassung des EU-Richtlinienvorschlages diskutierten Ausnahmen[17] erfassen den Unterricht und die wissenschaftliche Forschung verbunden mit einer Vergütungspflicht. Jede andere Wiedergabe bedarf i.d.R. der Zustimmung und wird dem Verhandlungsgeschick jeder einzelnen Bibliothek unterliegen. Die Ausnahmen zum Vervielfältigungsrecht sind dagegen etwas weitergehend ausgestaltet. So soll die technisch notwendige vorübergehende Vervielfältigung genehmigungs- und vergütungsfrei bleiben. Des Weiteren wird die Vervielfältigung auf Papier und mittels anderer ver-

---

14 Sec. 404 Digital Millenium Act. One hundred fifth Congress of the United States of America vom 27. Jan. 1998.

15 Diskussionsentwurf eines Fünften Gesetzes zur Änderung des Urheberrechtsgesetzes. Vorgelegt vom Bundesministerium der Justiz am 7. Juli 1998.

16 Vgl. Rd Nr. 4 zu § 15 Abs. 3 UrhG. In: Fromm, F.K. und Nordemann: Urheberrecht. Kommentar. 8. Aufl. Stuttgart 1998, S. 130.

17 Zum Zeitpunkt der Abgabe des Manuskriptes handelte es sich um die nicht veröffentliche Fassung des Beratungsstandes im Europäischen Rat vom 30. Sept. 1999.

gleichbarer analoger Verfahren für den privaten Gebrauch gestattet und für den wissenschaftlichen Gebrauch eines Wissenschaftlers auch auf digitalem Träger, soweit kein mittelbarer oder unmittelbarer gewerblicher Zweck verfolgt wird und eine Vergütungspflicht greift. Auch der Archivierung durch Bibliotheken wird entsprochen, indem diesen explizit das zustimmungs- und vergütungsfreie Recht der Vervielfältigung im Rahmen der Archivierung und Bestandserhaltung durch jedes Vervielfältigungsverfahren gestattet werden soll. Die Möglichkeit der Bibliotheken, Vervielfältigungen im Auftrag des Bürgers im Rahmen des sonstigen eigenen Gebrauchs für seine Weiterbildung, die Umschulung, das eigene Archiv, anzufertigen, wird in den gegenwärtigen Entwurfstexten der EU und des BMJ nicht berücksichtigt. Dies bedeutet, dass diese Dienstleistung der Einräumung entsprechender Nutzungsrechte bedarf, was für eine Vielzahl von Bibliotheken aufgrund der Kostenfrage nicht mehr zu leisten sein wird, es sei denn die Unterhaltsträger oder der Bürger ist zur Übernahme der zusätzlichen Kosten bereit.

Der Erschöpfungsgrundsatz behält seine Gültigkeit im Rahmen des Verbreitungsrechts, soweit das elektronische bzw. digitale Werk durch Eigentumsübertragung verbreitet wird. Jede Verbreitung auf dem Wege des Lizenz- bzw. Nutzungsvertrages sowie die Zustimmung zur Zugänglichkeitmachung im Netz (öffentliche Wiedergabe) führt nicht zur Erschöpfung, so dass die Weiterverbreitung und der Abruf aus Netzen nur mit Zustimmung des Urhebers oder Berechtigten gestattet sein wird. Bedenkt man, dass eine Vielzahl von elektronischen Datenbanken, Lernsoftware u.v.m. nur noch mittels Lizenzvertrag verbreitet wird, so stellt sich die Frage nach dem Verhältnis zwischen Lizenzvertrag und Ausnahmeregelung.

4. Lizenzvertrag contra Ausnahmetatbestand

Lizenzverträge sind Verträge, die zwischen den Vertragspartnern frei verhandelt werden können. So kann auch in diesen Verträgen auf gesetzlich eingeräumte Ausnahmen verzichtet werden. Die Vertragsfreiheit findet ihre Grenzen in den Bestimmungen der „guten Sitten“, dem Gesetz über die Allgemeinen Geschäftsbedingungen und im geltenden Urheberrecht in den §§ 55a, 69d Abs. 2 und 87e UrhG. Jeder Verstoß gegen gesetzlich definierte Grenzen führt zur Nichtigkeit des Vertrages oder der entsprechenden vertraglichen Bestimmung (salvatorische Klausel). Da mittels eines Lizenzvertrages der Bibliothek zur Nutzung überlassene elektronische oder digitale Medien keinen Eigentumsübergang darstellen, bedarf sowohl die Weiterverbreitung (Ausleihe) als auch die öffentliche Wiedergabe (Abruf aus Netzen) der ausdrücklichen Zustimmung im Vertrag. Eine Erschöpfung der exklusiven Rechte findet nicht statt.

Das bedeutet, dass bei zunehmender Verbreitung über Lizenzverträge die Ausnahmetatbestände in den Urheberrechtsgesetzen ihre Bedeutung verlieren, soweit sie nicht zwingend anzuwenden und durch Vertrag nicht auszuschließen sind.

Deshalb muss es für die bibliothekarischen Interessenvertreter Ziel aller Bemühungen im Rahmen von Gesetzgebungsverfahren sein, zwingende Normen zu erreichen, die den ungehinderten Zugang zu Informationen für jedermann auch im digitalen Umfeld Gewähr leisten. Dabei sollten keine unverhältnismäßigen Forderungen angestrebt werden, sondern es muss der Grundsatz des Drei-Stufen-Tests gemäß Art 9 Abs. 2 RBÜ als Prüfkriterium herangezogen werden. Als Vorbild können dabei die bereits zitierten §§ 55a, 69d Abs. 2 und 87e UrhG gelten.

5. Die bibliothekarische Interessenvertretung

Seit Jahren sind die bibliothekarischen Interessenvertretungen, insbesondere die Bundesvereinigung Deutscher Bibliotheksverbände, der Deutsche Bibliotheksverband und auf europäischer und internationaler Ebene, die EBLIDA, die LIBER und die IFLA, durch Lobbyarbeit sowie durch Stellungnahmen und Vorschlägen bestrebt, die Interessen der Allgemeinheit am ungehinderten Zugang zu Informationen in parlamentarische Gremien und Hearings einzubringen. Dabei steht im Mittelpunkt die Vermittlung der Leistungsfähigkeit von Bibliotheken für die Wettbewerbsfähigkeit des Bürgers in der heutigen Informationsgesellschaft und damit die Mitwirkung am Wissenschafts- und Wirtschaftsstandort.

Das Engagement der bibliothekarischen Interessenvertretungen ist in der Berufsöffentlichkeit nie richtig „vermarktet“ worden. Dennoch sind bedeutende Erfolge erzielt worden: So bestand bei der Umsetzung der EU-Richtlinie zum Vermiet- und Verleihrecht die Gefahr, dass Computerprogramme von der zustimmungsfreien Ausleihe ausgenommen werden. Im Ergebnis der Verhandlungen zwischen Softwareindustrie und BDB wurde die Selbstverpflichtungserklärung der Deutschen Bibliotheksverbände[18], Betriebssysteme und Standardsoftware in Bibliotheken nicht zu

[18] Verpflichtungserklärung der Deutschen Bibliotheksverbände im Rahmen der Umsetzung der EG-Richtlinie zum Verleihrecht für Computerprogramme in das Urheberrechtsgesetz der Bundesrepublik vom 5. Mai 1994. In: Bibliotheksdienst 29 (1995), S. 1833 ff mit Ergänzung in: Bibliotheksdienst 30 (1996), S. 1361.

entleihen, um einen etwaigen wirtschaftlichen Schaden durch Kopieren zu verhindern, in die Begründung zum Urheberrechtsänderungsgesetz aufgenommen. Durch diese Einigung wurde sichergestellt, dass Bibliotheken grundsätzlich auch Computerprogramme verleihen können. Die Deutschen Bibliotheksverbände sind heute als ernst zu nehmende Interessenvertretungen anerkannt. So ist die BDB Mitglied im Deutschen Kulturrat und der DBV wird zu jeder Anhörung im Vorfeld von Gesetzgebungsverfahren vom BMJ eingeladen, sowohl Stellungnahmen abzugeben, als auch mündlich seine Interessen vorzutragen. Der Bundestag lud die BDB zur Anhörung der Enquete-Kommission „Zukunft der Medien in Wirtschaft und Gesellschaft – Deutschlands Weg in die Informationsgesellschaft“[19] als einen Vertreter der „Verbraucher“ neben einer Vielzahl von marktführenden Vertretern der Medien ein.

Dabei ist es wichtig, direkt auf den Gesetzgebungsprozess Einfluss zu nehmen, aber auch Aufklärungsarbeit zu leisten. Insbesondere gilt es Vorurteile aufzuklären. So z.B., wenn behauptet wird, dass vor allem Universitätsbibliotheken sich zu globalen Informationsbrokern wandeln, die ohne Rücksicht auf die Rechte von Autoren und Verlagen auf dem Informationsmarkt agieren[20]. Gemeint ist hier die durch Bund und Länder geförderte Dienstleistung „Subito“, die durch BGH-Urteil 1999 für zulässig im Rahmen des § 53 UrhG erklärt wurde. Gegen den Vorwurf des Handelns ohne Rücksicht sprechen u.a.

- die gemeinsame Erklärung des Börsenvereins und der BDB zu den urheberrechtlichen Fragen im Zusammenhang mit der Bund-Länder-Initiative zur Beschleunigung der Literatur- und Informationsversorgung (1998)[21],
- die Verpflichtungserklärung der Deutschen Bibliotheksverbände im Rahmen der Umsetzung der EG-Richtlinie zum Verleihrecht für Computerprogramme (1994)[22],
- die Erarbeitung einer Matrix zur Definition von berechtigten Nutzern von Netzangeboten differenziert nach Bibliothekstypen (1998)[23].

Auf dem 4. Internationalen Urheberrechtssymposium zog der Verleger Dr. Wulf D. v. Lucius im Rahmen der Interessenabwägung in seinem

19 Eingesetzt durch Beschluss des Deutschen Bundestages vom 7. Dez. 1995 – Drucks. 13/3210.

20 Heker, Harald: Rechtsfragen. Urheberrecht und digitale Technologien. In: Elektronisches Publizieren und Auswirkungen auf die Verlagspraxis. Wiesbaden 1998. S. 44-45.

21 In: Bibliotheksdienst 31 (1997) 6. S. 1029 ff.

22 a.a.O.

23 ECUP-Matrix 1 und 2. (European Copyright User Platform). – Unter: http://www.eblida.org/ecup/docs/matri691.htm und /matrine1.htm.

Grundsatzreferat den Schluss: „Das alte Leitprinzip der Bibliothekare, ihre Dienstleistungen kostenlos anzubieten, muss daher notwendigerweise durch eine mehr unternehmerische Sicht als ein gleichberechtigtes Glied – eines unter anderen – in der Informationskette gesehen werden. Wir müssen die Bibliothekare davon überzeugen, dass dies das neue Paradigma im elektronischen Umfeld ist“[24].

Bibliotheken haben von jeher ihre Erwerbungen bezahlt. Und so nutzen sie auch heute elektronische Medien, nicht ohne dafür einen Kaufpreis oder die entsprechende Lizenzgebühr zu entrichten. Für das Verleihen und für die Ausübung gesetzlich eingeräumter Ausnahmeregelungen im überwiegenden Allgemeininteresse wird zusätzlich eine Vergütung entrichtet, die sowohl den Urheber als auch den Verleger erreicht. Dagegen wird die Verzeichnung, die Systematisierung, die Archivierung, die Restaurierung und nicht zuletzt die Werbung für deutsche Verlagsprodukte kostenlos von den Bibliotheken geleistet. Die Bibliotheken wären die Spezialisten nur für das Gedruckte geblieben, wenn nicht Urheber und Verlage den Informationsträger gewechselt und sich neuer Technologien bedient hätten. Dies erforderte auch in den Bibliotheken wesentliche Investitionen des Bundes, der Länder und Kommunen. Diese Investitionen führen wirtschaftlich betrachtet zu qualifizierten Arbeitnehmern, Urhebern, Wissenschaftlern und nicht zuletzt zu einer hohen Medienkompetenz der Bevölkerung.

Die Kernfrage in dieser Diskussion ist nicht, ob für eine Leistung bezahlt werden soll, sondern vielmehr, ist die lizenzierte Leistung von Bibliotheken noch zu bezahlen und ist die Beteiligung der Benutzer an der Bezahlung mit dem Grundrecht auf ungehinderten Zugang zur Information (Art 5 GG) vereinbar.

6. Der Interessenausgleich

Da der Interessenkonflikt objektiv existiert, lässt er sich allein durch gegenseitiges Verständnis nicht lösen. Verständnis aber schafft die Grundlage für einen sachbezogenen, dass heißt angemessenen Interessenausgleich. Interessenausgleich ist demnach Verständnis und Verzicht auf beiden Seiten.

Die derzeitige Orientierung bei der Argumentation um den Interessenkonflikt allein auf Informationsträger und Verbote ist genauso untauglich

---

24 Lucius, Wulf D. von.: Unveränderter Eckstein moderner Wirtschaften. In: Börsenblatt vom 14. Juli 1998, S. 7-14.

wie die Negation des Allgemeininteresses oder der Befürchtungen der Verlegerseite:

Auf einen erschwinglichen Zugang zur Information[25] kommt es an.

Dazu ist es erforderlich, dass entsprechend dem sozialen Bezug des Urheberrechts klare Definitionen des überwiegenden Allgemeininteresses auch im digitalen Umfeld erfolgen und in der Regel für jeden auf dieser Grundlage anerkannten Ausnahmetatbestand eine Vergütung folgt, die allen Beteiligten am Produkt zufließen muss.

Nach wie vor gibt es keine andere geeignetere Formel für die Würdigung des Interessenausgleichs als den „Drei-Stufen-Test" (Art 9 Abs. 2 RBÜ). Danach dürfen

- nur Sonderfälle als Ausnahmeregelung zugelassen,
- die normale Auswertung nicht unangemessen beeinträchtigt,
- die berechtigten Interessen des Urhebers nicht unzumutbar verletzt werden.

Die bisher im UrhG genannten Ausnahmen sind wiederholt durch das Bundesverfassungsgericht geprüft und damit als Allgemeininteressen rechtsverbindlich gewürdigt worden. Daran kann sich auch nichts ändern, wenn es sich um elektronische bzw. digitale Produkte handelt. Berücksichtigt werden muss vielmehr die weltweite Verfügbarkeit, die ggf. die „normale Auswertung unangemessen beeinträchtigt und damit die berechtigten Interessen des Urhebers unzumutbar verletzt".

Die Behauptung der Verleger, dass Bibliotheken nach einmaliger Entrichtung eines Kaufpreises oder einer Lizenzgebühr aufgrund von Ausnahmeregelungen weltweit als Verbreiter auftreten und dadurch potenzielle Käufer ausfallen, ist unbewiesen. Dessen ungeachtet müssen Bibliotheksvertreter aufhören zu fordern, dass digitale Medien wie analoge Medien uneingeschränkt durch Bibliotheken verbreitet werden sollen.

Nicht eine Begrenzung der Ausnahmen, sondern eine Begrenzung der Zugriffsberechtigten ist die Lösung des Interessenkonflikts. Hier ist die Vorlage der ECUP-Matrix[26] eine geeignete Diskussionsgrundlage, deren Logik sich auch Verleger und andere Anbieter nicht verschließen können. Dies gilt umso mehr, als auch der britische Verlegerverband 1997 in einem Definitionspapier ähnliche Ansätze beschrieben hat[27]. Die ECUP-Matrix

25 Erster Zwischenbericht der Enquete-Kommission Zukunft der Medien in Wirtschaft und Gesellschaft – Deutschlands Weg in die Informationsgesellschaft. Drucks. 13/6000, S. 48.

26 ECUP: Matrix. a.a.O.

27 Lucius, Wolf D. von: a.a.O.

klassifiziert Nutzergruppen jeden Bibliothekstyps und legt Zugriffsberechtigungen fest, die die o.g. Befürchtungen von vorn herein ausschließen. Vereinfacht dargestellt kommen damit in den „Genuss“ des Zugriffs im Rahmen von Ausnahmetatbeständen nur Nutzer, die die Bibliothek direkt aufsuchen und registrierte Nutzer, die zum unmittelbaren Einzugsbereich bzw. zum durch Satzung festgelegten Aufgabenbereich der Bibliothek gehören. Dazu zählt z.B. ein Campus oder die registrierten Nutzer einer Region, von der die Öffentliche Bibliothek eine Finanzierung erhält. Deshalb muss die ECUP-Matrix Bestandteil der Begründung zum 5. Urheberrechtsänderungsgesetz – analog der Selbstverpflichtungserklärung – werden. Gleichzeitig muss sichergestellt werden, dass keine Doppelbezahlung für nur eine Leistung erfolgt. Dies wäre der Fall, wenn im Rahmen einer Ausnahme eine Vergütung für ein Nutzungsrecht entrichtet wird, das bereits im Lizenzvertrag und damit in der Lizenzgebühr enthalten ist.

Warum besteht die Forderung nach gesetzlichen Ausnahmetatbeständen fort, wenn Verleger und Bibliothekare sich in ihrem Verständnis nähern. Weil der Interessenkonflikt trotz Verständnis real besteht. „Die Rechteinhaber und Autoren werden auch im elektronischen Umfeld ihrer bisherigen Politik folgen, ihre Rechte an diejenigen zu übertragen, die am besten für wettbewerbsfähige Preise und damit für eine optimale Verbreitung ihrer Schöpfungen sorgen.“[28] Bibliotheken werden auch im elektronischen Umfeld nicht ihren Informations- und Bildungsauftrag gefährden und können demzufolge nicht als Marktteilnehmer – als einer unter anderen – auftreten. Die Definition des Interessenausgleichs ist dem Staat, der dem Sozialstaatsprinzip verpflichtet ist, vorbehalten. Die Organisation kann einem bewährten Interessenverwalter, den Verwertungsgesellschaften, übertragen werden. „Verhindern kann man virtuelle Bibliotheken nicht, also muss man sie lizenzieren – hier besteht dringender Handlungsbedarf.“[29]

Die Lösung:

Ausnahmen

Klare Definitionen der Ausnahmen für digitale Medien differenziert nach Nutzergruppen und Nutzungsarten auf der Grundlage der ECUP-Matrix[30].

---

28 Lucius, Wolf D. von: a.a.O.

29 Melichar, Ferdinand: Virtuelle Bibliotheken und Urheberrecht. In: Computer und Recht 1995, S. 756-762.

30 a.a.O.

Ausübung von Ausnahmen

1. Zulässig ist die Ausübung vorgenannter Ausnahmen durch den Eigentümer eines mit Zustimmung des Urhebers durch Veräußerung in Verkehr gebrachten elektronischen Originals oder Vervielfältigungsstückes, den in sonstiger Weise zu dessen Gebrauch Berechtigten oder denjenigen, dem ein Werk aufgrund eines mit dem Urheber oder eines mit dessen Zustimmung mit einem Dritten geschlossenen Vertrages zugänglich gemacht wird.
2. Entgegenstehende vertragliche Vereinbarungen sind nichtig, soweit für die Ausübung einer Ausnahme eine angemessene Vergütung entrichtet wird. Von der Vergütungspflicht ist die Vervielfältigung und die öffentliche Wiedergabe zur Veranschaulichung im Unterricht und zur Bestandserhaltung durch Bibliotheken und Archive ausgenommen. Der Anspruch auf Vergütung kann nur durch eine Verwertungsgesellschaft geltend gemacht werden, soweit er nicht bereits vertraglich abgegolten ist.

Kulturpolitik und Bibliotheken im Föderalismus. Das Beispiel Hessen

Aloys Lenz

1. Föderalismus und kommunale Selbstverwaltung als Hemmnis bibliothekarischer Entwicklung?

Wie sehr man auch streiten mag über Vorteile oder deutliche Defizite der föderalen Struktur unseres Staatswesens, die ausschließliche Gesetzgebungskompetenz in kulturellen Angelegenheiten liegt seit über 50 Jahren im Westen Deutschlands und seit 10 Jahren in der gesamten Republik bei den Bundesländern. Es gibt zwar keine spezifische Bibliotheksgesetzgebung in Deutschland, weder auf Bundes- noch auf Landesebene,[1] die Kulturhoheit der Länder verpflichtet sie aber zum Unterhalt der Universitäts-, Hochschul- und Landesbibliotheken. Nur der verfassungsrechtlich verankerte Respekt vor der kommunalen Selbstverwaltung – „den Gemeinden muss das Recht gewährleistet sein, alle Angelegenheiten der örtlichen Gemeinschaft ... in eigener Verantwortung zu regeln"[2] – enthebt sie der Pflicht, auch die Öffentlichen Bibliotheken umfassend zu finanzieren. Diese gehören zum Bereich der „freiwilligen Leistungen" der Kommunen, so dass es den gewählten Mandatsträgern und ihren Bürger- oder Oberbürgermeistern obliegt, für eine ausreichende Ausstattung mit einer ansprechenden professionellen Ausleihe von Büchern in ihrer Gemeinde zu sorgen. Öffentliche Bibliotheken zur „kommunalen Pflichtaufgabe" aufzustufen, dafür machten sich zwar einzelne Kulturpolitiker, wie u.a. auch Hilmar Hofmann,[3] stark – und die Büchereien einiger Städte profitierten auch von dieser Sichtweise – eine normative Verbindlichkeit konnte diese Intention jedoch in der Folge nicht gewinnen.

Einzelne Bibliotheksvertreter sehen in einer konsequenten Gesetzgebung, die Aufgaben, Mindeststandards und Finanzierung der Öffentlichen Bibliotheken regelt, den zentralen Ansatz für eine Verbesserung der

---

1 Zum gesetzlichen Auftrag der bedeutendsten vom Bund getragenen Bibliothek Deutschlands, „Die Deutsche Bibliothek", vgl. Ernst-Lüder Solte, Bibliothekspolitik im Bundesstaat. In: ZfBB 38, 1991, S. 426ff.

2 Art. 28, Abs. 2, GG.

3 Vgl. Gustav Rottacker, Eine Generation im Bibliotheksdienst. Bibliotheksarbeit in der Nachkriegszeit. In: Bibliotheksentwicklungsplanung. Festschrift für Hans Joachim Vogt anlässlich seiner Verabschiedung als Leitender Bibliotheksdirektor der Stadtbücherei Frankfurt am Main am 31. Dezember 1991. Frankfurt am Main 1992, S. 12.

Literatur- und Medienversorgung in der Bundesrepublik, die ihrer Meinung nach durch die föderale Struktur und die hier zu Lande geradezu einmalige, fast autonome Eigenständigkeit der Kommunen bisher teilweise behindert worden sei. Der Vergleich mit der Situation in den Nachbarländern liegt nahe. „Den teils schon im vergangenen Jahrhundert erlassenen Bibliotheksgesetzen verdankt das angelsächsische Bibliothekswesen seinen hohen Ausbaustand. In diesem Jahrhundert in den skandinavischen Ländern und in den Niederlanden verabschiedete gesetzliche Regelungen führten ebenso zu einer steilen Aufwärtsentwicklung. Die herausragende Wirkung von Bibliotheksgesetzen ist damit zweifelsfrei bewiesen.“[4] Dagegen sieht Ernst Pappermann, der frühere Präsident des Deutschen Bibliotheksverbandes, in der „gesetzlichen Durchnormierung“ große Gefahren.[5] Er erblickt gerade in dem Fehlen gesetzlicher Vorgaben und eines zentralistischen Dirigismus einen Freiraum zur eigenständigen Ausgestaltung gemeindlicher Aufgaben. Ihm sekundiert Rolf-Peter Carl: „Im Übrigen halte ich die immer wieder neuen Versuche, die Aufgaben der Kulturförderung ... als Pflichtaufgaben zu begründen, zwar für tief schürfend, scharfsinnig und rührend, aber auch für ineffektiv.“[6]

Tatsächlich zeigt sich immer wieder, dass gesetzlich verankerte Mittelzuweisungen bei abnehmender Finanzkraft der öffentlichen Hand auf Bundes-, Landesebene und im kommunalen Bereich vor gravierenden Kürzungen nicht gefeit sind.[7] Ausbau und Weiterentwicklung der wissenschaftlichen und Öffentlichen Bibliotheken lassen sich durch ein parlamentarisch sanktioniertes Konvolut von Paragraphen allein nicht vorantreiben. „Wo die Einsicht fehlt, dass Kultur lebens- und überlebensnotwendig ist, dass Ausgaben für die Kulturförderung, für die Weiterentwicklung der geistigen Infrastruktur eines Landes, einer Gemeinde unverzichtbare Zukunftsinvestitionen sind, kann sie auch auf diesem Weg nicht herbeigeredet werden.“[8] Nur eine verstärkte, permanente Sensibilisierung der Politik dafür, sowohl das kulturelle Erbe zu bewahren als auch ein

---

4 Hans Joachim Vogt, Das Hessische Bibliothekswesen im Überblick. Die politischen Anstrengungen, eine hessische Bibliotheksförderung zu erreichen. In: Bibliotheken in Hessen. 3. Hessische Bibliothekswoche, hrsg. v. dbv-Landesverband Hessen, Wiesbaden 1991, S. 16f.

5 Ernst Pappermann, Bibliotheken als kommunale Pflichtaufgabe. In: Hessische Bibliothekszeitschrift, Frankfurt am Main, April 1988, S. 5.

6 Rolf-Peter Carl, Politik für die Öffentlichen Bibliotheken – die Aufgaben der Länder. In: Konrad Umlauf (Hrsg.), Politik für Öffentliche Bibliotheken. Bad Honnef 1998, S. 103.

7 Mit Schaffung eines neuen Volkshochschulgesetzes 1970 in Hessen erhielten die vhs-Träger die Zusicherung, dass das Land 30 % der anfallenden Kosten übernehme. Bis heute waren die Zuschüsse durch entsprechende Haushaltsgesetzgebung jedoch von Jahr zu Jahr rückläufig. 1999 waren es nur noch 10,3 %, die das Land übernahm.

8 Carl, Politik (wie Anm. 6), S. 103.

hochmodernes Informationssystem bereitzustellen – in dieser Spannweite bewegen sich Ziele und Aufgabenstellung beider Bibliotheksbereiche – kann mittel- und langfristig zu einer konkreten Verbesserung bzw. Qualitätssteigerung im Bibliothekswesen der Bundesrepublik Deutschland führen. Es ist vor allem Aufgabe der Bibliotheksverbände, vornehmlich des DBV, durch einen ständigen Dialog mit den politisch Verantwortlichen, sie auf ihre kulturpolitischen Verpflichtungen hinzuweisen. Unabhängig davon ist es unerlässlich, dass Bibliotheken verstärkt und gezielt Öffentlichkeitsarbeit betreiben.[9]

Eine radikale Position vertritt Hans-Peter Thun, wenn er betont, dass „die politische Struktur der Bundesrepublik eigentlich die Entstehung eines deutschen Bibliothekswesens behindert“ und der „Auslöser der geplanten Unordnung (im Bibliotheksbereich) die föderale politische Struktur“ Deutschlands sei.[10] Ihm widerspricht sehr deutlich Ernst-Lüder Solte: „Die De- und Polyzentralität des Informationswesens im Bundesstaat garantiert eine Sachnähe zu den zu lösenden Aufgaben, die ein zentral gesteuertes System nicht gewährleisten kann. ... (Sie) ermöglicht darüber hinaus eine Vielfalt von Initiativen, auf die der sich wandelnde Informationsbereich angewiesen ist.“[11]

Grundsätzlich fördert der Föderalismus in der Bundesrepublik auch im kulturpolitischen Bereich den Wettbewerb der Länder untereinander. Er bietet regional gewachsenen eigenständigen Entwicklungen die Chance der Entfaltung. „Mehr Eigenverantwortlichkeit der Länder bedeutet mehr Wettbewerb zwischen den Ländern.“[12] Gerade die regionalen Besonderheiten prägen die bundesdeutsche Kulturlandschaft. Dies gilt im Prinzip auch für den Bibliotheksbereich. Aus der Konkurrenz unterschiedlicher Entwürfe, innovativer Ideen und regional alternativer Projekte ergibt sich die Vielfalt eines kulturellen Angebots, sozusagen ein „Anreizmodell“, das der Gefahr entgeht, gleichgeschaltet und nivelliert zu werden.[13] Insofern

---

9 Vgl. Aloys Lenz: „Bibliotheken müssen wesentlich mehr als bisher gezielt Propaganda betreiben bei Gemeinderäten, bei Mitgliedern der kulturpolitischen Ausschüsse. Sie müssen Abgeordnete verstärkt einladen, um ihnen ihre Konzeption zu erläutern, sie müssen Überzeugungsarbeit leisten, um Lobbyisten für sich zu gewinnen.“ In: „Propaganda gezielt betreiben“. In: BuB 50 (1998), Heft 12, S. 750.

10 Hans-Peter Thun, Eine Einführung in das Bibliothekswesen der Bundesrepublik Deutschland. Berlin 1995, S. 10.

11 Solte, Bibliothekspolitik (wie Anm. 1), S. 435f.

12 Ursula Männle, Grundlagen und Gestaltungsmöglichkeiten des Föderalismus in Deutschland. In: Aus Politik und Zeitgeschichte. Beilage zur Wochenzeitung Das Parlament, B 24/97, S. 9.

13 Vgl. ebd. S. 9: „Mit der Differenzierung der Problemlösungen wird ein Anreizmodell geschaffen, in dem die Unterschiedlichkeit der politischen Ideen und Ausgestaltungen ausprobiert und ausgetauscht werden können.“

ist es verständlich, dass sich in den letzten Jahrzehnten in den einzelnen Ländern der Bundesrepublik ein unterschiedlich anspruchsvolles kulturelles Angebot entwickelt hat. Dies bedeutet auch, dass das Niveau der Öffentlichen und wissenschaftlichen Büchereien in den einzelnen Regionen auseinander klafft. Dadurch entsteht eine permanente Herausforderung für die jeweilige Landespolitik, sich an den weiterentwickelten Vorbildern zu orientieren und sie als Ansporn der eigenen kulturpolitischen Arbeit zu sehen. Denn eines steht fest: Erhalt und Ausbau der Bibliotheken erhöhen die Lebensqualität der (oben zitierten) „örtlichen Gemeinschaft". Dass Öffentliche und wissenschaftliche Bibliotheken inzwischen zu einem Standortfaktor in den Kommunen geworden sind, wird vonseiten der Politik noch nicht in ausreichendem Maß wahrgenommen. Eichert geht noch einen Schritt weiter, wenn er sie als „Teil einer angebotsorientierten Wirtschaftsförderungspolitik der Kommunen"[14] definiert.

Der Blick zurück auf die untergegangene Deutsche Demokratische Republik und ihr Bibliothekswesen zeigt deutlich, dass dieser zentralistisch strukturierte Staat zwar quantitativ über eine lückenlose Buchversorgung seiner Bevölkerung verfügte. Die Vielfalt des Angebots und die Qualität der technischen und räumlichen Ausstattung ihrer Bibliotheken lag aber insgesamt deutlich unter dem Niveau der alten Bundesländer, was Thun auch an anderer Stelle bestätigt. Deshalb verwundert seine Feststellung: „Nach der Wiedervereinigung musste auch das Bibliothekswesen dieser Region der föderalen Struktur angepasst werden, was zu einer Verringerung der Einrichtungen ... führte. Etwa 30 % der in früheren Statistiken gezählten Bibliotheken stellten ihre Arbeit ein."[15] Eine Begründung dieses „Bibliothekssterbens" liefert er jedoch nicht. Neben dem zwangsläufig in allen Bereichen notwendig gewordenen Abbau eines überbesetzten öffentlichen Dienstleistungsangebotes war es vor allem das Überangebot einseitiger gesellschaftspolitischer und parteilicher Literatur in allen Öffentlichen Bibliotheken der DDR, die nach der Wende keine Nutzer mehr fand.

Wer die Entwicklung der zentralistischen Staaten innerhalb der Europäischen Union genau verfolgt, wird feststellen, dass insgesamt – zwar unterschiedlich intensiv und zeitversetzt – die Tendenz zur Föderalisierung zunimmt. „Die Öffnung der Grenzen und die Globalisierung der Wirtschaft zwingt zunehmend auch die Staaten (d.h. die Bundesländer) in

---

14 Christof Eichert, Die Politik der Kommunen für Öffentliche Bibliotheken. In: Konrad Umlauf (Hrsg.), Politik für Öffentliche Bibliotheken. Bad Honnef 1998, S. 34.

15 Thun, Einführung (wie Anm. 10), S. 10.

einen Wettbewerb der Standorte."[16] Mit seiner Flexibilität und Dynamik, so wird argumentiert, sei der Föderalismus dem schwerfälligen Zentralismus überlegen. Das Schlagwort „Europa der Regionen" füllt sich immer stärker mit Inhalt, denn die Politik der EU zielt klar auf eine stärkere kulturelle Eigenständigkeit der regionalen Gliedstaaten, der in Zukunft mit Sicherheit auch in den ehemals rein zentralistischen Staaten ein Kompetenzzuwachs in allen Bereichen der Kultur – einschließlich der Bibliotheken – folgen wird.

2. Hessen als Schlusslicht unter den Bundesländern

Das Kulturstaatsgebot des Landes ist in der Hessischen Verfassung von 1946 sehr allgemein formuliert. „Die Denkmäler der Kunst, der Geschichte und Kultur ... genießen den Schutz und die Pflege des Staates und der Gemeinden."[17] Es verpflichtet beide staatlichen Ebenen als Unterhaltsträger der wissenschaftlichen bzw. Öffentlichen Bibliotheken tätig zu werden, wobei das Prinzip der bereits genannten kommunalen Selbstverwaltung im Hinblick auf die letztgenannten in einem Spannungsverhältnis steht, da ein Großteil der Gemeinden die Neueinrichtung von Büchereien bzw. die Ausstattung ihrer vorhandenen jeweils von ihrer aktuellen finanziellen Situation abhängig macht.[18] Die Verpflichtung des Landes dagegen, auch Öffentliche Bibliotheken finanziell zu unterstützen, ist ebenfalls verfassungsrechtlich verankert. „Der Staat hat den Gemeinden die zur Durchführung ihrer eigenen Aufgaben erforderlichen Geldmittel im Wege des ... Finanzausgleichs zu sichern."[19]

Hessen, von der Fläche und Bevölkerungszahl her eines der mittleren Bundesländer, ist nachweislich aller statistischen Daten das wirtschaftlich und finanziell stärkste Land der Bundesrepublik Deutschland. Seit Jahren steht es an der Spitze der Geberländer in den „Länderfinanzausgleich",[20] wobei der jährlich auferlegte Verzicht auf zuletzt 3,4 Mrd. DM (dies sind

16 Männle, Grundlagen (wie Anm. 12), S. 8.

17 Verfassung des Landes Hessen, Art. 62.

18 Ebd. Art. 137, Abs. 1 und 3 und Hessische Gemeindeordnung, § 19, Abs. 1: „Die Gemeinde hat die Aufgabe, in den Grenzen ihrer Leistungsfähigkeit die für ihre Einwohner erforderlichen wirtschaftlichen, sozialen und *kulturellen* öffentlichen Einrichtungen bereitzustellen."

19 Ebd. Art. 137, Abs. 5.

20 Seit 1989 steht Hessen – mit Ausnahme von drei Jahren – an der Spitze der jeweils drei bis fünf Geberländer. 1994 zahlte es 1,8 Mrd. DM der insgesamt 2,9 Mrd. DM, die sieben Bundesländern zuflossen. Während Berlin 1998 4,8 Mrd. DM aus den 13,5 Mrd. Zuweisungsmitteln des „Ausgleichstopfs" erhielt, mussten Nordrhein-Westfalen, Baden-Württemberg und Hessen jeweils zwischen 3,1 und 3,4 Mrd. DM einzahlen.

fast 10 % des gesamten Haushaltsvolumens des Landes!) natürlich auch negativ auf einen umfassenden Ausbau der eigenen kulturellen Infrastruktur ausschlägt. Deshalb löst der Blick auf die Rangordnung aller 16 Länder und die Stelle, die Hessen bei der Bibliotheksversorgung dort einnimmt, beim Betrachter mehr als Erstaunen aus. Wirtschaftlich fast durchgehend die Nummer Eins, ist Hessen mit seinen vor- oder vorvorletzten Plätzen in den Vergleichsstatistiken der Öffentlichen sowie der wissenschaftlichen Bibliotheken deutlich eines der Schlusslichter aller Bundesländer.

2.1 Öffentliche Bibliotheken

Mit diesem Zustand muss Hessen seit seiner Gründung im Jahr 1946 leben. Schon in der ersten Landtagsdebatte, die sich überhaupt mit dem Thema Bibliotheken bzw. Büchereien beschäftigt, rechnet die Opposition 1954 der Regierung vor, dass Hessen im Ländervergleich weit hinterherhinkt. „Die Übersicht (über die Leistungen einer Reihe von Ländern für das gemeindliche Büchereiwesen) zeigt ein starkes Abfallen der hessischen Leistungen gegenüber den übrigen Ländern. Der Liliputbetrag des Landes Hessen (erscheint) ... doch etwas beschämend.“[21] Die optimistische Hoffnung des damaligen Kultusministers Arno Hennig, dass „diese Mittel, die in staatspolitischer und volkspädagogischer Hinsicht von größter Bedeutung sind, jetzt oder in naher Zukunft in progressiver Steigerung erhöht werden könnten“[22], wird in den folgenden viereinhalb Dezennien leider nicht in Erfüllung gehen.

So blieb auch eine Generation später einem seiner Nachfolger, Hans Krollmann, 1980 nichts anderes übrig, als öffentlich zu bekennen: „Dass die bibliothekarische Grundversorgung in Hessen – absolut und auch im Vergleich mit anderen Bundesländern – unzulänglich ist, kann ich nicht bestreiten.“[23] Der kurz zuvor durch die Fusion mit den wissenschaftlichen Bibliotheken praktisch neu gegründete Deutsche Bibliotheksverband, Landesverband Hessen präzisierte seine Kritik an diesem Tatbestand in einer Pressemitteilung, die landesweit Aufsehen erregte: „Es fehlt ein flächendeckendes Angebot, die Bestände der vorhandenen Bibliotheken erreichen nirgends die im Bibliotheksplan ’73 genannte Mindestnorm von zwei Bänden pro Einwohner für die bibliothekarische Grundversorgung.

---

[21] Abg. Dr. Großkopf (CDU) in der 61. Sitzung der 2. Wahlperiode am 24.3.1954. In: Stenographische Protokolle des Hessischen Landtags II. Wahlperiode, Wiesbaden, S. 2548f.

[22] Ebd. S. 2550.

[23] Eröffnungsrede anlässlich der Jahrestagung des Deutschen Bibliotheksverbandes/Landesverbandes Hessen am 30.10.1980 in Frankfurt, Universitätsbibliothek (unveröffentl. Manuskript).

In vielen Landkreisen wird die Mindestzahl noch nicht einmal zu einem Zehntel erreicht. Dies bedeutet für einen Großteil der hessischen Bevölkerung, dass sie auf den Zugang zu Informationen verzichten muss ...“[24] Regionale Blätter griffen diese Situationsschilderung auf, die immer wieder auch bei Verbandstagungen vorgebracht wurde: „In der Bücherversorgung seiner Bürger bildet Hessen traditionell das Schlusslicht im Bundesgebiet. Nach einer Erhebung aus dem Jahre 1978 gab das Land Hessen pro Einwohner für Bücher magere sechs Pfennig aus (zum Vergleich: den nächstniedrigen Beitrag leistete Niedersachen mit doch immerhin 47 Pfennig pro Einwohner). Die ... Öffentlichen Bibliotheken in Hessen verfügen oftmals weder über qualifiziertes Personal noch über ausreichende Öffnungszeiten. ... Zwischen Großstädten und ländlichen Gebieten besteht ein extremes Gefälle in Anzahl und Bestückung der Büchereien. Schlusslicht bildet dabei der Odenwaldkreis, in dem die öffentliche Bücherversorgung pro Einwohner stark gegen Null tendiert.“[25]

Gerade dieser Zustand ist ein charakteristischer Makel der hessischen Bibliothekslandschaft. 1984 befinden sich von den in Hessen insgesamt 67 hauptamtlich – nicht unbedingt fachlich – geleiteten Öffentlichen Bibliotheken 48 im Regierungsbezirk Darmstadt, der knapp 60 % der Bevölkerung umfasst. Die übrigen 19 hauptamtlich geleiteten verteilen sich auf die beiden anderen Regierungspräsidien Kassel und Gießen. Das bedeutet, dass knapp die Hälfte der Gesamtbevölkerung des Landes in bibliothekarisch unter- bzw. nichtversorgten Gebieten wohnt. Diese weißen Flecken, die mehrere Kreise in Mittel- und Nordhessen umfassen, sind eine ständige Provokation für jeden Kulturpolitiker, der Bibliotheken zur notwendigen kulturellen Infrastruktur einer Kommune und einem ihrer unerlässlichen Standortfaktoren zählt.

Selbst in der 1993 erschienenen offiziellen Regierungsbroschüre des Ministeriums für Wissenschaft und Kunst, das sich die „Notwendigkeit der Bibliotheksförderung“ zum Ziel setzt[26], und mit einem attraktiven Bildmaterial vom Land geförderte Bibliotheken dokumentiert, heißt es verschämt: „(Es) lässt sich ein erhebliches Gefälle zwischen kreisfreien Städten und Landkreisen ablesen. Die Städte, voran die Großstädte, haben

---

24 Unveröffentl. Manuskript vom 27.10.1980.

25 „Hessens Bibliothekare schlagen Alarm“. In: Darmstädter Echo v. 17.11.1981.

26 Bibliotheken in Hessen. I. Öffentliche Bibliotheken, hrsg. v. Hessischen Ministerium für Wissenschaft und Kunst, Wiesbaden 1993. Das dort gegebene Versprechen „... in enger Zusammenarbeit mit den Bibliotheksträgern möglichst mittelfristig spürbare Verbesserungen im öffentlichen Bibliothekswesen herbeizuführen“, wurde jedoch in den Folgejahren in keiner Weise eingelöst. (Ebd. S. 14).

gutausgebaute Bibliotheken ... Dagegen sind kleine Gemeinden und der ländliche Raum, wenn überhaupt (!, A.L.), schwächer ausgestattet und zwar sowohl hinsichtlich der Zahl wie auch der Größe der Bibliotheken."[27] Zu diesem Stadt-Land-Gefälle kommt aber noch das hessenspezifische Nord-Süd-Gefälle hinzu, dessen Ursache nicht allein in dem ländlich strukturierten mittel- und nordhessischen Raum zu suchen ist. Die bibliothekarische Leere in der Literatur- und Medienversorgung ist dort größer als das Ministerium beschwichtigend beschreibt.[28] Buchholz legt sehr deutlich den Finger auf diese „Hessen-Wunde": „Das heißt, dass strukturschwache Regionen unterversorgt sind, zudem auch der Buchhandel in diesen Bereichen entsprechend wenig ausgebaut ist. Die geforderte Garantie des Grundgesetzes, sich aus allgemein zugänglichen Quellen unterrichten zu können, wird durch dieses Nord-Süd-Gefälle in Hessen zumindest erheblich eingeschränkt."[29]

Anstatt hier regulierend einzugreifen, passte sich das Land mit der Lozierung seiner „Staatlichen Büchereistellen" den verfehlten Strukturen an und zementierte das regionale Gefälle. Die beiden bibliothekarisch unterversorgten Regierungspräsidien Kassel und Gießen werden gemeinsam von einer der beiden Büchereistellen des Landes betreut - zudem noch mit schwindender, statt erforderlich steigender Mitarbeiterzahl in den letzten Jahren.[30] Sie versuchen mit fachlicher Beratung und mit bescheidener Hilfestellung durch sog. „Ergänzungsbibliotheken" engagiert in die „weißen Flecken" bibliotheksfreier Landkreise vorzudringen. Es wäre vonseiten des Ministeriums ein hilfreiches Signal gewesen, mit einer dritten Büchereistelle in Gießen die überfällige kompensatorische Aufgabe des Landes in Angriff zu nehmen.[31]

1997 gab es in Hessen ausweislich der statistischen Daten 928 Öffentliche Bibliotheken (1996 waren es noch 999) mit einem Bestand von 7,1 Mio. Medien. Diese Zahl mag auf den ersten Blick auf einen zufrieden stellenden Versorgungsgrad schließen, doch bei genauerer Betrachtung des Qualitätsstandards gilt bis heute unverändert der von Buchholz festgestellte Tatbestand: „Von diesen 1.000 Bibliotheken, die von den unterschiedlichsten Trägern, wie Kommunen, Kirchen und großen Firmen

---

27 Ebd. S. 10.

28 „Aus den Statistiken ergibt sich ein gewisses (!) Nord-Süd-Gefälle". (Ebd. S. 13).

29 Ernst Buchholz, Die öffentlichen Bibliotheken in Hessen, Ein Lagebericht. In: Bibliotheken in Hessen. 3. Hessische Bibliothekswoche, hrsg. v. dbv-Landesverband Hessen, Wiesbaden 1991, S. 19.

30 1976 sind 14 Planstellen etatisiert. Im Haushaltsplan für das Jahr 2000 sind es nur noch 11.

31 Vgl. auch: Bibliotheken in Hessen (wie Anm. 26), S 20f.

unterhalten werden, sind 88 Bibliotheken mit ‚hauptamtlichem Personal' ausgestattet. ... (Von diesen) bleiben noch 28 übrig, stellt man die Frage nach der fachlichen Qualifikation der Leitung ... (als) Diplom-Bibliothekar."[32]

Zurück zur aktuellen Statistik von 1997: Den „Bestand pro Einwohner" mit 1,18 Medieneinheiten in Hessen unterschreitet nur noch Hamburg mit 1,04 (Thüringen bildet mit 2,21 die Nummer Eins). Bei den „Entleihungen pro Einwohner" wird Hessen mit 2,29 nur noch vom Saarland mit 1,66 untertroffen (hier rangieren die beiden Stadtstaaten Berlin mit 6,17 und Hamburg mit 5,51 – trotz seines geringen Bestandes – weitab vor allen). Bei den „Erwerbungsausgaben pro Einwohner" mit 1,38 DM steht es gemeinsam mit Rheinland-Pfalz (1,43 DM) nahe am Ende der Skala und wird ebenfalls wieder nur vom Saarland mit 1,19 DM unterboten (Schleswig-Holstein steht dagegen mit 3,07 DM an der Spitze). Bei der vierten Vergleichsposition schließlich wird Hessen bei den „Gesamtausgaben pro Einwohner" – also Erwerbs- und Personalkosten zusammen – mit 12,24 DM nur noch deutlich von Rheinland-Pfalz mit 8,93 DM und dem Saarland mit 9,81 DM vor dem letzten Platz bewahrt. (Auch hier sind Hamburg und Berlin mit 30,71 DM und 29,64 DM wieder ganz weit an der Spitze). In den letzten Jahren haben sich dabei die hessischen Zahlen jährlich kontinuierlich verschlechtert.[33]

Sehr drastisch lässt sich diese Rückläufigkeit anhand der Statistischen Veröffentlichungen der Kultusministerkonferenz über die Ausgaben für das Bibliothekswesen ablesen. 1995 brachten 14 Bundesländer[34] insgesamt 271,2 Mio. DM für ihr Bibliothekswesen auf – Hessen davon nur 1,4 Mio. DM. Das sind schlichte 0,5 % der Gesamtausgaben. Exorbitant hoch sind traditionell die Aufwendungen der beiden Stadtstaaten Berlin und Hamburg für ihre Bibliotheken. Von den mit Hessen vergleichbaren Flächenstaaten brachte es Bayern mit 15,1, Schleswig-Holstein mit 12,4 und Nordrhein-Westfalen mit 10,4 Mio. DM auf immerhin beachtliche Summen.

Von daher ist es nachzuvollziehen, wenn führende Verbandsvertreter bei der Beurteilung des Öffentlichen Bibliothekswesens in Hessen sich bisweilen überdeutlich artikulieren. So schreibt 1991 der DBV-Vorsitzende Gerhard Bökel, später selbst Mitglied der Landesregierung: „Die

---

32 Buchholz, Öffentliche Bibliotheken (wie Anm. 29), S. 19.

33 Vgl. Deutsche Bibliotheksstatistik von 1993-98, Teil D: Gesamtstatistik, hrsg. v. Deutschen Bibliotheksinstitut, Berlin.

34 Für Mecklenburg-Vorpommern und Niedersachsen fehlen die Zahlenangaben.

Ausstattung des Landes Hessen mit Bibliotheken ist ein Skandal."[35] Das Land mit seiner ökonomischen Spitzenstellung bezeichnet Buchholz an gleicher Stelle als „bibliothekarisches Entwicklungsland".[36] Sind in Hessen die Öffentlichen Bibliotheken als kommunale Infrastruktureinrichtungen, die Umlauf als „Tor in die Zukunft"[37] bezeichnet, auf ihrem Weg in die Informationsgesellschaft zu einem Nadelöhr im föderalen System deutscher Bibliotheken geworden?

2.2 *Wissenschaftliche Bibliotheken*

Auch bei den wissenschaftlichen Bibliotheken des Landes geht die Schere zwischen wirtschaftlicher Spitzenstellung und bibliothekarischer Versorgung gleichermaßen auseinander. Die öffentlich vorgebrachten Klagen darüber lassen sich bis in die Aufbaujahre nach dem Krieg zurückverfolgen. 1952 bereits beschrieb Hans Eppelsheimer, Direktor der Deutschen Bibliothek, einen Zustand, der sich im Verlauf des folgenden halben Jahrhunderts kaum geändert hat: „Es ist ja kein Geheimnis, dass unsere hessischen Bibliotheken sich viel weniger als die der anderen Länder der Bundesrepublik wieder zur Geltung bringen konnten. Es entsteht zwischen den klargestellten Aufgaben und den möglichen Leistungen unserer wissenschaftlichen Bibliotheken ein Abstand, den die verantwortlichen Bibliothekare mit Unruhe größer werden sehen."[38] Diese „Unruhe" über das Auseinanderfallen von Bedarf und Befriedigung blieb so ein ständiger Begleiter der wissenschaftlichen Bibliotheksarbeit in Hessen.

Bereits 1980 hatte der neugegründete Landesverband Hessen im Deutschen Bibliotheksverband die Öffentlichkeit alarmiert. „Die Situation im wissenschaftlichen Bibliothekswesen stellt sich äußerst unbefriedigend dar. Geringe Sachmittel bei steigenden Buch- und Zeitschriftenpreisen und Personalknappheit erschweren eine effektive und wirksame Literaturversorgung und -vermittlung, die sich an den Bedürfnissen von Forschung und Lehre orientiert."[39] Auch hier wird die Presse zum hilfreichen Lobbyisten der Bibliothekare. „Besonders desolat ist die Situation an den Hochschulbibliotheken. Die Universitätsbibliothek Frankfurt musste im Mai 1981 einen totalen Kaufstopp verfügen, mit derselben Maßnahme folgte im

---

35 Gerhard Bökel, Editorial. In: Bibliotheken in Hessen. 3. Hessische Bibliothekswoche, (wie Anm. 26), S. 1.

36 Ebd. S. 19.

37 Konrad Umlauf, Einleitung. (wie Anm. 14), S. 16.

38 Stellungnahmen der Parteien, F.D.P., Ruth Wagner, in: Hessische Bibliothekszeitschrift, Frankfurt am Main, April 1988, S. 27.

39 Vgl. Anm. 24.

August auch die Hessische Landes- und Hochschulbibliothek in Darmstadt. Preissteigerungen bei der wissenschaftlichen Literatur gefährden nunmehr die freie Information im Bereich von Lehre und Forschung."[40] Wenige Jahre später unterstreicht Burckhardt rückblickend mit konkreten Zahlen diesen Tatbestand. „Die wissenschaftlichen Landes- und Universitätsbibliotheken in Hessen verfügten ... 1979 über Erwerbungsmittel in Höhe von 9,8 Mio. DM. 1982 hätte nach dem Bibliotheksentwicklungsplan für diese Bibliotheken eine gute Literaturversorgung Aufwendungen in Höhe von ca. 23,5 Mio. erfordert. 1986 konnten die vom Land getragenen Bibliotheken – mit ihrem Gesamtbestand von ca. 9.5 Mio. Bänden – aber nur ca. 13,1 Mio. DM aufwenden."[41]

Beim Vergleich westdeutscher Universitätsbibliotheken in zweischichtigen Bibliothekssystemen rangieren die ausschließlich vom Land Hessen unterhaltenen Bibliotheken[42] in der seit 1979 aufgestellten Rankingliste, die 25 Plätze umfasst, dauerhaft mit nur schwachen Verschiebungen zwischen Platz 19 und 24.[43] Nach den 1997 von der Deutschen Bibliotheksstatistik herausgegebenen Daten nehmen sie gegenwärtig die Plätze 22 bis 24 ein.

Im Bereich der wissenschaftlichen Bibliotheken wird seit Jahrzehnten versucht, verfestigte Strukturen des föderalen Systems, die sich nachteilig auf die Medienversorgung auswirken, durch länderübergreifende Vernetzungen zu überwinden. Mit ihren Empfehlungen und Fördermaßnahmen bemühen sich Wissenschaftsrat und Deutsche Forschungsgemeinschaft länderübergreifende Kooperationen zu realisieren und durch Standards und Normen überregionale Bibliotheksstrukturen zu etablieren und zu erhalten. Ein Beispiel dafür sind der Sondersammelgebietsplan der DFG und ihre Empfehlungen zur „Überregionalen Literaturversorgung von Wissenschaft und Forschung in der Bundesrepublik Deutschland" aus dem Jahre 1975.[44] Der Wissenschaftsrat hat zwei Schriften heraus-

---

40 Vgl. Anm. 25.

41 Helmut Burckhardt, Wissenschaftliche Bibliotheken in Hessen. In: Hessische Bibliothekszeitschrift, Frankfurt am Main, April 1988, S. 21.

42 Die Bibliothek der Universität/Gesamthochschule Kassel ist „einschichtig", die Stadt- und Universitätsbibliothek und die Senckenbergische Bibliothek Frankfurt am Main werden von der Stadt Frankfurt und dem Land Hessen gemeinsam finanziert. Diese haben sich unverändert seit 20 Jahren auf Rang zwei behauptet. Durch eine Vereinbarung von 1999 zwischen beiden Körperschaften wird die Universität – und damit auch ihre Bibliotheken – bis zum Jahr 2005 voll in die Verantwortung des Landes übergehen.

43 Informationssystem Hessen. Ziele, Struktur, Aufbau, Kostenmodell. Hrsg. Technische Hochschule Darmstadt in Zusammenarbeit mit dem Hessischen Ministerium für Wissenschaft und Kunst, Darmstadt 1994, S. 50.

44 Deutsche Forschungsgemeinschaft/Bibliotheksausschuss. Überregionale Literaturversorgung von Wissenschaft und Forschung in der Bundesrepublik Deutschland. Denkschrift Boppard

gegeben[45], die beide eine große Wirkung erzielt haben – und hier greift wieder die Entscheidungsfreiheit der einzelnen Länder – auch wenn sie dort unterschiedlich umgesetzt wurden. So bemühten sich beide Institutionen in Ansätzen darum, ein föderal dezentralisiertes Bibliothekswesen in wichtigen Arbeitsbereichen hinsichtlich seiner Leistungsfähigkeit zu vereinheitlichen und in seinen Arbeitsabläufen zu koordinieren.[46]

Diese Funktion übernimmt z.T. natürlich auch die für das Bibliothekswesen in der Bundesrepublik Deutschland bedeutendste Institution, „Die Deutsche Bibliothek“. Sie nimmt über ihren gesetzlichen Auftrag als zentrale Archivbibliothek und nationalbiographisches Zentrum hinaus eine Reihe gesamtstaatlicher Aufgaben wahr, wie etwa die Mitarbeit an Normierungsprojekten oder die Leitung von Vorhaben, die dem Ziel einer langfristigen Etablierung eines vernetzten „Verbundes der Bibliotheksverbünde“ dienen.[47]

Eine Übersicht über die gegenwärtige Situation und die historische Entwicklung, über die „Vielfalt und Heterogenität“ der sieben hessischen Universitäts- und Landesbibliotheken, der wissenschaftlichen Fach- und Spezialbibliotheken, der Deutschen Bibliothek – die von 1952–1969 den Status einer „Stiftung des Landes Hessen“ hatte – sowie über die fünf Fachhochschulbibliotheken des Landes gibt Berndt Dugall.[48] Als Chronist der Öffentlichen Bibliotheken in Hessen informiert im Hinblick auf ihre historische Entwicklung vor allem Hans Joachim Vogt,[49] ihre aktuellen Problemfelder beschreibt Ernst Buchholz.[50]

1975. Ihr folgten das Papier zur „Dokumentlieferung für Wissenschaft und Forschung“ von 1994 (DFG. Dokumentlieferung für Wissenschaft und Forschung. Perspektiven zur weiteren Entwicklung. In: ZfBB 41. 1994. S. 375-379) und das Memorandum zur „Weiterentwicklung der überregionalen Literaturversorgung“ von 1998 (DFG. Memorandum. In: ZfBB 45. 1998. S. 135-145).

45 Empfehlungen des Wissenschaftsrates zum Ausbau der wissenschaftlichen Einrichtungen. Teil 2: Wissenschaftliche Bibliotheken. O.O. 1964 und Wissenschaftsrat. Empfehlungen zum Magazinbedarf wissenschaftlicher Bibliotheken. Köln 1986.

46 Auch das Deutsche Bibliotheksinstitut hatte die Aufgabe, Dienstleistungen für das deutsche Bibliothekswesen mit einer ähnlichen Zielsetzung zu erbringen.

47 Zur Politikverflechtung von Bund und Ländern im Bibliothekswesen vgl. Solte, Bibliothekspolitik (wie Anm. 1), S. 426ff.

48 Berndt Dugall, Das Problembewusstsein bei der Landesregierung ist gewachsen, aber ... In: Börsenblatt für den Deutschen Buchhandel. Frankfurter Ausgabe. 28, v. 6.4.1990, S. 1196-1201. In kürzerer Form erschien der Aufsatz unter dem Titel: Bescheidenheit und Vielfalt. Die Situation der wissenschaftlichen Bibliotheken. In: Bibliotheken in Hessen. 3. Hessische Bibliothekswoche, hrsg. v. DBV-Landesverband Hessen, Wiesbaden 1991, S. 24-28.

49 Vogt, Bibliothekswesen (wie Anm. 4), S. 13-17.

50 Buchholz, Öffentliche Bibliotheken (wie Anm. 29), S. 19-22. Eine aktuelle Übersicht über ihre Institutionen bietet die vom Vorsitzenden der Rektorenkonferenz Hessischer Fachhochschulen herausgegebene Schrift „Bibliotheken der Fachhochschulen in Hessen“, Frankfurt am Main 1998.

3. Der DBV-Landesverband Hessen als engagierter Lobbyist seiner Bibliotheken

Der DBV versucht seit seiner Gründung als Interessenvertreter beider Bibliotheksbereiche die Bibliotheken des Landes aus ihrer Nischenexistenz zu befreien.

Als im Juni 1973 auf dem Hamburger „Bibliothekskongress" von allen in der Deutschen Bibliothekskonferenz vereinigten Verbänden der entscheidende Schritt zur Fusion zwischen Öffentlichen und wissenschaftlichen Bibliotheken getan wurde, gewann der damit umstrukturierte Deutsche Bibliotheksverband als spartenübergreifender – alle Bibliothekstypen umfassender – Institutionenverband eine neue Qualität als gemeinsames Sprachrohr. Es sollte noch sieben Jahre dauern, bis der Hessische Kultusminister seinen Widerstand aufgab und den wissenschaftlichen Bibliotheken des Landes die Mitgliedschaft in DBV ermöglichte.[51]

Im Februar 1980 wurde der DBV, Landesverband Hessen gegründet. Zur ersten Vorsitzenden wählte die Mitgliederversammlung die Landtagsabgeordnete Ruth Wagner, die später, im April 1999, Hessische Ministerin für Wissenschaft und Kunst im Kabinett Koch wurde.[52] Im April 1980 fand in Wiesbaden der erste zweitägige „Hessische Bibliothekstag" als Informations- und Fortbildungstagung statt, organisiert vom neuen Verband und den Personalverbänden. Hauptthema war die Diskussion des von den bibliothekarischen Verbänden vorgelegten Gesetzentwurfs „zur Förderung des Öffentlichen Bibliothekswesens in Hessen (Hessisches Bibliotheksgesetz)", der zuvor als Petition dem Hessischen Landtag zugegangen war.[53] Dieser Entwurf war der zweite Anlauf zu einer gesetzlichen Verankerung der Bibliotheken dieses Bundeslandes.

Bereits 1968 hatten die hessischen Bibliothekare ein hessisches Büchereigesetz, nicht als Leistungs-, sondern als sog. Anreizgesetz für die Kommunen gefordert.[54] Als Folge der Initiative der Bibliotheksverbände

---

[51] Mit Erlass vom 18.3.1980 hat der Hessische Kultusminister dem Beitritt des Landes Hessen mit seinen wissenschaftlichen Bibliotheken zum DBV-Landesverband Hessen, zugestimmt. Er selbst begründete diesen Schritt vor dessen Jahrestagung 1980: „Ich habe lange gezögert ... Nach eingehender Prüfung bin ich jedoch zu dem Ergebnis gekommen, dass die in den Landesverbänden des DBV zu leistende Arbeit eine sinnvolle Ergänzung der zentralen Dienstleistungen des Deutschen Bibliotheksinstituts darstellt". Vgl. Anm. 23, S. 1.

[52] 1963 war als Vorläuferorganisation der „Landesverband Hessen im Deutschen Büchereiverband" gegründet worden. Seine Vorsitzenden waren bis 1973 Landrat Alfred Schneider und von 1973 bis 1980 Stadtrat Prof. Bertram.

[53] Unveröffentl. Manuskript.

[54] Vgl. Vogt, Hessische Bibliothekswesen (wie Anm. 4), S. 14. Damit sollte eine gesetzliche Regelung geschaffen werden, nach der die Errichtung und Erstausstattung von Öffentlichen Büchereien durch das Land gefördert wird.

präsentierten 1969 die Mehrheitsfraktionen im Landtag einen Gesetzentwurf über „Volkshochschulen und Öffentliche Büchereien“.[55] In welchem Umfang er mit dem sog. „Schubladen“-Entwurf von 1954 übereinstimmte, ist im Einzelnen nicht nachzuvollziehen. Damals hatte Kultusminister Hennig im Parlament nicht ohne Stolz verkündet: „Jedenfalls hat mein Haus einen Büchereigesetzentwurf im Tischkasten liegen.“[56] Das Licht der Öffentlichkeit hat er jedoch nie erblickt.

Der erste Teil des Entwurfs wurde 1970 Gesetz, und die Volkshochschulen erhielten 20 Mio. DM Fördergelder jährlich. Der zweite Teil, der die Büchereien betraf, wurde völlig unerwartet zurückgezogen. Dafür enthielt die Regierungserklärung des Ministerpräsidenten für die 7. Legislaturperiode – am Ende des gleichen Jahres – das Bekenntnis, dass es Ziel der Landesregierung sei, einen Entwicklungsplan für Öffentliche Büchereien aufzustellen, der „Grundlage für ein später vorzulegendes Büchereigesetz“ sein solle.[57] Auch eine Bibliothekskommission wurde berufen, der Vertreter der bibliothekarischen Fachverbände angehörten, die einen Ausbau- und Finanzierungsplan erarbeiteten. Veröffentlicht wurden diese Empfehlungen jedoch nie, auch zu einer Etatisierung von Mitteln für die Bibliotheken des Landes kam es nicht. Anfang 1974 antwortete Kultusminister von Friedeburg auf eine parlamentarische Anfrage aus der eigenen Fraktion, wann denn mit der Vorlage eines Büchereigesetzes zu rechnen sei,: „Die Landesregierung beabsichtigt, ein Büchereigesetz im Laufe der 8. Legislaturperiode (d.h. bis 1978) ... einzubringen.“[58] Auch dieses Versprechen wurde nicht eingelöst.

Die Initiative der Bibliotheksverbände von 1979 übernahm die Opposition im Landtag und legte ein Jahr später einen Gesetzentwurf für die Öffentlichen Bibliotheken vor.[59] Er wurde von den Mehrheitsfraktionen erwartungsgemäß abgelehnt. Zugleich als eine Art Kompensation erhielten die Öffentlichen Bibliotheken von 1981 an 1 Mio. DM als zweckgebundene Mittel im Rahmen des Kommunalen Finanzausgleichs und das Versprechen der Landesregierung, ein „Entwicklungs- und Förderungskonzept für das Bibliothekswesen in Hessen“[60] unter Mitarbeit des DBV zu erstellen.

---

55 Drs. 6/2191, Initiativantrag der Fraktion der SPD vom 2.7.1969. Die Opposition zog nach und legte einen Alternativentwurf vor: „Entwurf für ein Gesetz über Einrichtungen der Erwachsenenbildung und Büchereien freier Träger“, Drs. 6/2812, Initiativantrag der Fraktion der CDU vom 12.3.1970.

56 Vgl. Anm. 21, S. 2550.

57 Vogt, Hessische Bibliothekswesen (wie Anm. 4), S. 14.

58 Drs. 7/5001 vom 8.3.1974.

59 Drs. 9/2421, Gesetzentwurf der Fraktion der CDU vom 12.2.1980.

60 Drs. 9/4101, Antrag der Fraktionen von SPD und F.D.P. v. 20.1.1981.

Bis zu diesem Zeitpunkt war Hessen das Einzige unter den 11 Bundesländern, das keine Landesgelder unmittelbar den kommunalen Büchereien zufließen ließ.[61] Grundlage des Konzepts bildete die Ausarbeitung der Bibliothekskommission aus dem Jahre 1974, die fortgeschrieben wurde. Als „Empfehlungen zur Entwicklung der Öffentlichen Bibliotheken in Hessen" wurde es 1982 zwar vom Landeskabinett zustimmend zur Kenntnis genommen, doch realisiert wurde es auch nie. Seit dieser Zeit gab es auf Landesebene keinerlei Initiativen mehr, einen Entwicklungs- oder Förderplan oder gar eine gesetzliche Regelung für Öffentliche Bibliotheken vorzulegen.

Zwischenzeitlich übernahm 1982 der Landrat des Main-Taunus-Kreises, Bernward Löwenberg, den Vorsitz des Landesverbandes Hessen im DBV. In dieser Zeit wurde die 1. Hessische Bibliothekswoche im April 1985 in Frankfurt eröffnet. Hunderte von Büchereien im Lande führten Veranstaltungen in ihrer Heimatgemeinde durch. Unter Löwenbergs Verantwortung wurde eine Denkschrift an die Landesregierung erstellt: „Das kommunale Öffentliche Bibliothekswesen des Landes Hessen im Ländervergleich. Eine strukturelle Untersuchung des DBV" mit der inzwischen nicht mehr überraschenden Aussage: „Was die Förderung des Öffentlichen Bibliothekswesens und deren Einrichtungen durch das Land Hessen angeht, so rangieren die Aufwendungen des Landes mit Abstand am Schluss der Länderskala"[62]. Weiterhin wurden 1989 „Empfehlungen zur strukturellen Entwicklung der Hessischen Bibliotheken" entwickelt. Ein Jahr zuvor fand landesweit im April 1988 die 2. Hessische Bibliothekswoche mit ihrer zentralen Eröffnungsveranstaltung in Offenbach statt.

1989 schied Dr. Löwenberg aus dem Amt des Landrates und übergab den DBV-Landesvorsitz an den Landrat des Lahn-Dill-Kreises, Gerhard Bökel. Er organisierte zum letzten Mal eine Hessische Bibliothekswoche im April 1991 in Wiesbaden. Von nun an wurden jährlich vom Landesverband „Bibliothekstage" veranstaltet – zur Erinnerung an die Bücherverbrennung durch die Nationalsozialisten 1933 – jeweils in der zeitlichen Nähe zum 10. Mai. 1992 fanden sie in Fulda, 1993 in Wetzlar statt. Von diesem Zeitpunkt an erschien jährlich jeweils eine Broschüre des Landesverbandes, die die Ergebnisse der öffentlichen Präsentation und der Fortbildungsveranstaltungen dort dokumentiert.[63]

---

61 Als die vormaligen Oppositionsparteien 1987 die Regierung übernahmen, erhöhten sie die Fördermittel für Öffentliche Bibliotheken von 1990 an auf jährlich 2,5 Mio. DM.

62 Unveröffentl. Manuskript, S. 9.

63 Bibliotheken an Lahn und Dill. Hessischer Bibliothekstag 1993 in Wetzlar. Frankfurt am Main 1993 – Dienstleistungen und Gebühren in Bibliotheken. Hessischer Bibliothekstag 1994 in Bad Hersfeld. Frankfurt am Main 1994.

1992 legte Bökel, der zwei Jahre später im Kabinett Eichel Minister des Innern und für Landwirtschaft, Forsten und Naturschutz wurde, den DBV-Landesvorsitz nieder. Sein Nachfolger, Jürgen Hasheider, Landrat des Schwalm-Eder-Kreises, nahm das Amt nur für zwei Jahre wahr. 1994 wählte die Mitgliederversammlung den Landtagsabgeordneten Aloys Lenz zu ihrem Vorsitzenden. Die jährlichen Bibliothekstage beschäftigten sich mit aktuellen Problemen der Bibliothekare und der selbstbewussten Darstellung ihrer Arbeit: Leitbildentwicklung für Bibliotheken, Informationsangebot im Internet, Nutzung überregionaler Datenbanken, Umgang mit CD-ROM-Produkten in Büchereien, Entwicklung einer wissenschaftlichen Speicherbibliothek, Sponsoring, Standards und Normen u.a. mehr.[64]

1997 gelang es dem DBV-Landesvorsitzenden einen Sponsor für seine Idee zu gewinnen, einen Bibliothekspreis für die Öffentlichen Büchereien des Landes auszuloben. In der Sparkassen-Kulturstiftung Hessen-Thüringen fand er einen bereitwilligen Partner, der jährlich insgesamt 13.000 DM für den Hessischen Bibliothekspreis zur Verfügung stellt. 1998 wurde der Preis in Höhe von 10.000 DM zum ersten Mal dem Bibliothekszentrum Klosterbau in Friedberg mit der Begründung verliehen, dass es der Bücherei vorbildlich gelungen sei, ihr Bibliothekskonzept in die „lebendige, innovative und traditionsbewusste Kulturarbeit" zu integrieren. Zugleich wurden drei ehrenamtlich geleitete Büchereien mit jeweils 1.000 DM ausgezeichnet. 1999 erhielt die Stadtbücherei Reinheim für ihre vorbildliche und außerordentliche Bibliotheksarbeit den 2. Hessischen Bibliothekspreis.

4. Aktuelle Veränderungen im hessischen Bibliotheksbereich

Hessens Bibliothekslandschaft befindet sich derzeit in einer Phase der Umstrukturierung, vor allem im wissenschaftlichen Bereich. Die für die Jahre 1998/99 auf Druck von Studentenprotesten seitens des Bundes und des Landes bereitgestellten Sondermittel für die universitären Bibliotheken laufen aus, dennoch wird das Land Hessen im Haushalt 2000 und Folgende – wenn auch in geringerer Höhe als seine vormaligen Komplementär-

---

64 In Zukunft *scheibchenweise*. Hessischer Bibliothekstag 1995 in Rüsselsheim. Frankfurt am Main 1995 – Hessischer Bibliothekstag 1996 in Hanau. Hanau 1996 – Hessens Bibliotheken arbeiten zusammen. Hessischer Bibliothekstag 1997 in Korbach. Offenbach 1997 – Bibliotheken in Hessen. Information und Service für alle. Hessischer Bibliothekstag 1998 in Darmstadt. Marburg 1998 – Bibliotheken haben Antworten. Hessischer Bibliothekstag 1999 in Neu-Isenburg. Marburg 1999.

mittel – eigene Sondermittel für Lehrbuchsammlungen der Fachhochschul- und Landesbibliotheken sowie für eine Fortführung der „landesweiten Maßnahmen" zur Finanzierung von Lizenzen zum Erwerb elektronischer Publikationen im Rahmen von Konsortialverträgen.

Ein langfristiges Unterfangen, worin die neue Landesregierung mit ihrer Vorgängerin übereinstimmt, ist die Fusion der drei hessischen Landesbibliotheken – deren unter allgemeiner Verwunderung von der alten Landesregierung 1997 angebrachten kw-Vermerke im Haushalt inzwischen beseitigt wurden – mit Hochschul- bzw. Fachhochschulbibliotheken an ihrem jeweiligen Standort. Die Einsparung von Planstellen, vor allem im Leitungsbereich, ist das ursächliche Motiv hierfür, das für die Entscheidungsgremien elegant verbrämt als „Auslösung von Synergieeffekten" wirkungsvoll verpackt wird. In Darmstadt verlief die Fusion der Landesbibliothek mit der Technischen Universität in diesem Jahr problemlos. Der DBV-Landesverband hat diese Entscheidung mitgetragen. Dagegen stößt die von der ministeriellen Administration forcierte Integration der Landesbibliothek Fulda in die dortige Fachhochschule auf seinen energischen Widerstand, da er das Modell einer „Stadt- und Landesbibliothek" für sachgerechter hält. Bei der angestrebten Fusion der Landesbibliothek Wiesbaden mit der dortigen Fachhochschulbibliothek oder möglicherweise mit der Stadtbücherei spricht dagegen das Ministerium für Wissenschaft und Kunst selbst weitaus zurückhaltender von „Kooperationsmodellen".

Die anstehende Novellierung des Hessischen Hochschulgesetzes soll auf Vorschlag des DBV u.a. wieder einen eigenen Bibliotheksparagraphen enthalten. Auch hier steht der Landesverband in engem Kontakt mit dem Ministerium und hat dazu einen eigenen Entwurf vorgelegt. Er fordert weiterhin, dass die politisch offenbar gewollte „funktionale Einschichtigkeit" im Gesetz klar und unmissverständlich defininiert wird.[65]

Als Erfolg verzeichnet der DBV Hessen seine harte, langjährige Kritik an dem ministeriellen Konzept, eine wissenschaftliche Speicherbibliothek ausgerechnet in der waldreichen, aber hochschulfernen nordhessischen Region, im kleinstädtischen Bad Arolsen, einzurichten. Inzwischen hat sich das Ministerium selbst von diesen Plänen distanziert. Der DBV hatte stets die Forderungen der Bibliotheksdirektoren unterstützt, sie im Ballungsraum Rhein-Main zu realisieren, um beispielsweise auch eine

---

65 Zum Problem der Entwicklung vom zwei- zum einschichtigen Bibliothekssystem, dem sog. Marburger Weg, vgl. Dirk Barth: Vom zweischichtigen Bibliothekssystem zur kooperativen Einschichtigkeit. In: ZfBB 44 (1997) S. 495-522.

Kooperation mit der Universität Mainz zu ermöglichen. Hier existiert bereits – entgegen der föderalistischen Vorgabe – eine länderübergreifende Vernetzung, durch den Tatbestand, dass die Universität Mainz nicht nur der hessischen Leihverkehrsregion angehört, sondern auch dem Bibliotheksverbund HEBIS angeschlossen ist – ein Ergebnis der sachorientierten Initiative hessischer und rheinland-pfälzischer Bibliothekare.

Die mit dem Schlagwort „Hessen ans Netz" seit Jahren vom DBV erhobene Forderung nach schnellerer Ausstattung der Öffentlichen Bibliotheken mit Internet-Anschlüssen – die keiner aufwändigen Finanzausstattung bedarf – wird leider nur schrittweise verwirklicht.

Unbefriedigend ist auch seit Jahren die Zusammenarbeit zwischen der vergleichsweise geringen Zahl nicht üppig ausgestatteter Schulbibliotheken mit Öffentlichen Büchereien. Ohne das beharrliche ehrenamtliche Engagement der Mitglieder der „Landesarbeitsgemeinschaft für Schulbibliotheken" würde das fehlende aktuelle Angebot und die unzulängliche Betreuung in diesen Bildungseinrichtungen noch stärker zurückgehen. Die ministeriell propagierten Modellprojekte zur Vernetzung von Schul- mit Öffentlichen Bibliotheken erschöpfen sich bisher im Wesentlichen in der Wiederholung von Absichtserklärungen.[66]

5. Zusammenfassung

Überblickt man die Entwicklung des Bibliothekswesens des letzten halben Jahrhunderts in Hessen, so muss man feststellen, dass vom Wettbewerbsgedanken des Föderalismus keine Impulse für den Ausbau eines attraktiven öffentlichen Medienangebots in diesem Bundesland ausgegangen sind. Hessen – Geburtsland von Goethe, Büchner und der Brüder Grimm – hat seine Bibliotheken stiefmütterlich vernachlässigt. *Hessens Bibliothekswesen ist gleichsam das Aschenputtel in der föderalen Bibliothekslandschaft Deutschlands.*

Sollte jemand den Versuch unternehmen, die spezifische Entwicklung des Bibliothekswesens in Hessen in der zweiten Hälfte des 20. Jahrhunderts kurz und treffend zusammenzufassen, so wird er kaum an Joachim Kirchners Definition in seinem „Lexikon des Buchwesens" vorbeikommen.[67] Er definiert dort: unter „Bibliothek versteht man eine Niederlage von Büchern".

---

66 Vgl. Bibliotheken in Hessen (wie Anm. 26), S. 19.

67 Joachim Kirchner (Hrsg.): Lexikon des Buchwesens, 4 Bde., Stuttgart 1952.

6. Ausblick

Zur Bestandsaufnahme gehört aber auch ein Blick in die Zukunft. Die Ursachen, weshalb es in Hessen zu einem solchen Tiefstand der Bibliotheksentwicklung und -versorgung kommen konnte, sind vielfältig; sie bedürfen noch einer detaillierten Untersuchung. Die Sensibilität der Politiker ihren Bibliotheken gegenüber scheint in diesem Bundesland rudimentärer ausgeprägt zu sein als anderswo. Deshalb muss der Dialog zwischen Bibliotheken, Öffentlichkeit und Politik von kompetenten Bibliotheksvertretern intensiver und strategisch durchdachter fortgeführt werden. Eine nachhaltige öffentlichkeitswirksame Darstellung über die aktuelle Bandbreite der Dienstleistungsangebote der Bibliotheken ist unerlässlich. Nur eine umfassende Information der politischen Mandats- und Funktionsträger kann bei ihnen zu einem erweiterten Erkenntnis- und Bewusstseinsstand führen.

Bibliotheken müssen als weit reichender kommunaler und regionaler Standortfaktor erkannt und anerkannt werden. Dazu gehört eine anschauliche Demonstration der mittel- und langfristigen Auswirkungen fehlender bzw. mangelhafter Bibliotheksversorgung auf die Kultur- und Gesellschaftspolitik eines Landes. Nur eine Bewusstseinsveränderung der politisch Verantwortlichen über Bedeutung und Aufgabe der Bibliotheken in unserer Gesellschaft kann den Weg zu ihrer materiellen Besserstellung öffnen. Es müsste gelingen, bei ihnen etwas zu wecken, was die Amerikaner als „library spirit“ bezeichnen.

Festschriften im Bibliothekswesen

Klaus G. Saur

Der Begriff „Festschrift" existiert in der neuesten Ausgabe der „Brockhaus Enzyklopädie" nicht und auch im „Lexikon des gesamten Buchwesens" wird er nur sehr knapp behandelt. Und trotzdem ist dieses Thema so aktuell wie noch nie und von scheinbar großer Bedeutung. Unter Festschriften versteht man im Prinzip einen Sammelband, der zu Ehren einer Persönlichkeit, meist eines Wissenschaftlers, in wenigen Fällen auch eines Politikers oder einer Politikerin aus Anlass eines „runden" Geburtstages erscheint. Die meisten Festschriften erscheinen zum Anlass des 60. oder 65. Geburtstages. Aloys Ruppel, der berühmte Direktor des Gutenberg-Museums und jahrzehntelanger Inhaber des Gutenberg-Lehrstuhles in Mainz bekam bereits als er 50 Jahr alt wurde eine Festschrift und dann die Nächste zu seinem 90. Geburtstag. Joseph Goebbels ließ sich eine Festschrift dedizieren zu seinem 40. Geburtstag, wohl weil ihm schon damals bewusst war, dass es zu weiteren runden Geburtstagen kaum noch kommen würde.

In der „Jahresbibliographie der Festschriften", die im Zeller Verlag in Osnabrück herausgegeben wird, wurden jeweils etwa 25 Festschriften nachgewiesen und erschlossen. An der Spitze der Empfänger stehen die Juristen und die Theologen, aber schon an dritter Stelle folgen die Bibliothekare, weit vor allen anderen Fakultäten oder Bereichen. Im Schnitt der letzten Jahre wurden immer etwa 25 Festschriften für den Bereich Bibliothekswesen ermittelt. 1970 erschien im Verlag Bowker, New York, ein „Index to Festschriften in Librarianship", herausgegeben von Joseph Periam Danton, die mehr als 300 Festschriften für den Zeitraum 1945 bis 1966 erschloss. Die Fortsetzung erschien 1979 im K.G. Saur Verlag unter der Bezeichnung „Index to Festschriften in Librarianship 1967–1975" und hier wurden 320 weitere Festschriften erschlossen. Der Begriff „Festschriften" ist ein deutsches Wort, das in den seltensten Fällen übersetzt wird und das wohl kaum übersetzbar zu sein scheint. Auch im Amerikanischen heißt es immer wieder in englischsprachigen Titeln „Festschrift for ..." oder „Festschrift in honor of ..." usw. Es ist deshalb auch sicherlich kein Zufall, dass die Festschriften für William J. Welsh, den langjährigen und ungewöhnlich erfolgreichen Deputy Librarian of Congress oder für Richard De Gennaro, den langjährigen Direktor der Harvard Universitätsbibliothek in einem deutschen Verlag erschienen sind.

Die meisten Festschriften erscheinen in Buchform. Der durchschnittliche Umfang liegt bei etwa 460 Seiten. Es kommt auch vor, dass das Heft einer Zeitschrift einem Jubilare gewidmet wird und nur Beiträge enthält, die dem zu Ehrenden zugeeignet sind. Es gibt auch regionale Schwerpunkte. So haben beispielsweise alle Direktoren und Professoren der Bibliothekswissenschaft der Kölner Universitäts- und Stadtbibliothek sowie des dortigen Lehrstuhls, die Herren Krieg, Juchhoff, Corsten 1, Corsten 2, Kaegbein und Limburg, jeweils eine opulente Festschrift zu ihrem Ausscheiden oder zu ihrem 65. Geburtstag bekommen. Auch die drei Generaldirektoren der Deutschen Bibliothek, Eppelsheimer, Köster, Pflug, wurden jeweils mit entsprechenden Publikationen geehrt, nur – Klaus-Dieter Lehmann, der Nachfolger von Günther Pflug, bekam zu seinem Ausscheiden keine Festschrift, da er ja vorzeitig die Bibliothek verlassen hatte, um höhere Aufgaben zu übernehmen. Die Württembergische Landesbibliothek hatte von 1945 bis 1998 nur zwei Direktoren und hier war es vergleichsweise einfach, mit Festschriften für Wilhelm Hoffmann und Hans-Peter Geh eine hundertprozentige Abdeckung aller Direktoren zu erreichen.

Soweit bekannt, ist bisher im Bibliotheksbereich noch nie eine fingierte Festschrift erschienen, wie das bei den Juristen schon der Fall war. Das bedeutet, dass bekannte Wissenschaftler unter Pseudonym für einen nicht existenten Jubilar Beiträge geschrieben haben und ihre eigene Wissenschaft parodiert oder ironisiert haben.

Bis in die Mitte der 80-er Jahre stieg die Zahl der Festschriften konstant an. Es gab dann einige Jahre der Stagnation und sogar leichte Rückgänge, denn die Herausgabe jeder Festschrift stößt zunächst einmal auf zwei Probleme. Zum einen ist es keineswegs einfach, genügend prominente und auch dem Jubilar verbundene Beiträger zu finden, die dann möglichst originäre Aufsätze und Beiträge schreiben. Viele so genannte Schubladenaufsätze, die irgendwann einmal erschienen sind, aber von diversen Zeitschriften nicht angenommen wurden, wandern dann gerne in Festschriften. Das zweite Problem ist ein außerordentlich profanes, aber durchaus häufig entscheidendes oder auch eine negative Entscheidung beeinflussendes Problem. Es ist die Frage der Kosten. Nach den Statuten der Deutschen Forschungsgemeinschaft, der Volkswagen-Stiftung und der VG Wort ist es im Prinzip verboten, Festschriften finanziell zu unterstützen. Auch bei den meisten Universitäten ist es außerordentlich unbeliebt und kommt nur sehr selten vor, dass die Festschrift eines Bibliotheksdirektors oder eines Ordinarius vonseiten der Universität direkt gefördert wird. Als mir vor vielen Jahren einmal angeboten wurde, die Festschrift eines berühmten Bibliotheksdirektors zu verlegen, fragte ich vorsichtig an, ob denn ggf. mit einer Unterstützung vonseiten der Universität zu rechnen sei. Die Antwort war ein ebenso glattes wie krasses Nein, denn der Direktor der Bibliothek hätte zwar selten den Namen des Rektors der Universität gewusst, wäre jedoch immer mit ihm im Streit gewesen.

Festschriften stellen auch ein durchaus reziprokes Verfahren dar. Je mehr Beiträge ein Bibliothekar in Festschriften anderer Kollegen veröffentlicht, umso größer ist die Chance, dass er selbst dann zu seinem Ausscheiden auch eine entsprechende Festschrift bekommt. Der langjährige Direktor der Bayerischen Staatsbibliothek, Franz-Georg Kaltwasser, war nur in den allerseltensten Fällen bereit, sich an diesem Treiben zu beteiligen, und er lehnte es fast konstant ab, Festschriften-Beiträge für andere Bibliothekare zu schreiben. Damit wurde deutlich, dass er kaum Aussicht hatte, dass zu seinem 65. Geburtstag dann eine entsprechende Festschrift erscheinen könnte. Einer seiner Kollegen war allerdings der Meinung, dass seine Verdienste um das gesamte Bibliothekswesen und insbesondere um die Bayerische Staatsbibliothek so groß seien, dass er dringend eine Festschrift bekommen müsse und da nicht zu erwarten war, dass genügend lebende Autoren daran mitwirken würden, erschien eine Publikation zu Ehren von Franz-Georg Kaltwasser unter dem Namen „Die Bayerische Staatsbibliothek in historischen Beschreibungen“ mit 38 Beiträgen von Reisenden, die in den letzten vier Jahrhunderten die Bayerische Königliche Hof- oder Staatsbibliothek besucht hatten und ihre Erlebnisse in Reiseberichten niedergelegt hatten. Daraus entstand eine der originellsten Festschriften, die es in der Nachkriegszeit in Deutschland überhaupt gegeben hat, denn sie enthielt außerordentlich lesenswerte Beiträge und das Thema war klar und deutlich erkennbar. Zahlreiche Festschriften bringen Beiträge von der Inkunabelforschung bis zu den neuesten Informationssystemen, ohne dass irgendeine klare Ordnung oder ein System erkennbar wäre.

Clemens Köttelwesch, der langjährige Direktor der Frankfurter Stadt- und Universitätsbibliothek bekam zu seinem Abschied natürlich eine Festschrift, die in erster Linie Beiträge zur Bibliotheksverwaltung und Bibliotheksorganisation enthielt – alles Themen, mit denen er sich lebenslang befasst hatte, die ihn aber zu seinem Abschied im Prinzip überhaupt nicht mehr interessierten. Zwei Kollegen stellten auch hier eine ganz besonders originelle Festschrift zusammen und zwar unter dem Titel „Deutsche Literatur in Erstausgaben“. Titelblätter zahlreicher literarischer Erstausgaben, die in der wunderbaren Sammlung der Frankfurter Bibliothek enthalten waren, wurden in Faksimile wiedergegeben. Es wurde deutlich, dass sich der Jubilar über diese Ausgabe erheblich mehr freute als über die offizielle Festschrift.

Einen beachtlichen Rekord stellte Paul Raabe auf. Er bekam zu seinem 60. Geburtstag vier Festschriften und entsprechend lang war die Jubelfeier, bei der alle diese Publikationen überreicht werden mussten. Umso enttäuschter war er natürlich, als er zum 65. Geburtstag überhaupt keine Festschrift mehr bekam. Bei Horst Kunze, dem langjährigen Generaldirektor der Deutschen Staatsbibliothek in Berlin, war es so, dass er zum 60. Geburtstag eine ganz umfangreiche Festschrift bekam und dann zum 80. Geburtstag wiederum eine weitere Festschrift, da er auch in diesem Alter noch ungewöhnlich aktiv als Wissenschaftler, Autor und Forscher tätig war.

Joseph Stummvoll, der langjährige Generaldirektor der Österreichischen Nationalbibliothek bestellte sich schon einige Jahre vor seinem 65. Geburtstag bei seinem Stellvertreter eine entsprechende Festschrift, stellte die Liste der gewünschten Autoren zusammen, kontrollierte die Einladungsbriefe, die an die potenziellen Autoren herausgingen und redigierte jeden einzelnen Beitrag, schickte ihn in den meisten Fällen an die Autoren wieder zurück, bat um Verbesserungen und Ergänzungen und es dauerte mehr als drei Jahre, bis diese Manuskriptarbeit abgeschlossen war und dann eine umfangreiche Festschrift in zwei Bänden erscheinen konnte.

Jürgen Eyssen, der langjährige Direktor der Stadtbibliothek Hannover, einer der bedeutendsten Bibliophilen, die es je unter den Bibliothekaren gegeben hat, bekam zu seinem 65. Geburtstag eine Festschrift mit Beiträgen von ausländischen Kollegen, die ebenfalls große Stadtbibliotheken leiteten. Die Arbeit dazu fand so im Geheimen statt, dass er an seinem Geburtstag selbst noch nichts erfuhr, und erst als er eine Woche später wieder nach Hannover zurückkehrte, brachte ihm seine Stellvertreterin, Marion Beaujean, die Herausgeberin, am Sonntagvormittag diese Festschrift. Es war wohl die größte Überraschung seines Lebens, denn damit hatte er in keiner Weise gerechnet und er war besonders glücklich, dass sein internationales Wirken in dieser Publikation so deutlich gewürdigt war.

In vielen Fällen erscheinen die Festschriften nicht pünktlich. Einem Bibliotheksdirektor wurde an seinem Geburtstag bei einem entsprechenden Empfang ein Aktenordner überreicht und sein Stellvertreter, der auch Herausgeber der Festschrift sein sollte, war der Meinung, in diesem Ordner sei ein großer Teil der Manuskripte enthalten. In Wirklichkeit waren in dem Ordner ausschließlich Zahlungsanweisungen für Bibliothekslieferantenrechnungen enthalten, aber sechs Monate später konnte dann tatsächlich die fertig gestellte Festschrift im Beisein von drei Universitätspräsidenten überreicht werden.

Es gibt nur einen Fall, dass der Herausgeber der Festschrift für einen Bibliotheksdirektor der Rektor der Universität war. Seine Magnifizenz Professor Kaiser, Rektor der Heinrich-Heine-Universität Düsseldorf, gab für Günter Gattermann, den langjährigen und außerordentlich angesehenen Direktor der Universitäts- und Landesbibliothek Düsseldorf, die Festschrift heraus und überreichte sie in einem ungewöhnlich großen Rahmen einer Veranstaltung, bei der mehr Dekane und Ordinarien anwesend waren als normalerweise je bei der Verabschiedung eines Dekans oder Ordinarius.

Richard De Gennaro, der langjährige Direktor der Harvard University Library, bekam zu seinem 70. Geburtstag eine Festschrift als Blindband überreicht. Das heißt, außen war geprägt „Festschrift in honor of Richard De Gennaro", innen waren alle Seiten unbedruckt, da die Manuskripte noch nicht vollständig vorlagen. Der Verlag wartete zwei bis drei weitere Jahre und der zu Feiernde wandte sich dann selbst an einen deutschen Verlag und bat händeringend, dass dieser doch die Herausgabe und die verlegerische Betreuung übernehmen möge. Der Hinweis, dass wohl wirtschaftliche Gründe die Verzögerung verursacht hätten und dass wohl weniger als 20 Bestellungen vorlägen, löste die allergrößte Verwunderung des zu Feiernden aus. Es stellte sich heraus, es waren tatsächlich nur 18 Bestellungen eingegangen, eine Zahl, die allerdings nicht unüblich für Festschriften ist. Aber mit dreieinhalbjähriger Verspätung bekam der University Librarian of Harvard dann doch seine wunderbar gestaltete und durchaus inhaltsreiche Festschrift, die ihm dann in Anwesenheit der IFLA-Präsidentin und zahlreicher berühmter Vertreter des gesamten internationalen Bibliothekswesens in Washington überreicht werden konnte.

Was bewegt einen Verleger, Festschriften zu verlegen? In vielen Fällen ist es die Gutmütigkeit und die ausgeprägte Schwierigkeit, in unserem Beruf einfach nicht „nein" sagen zu können. Man fühlt sich vielen Bibliothekaren als langjährigen Autoren und Partnern verpflichtet und man hofft immer wieder, dass dann doch genügend Exemplare verkauft werden, was in der Praxis so gut wie nie eintritt. Vor dem Zweiten Weltkrieg war es üblich, dass jede Festschrift eine tabula gratulatoria enthielt. Kollegen und Institutionen konnten durch einen Eintrag in eine Namenliste ihren Glückwunsch ausdrücken, waren damit aber verpflichtet, ein Exemplar der Festschrift zu kaufen. Dieses System funktionierte viele Jahre und konnte entscheidend die Herausgabe derartiger Publikationen finanzieren. In der heutigen Zeit kommt dies kaum noch vor. Als jedoch Esko Häkli, der langjährige Generaldirektor der Finnischen National- und Universitätsbibliothek in Helsinki, zu seinem 60. Geburtstag eine Festschrift bekommen sollte, wurden Freunde in aller Welt aufgefordert, sich in die tabula gratulatoria einzutragen. Das Ergebnis war überwältigend: 600 Personen und Institutionen trugen sich ein. Da Häkli zu den absolut angesehensten Bibliothekaren der Welt gehörte, hat dies nicht ganz überrascht. Eine ähnliche Situation sahen wir, als wir die Festschrift für Hans-Peter Geh, den langjährigen Direktor der Württembergischen Landesbibliothek, aber ebenso auch langjährigen Präsidenten der IFLA, zu feiern hatten. Auch hier gelang es, mit einer einmaligen Briefaktion mehr als 400 Gratulanten dazu zu bringen, sich in dieser Festschrift einzutragen, und die Namenliste ist eine der schönsten Sammlungen internationaler Berühmtheiten des gesamten Bibliothekswesens.

Ähnlich zahlreich wie im Bibliothekswesen sind auch im Verlagswesen die Festschriften anzutreffen. Die Verleger haben es hier natürlich leicht. Auf der einen Seite können sie selbst sozusagen den Auftrag erteilen, dass eine Festschrift zu einem runden Geburtstag, sei es des Verlegers oder des Verlages, vorbereitet wird; Drucker, Binder, Papierlieferanten werden dann häufig gebeten, sich an dieser Veranstaltung in Form eines Geschenkes zu beteiligen und die Dienste kostenlos zu liefern. Verlage wie Cotta, Insel, Diederichs, S. Fischer, Hanser usw. sind glänzend in Festschriften dokumentiert und es gibt eine ganze Reihe hervorragend gestalteter Publikationen. Der wissenschaftliche Springer Verlag gab zu seinem 150-jährigen Jubiläum gleich eine ganze Bibliothek von Festschriften heraus. Zum einen den Band von Heinz Sarkowski über die Geschichte des Verlages von der Gründung bis 1945, dann die Fortsetzung von Heinz Goetze über die Entwicklung von 1945 bis 1992, anschließend erschienen beide Publikationen in englischer Sprache und zusätzlich erschien noch eine ganz umfangreiche Gesamtbibliographie aller Publikationen des Verlages.

Die Wirkung von Festschriften bleibt in den meisten Fällen vergleichsweise begrenzt. Sie werden zwar inhaltlich erschlossen in der jährlich erscheinenden „Bibliographie der Festschriften" des Zeller Verlages, aber viele auch durchaus bedeutende und wichtige Aufsätze versinken wie in einem Grab. Sie werden einmal veröffentlicht und kaum noch zur Diskussion gestellt oder gelesen und weitergegeben. Und trotzdem bleibt es eine unglaublich wichtige Funktion, mit einer Festschrift eine Persönlichkeit für ein Lebenswerk zu ehren und deutlich zu machen, welche Verdienste sich der zu Feiernde um seine Bibliothek, um das Bibliothekswesen insgesamt und um das kulturelle Leben einer Nation oder auch international erworben hat. Es werden also – wie auch dieses Buch – noch viele weitere Festschriften erscheinen.

Literaturhinweise

Knoop-Busch, H.: Beiträge aus deutschen Festschriften aus dem Gebiet des Buch- und Bibliothekswesens 1947–1965, Göttingen 1970

Danton, J.P./Anderson, O.C.: Index to Festschriften in Librarianship, New York 1970

Danton, J.P and Jane F. Pulis: Index to Festschriften in Librarianship 1967–1975, München 1978

Internationale Jahresbibliographie der Festschriften. Deutsch, Englisch, Französisch, Hrsg. O. u. W. Zeller, Jg I ff., Osnabrück 1985 ff.

Dau H.: Bibliographie juristischer Festschriften und Festschriftenbeiträge. Deutschland, Schweiz, Osterreich. 1864–1944 ff., Berlin 1962–1987 ff.

Traumberuf – inmitten von Büchern und anderen Informationsquellen. – Warum studiere ich Bibliothekswesen? Eine Umfrage im Studiengang Bibliotheks- und Informationsmanagement an der Fachhochschule Hamburg

Ute Krauß-Leichert

Warum studiert man Bibliothekswesen? Sind es die Berufsaussichten, die so zukunftsträchtig erscheinen? Sind die zu erwartenden Gehälter so attraktiv? Oder warum ergreift man dieses Studium?

Der folgende Beitrag will keine Ergebnisse einer repräsentativen Befragung an der Fachhochschule Hamburg auflisten. Der folgende Beitrag will skizzenhaft ein paar Statements und Meinungen von Studentinnen und Studenten wiedergeben, die am Fachbereich Bibliothek und Information in Hamburg Bibliothekswesen studieren bzw. den reformierten Studiengang Bibliotheks- und Informationsmanagement belegt haben. Dieser kurze Abriss entspricht eher einer Momentaufnahme denn einer systematischen Untersuchung. Deswegen werden die Ergebnisse nicht mit anderen Befragungen verglichen. Trotzdem sind die Resultate sehr informativ, weil sie deutlich machen, dass die Berufserwartungen der Studenten nicht mehr nur in die klassischen Berufsfelder der Bibliothek gehen, sondern andere Berufsfelder mit einschließen. Diese Ergebnisse bestätigen einerseits die Entstehung des reformierten Studiengangs Bibliotheks- und Informationsmanagement. Andererseits können sie dem noch jungen Studiengang Impulse geben, in welche Richtung er sich weiterentwickeln soll. Eine Studentin aus dem zweiten Semester formuliert das folgendermaßen:

> ... vielleicht muss auch der Studiengang noch erwachsener werden (Monique B., 2. Sem.).

1. Bibliothekarische Ausbildung in Hamburg

Die Ausbildung in Hamburg zur Bibliothekarin/zum Bibliothekar hat eine lange Tradition. Schon im November 1945 begannen die ersten Hamburger Büchereikurse für die Ausbildung für Öffentliche Bibliotheken, die in Verbindung mit den Hamburger Öffentlichen Bücherhallen (HÖB) stattfanden. Im Oktober folgte die Gründung der Hamburger Bibliotheksschule, die demgegenüber für die Ausbildung für die wissenschaftlichen Bibliotheken zuständig war.[1] Im Jahre 1970 wurde die in der Zwischenzeit entstandene Bibliothekarschule[2] zum Fachbereich Bibliothekswesen der neugegründeten Fachhochschule Hamburg und damit das „erste westdeutsche Bibliothekar-Ausbildungsinstitut“[3]. Hamburg übernahm auch eine Vorreiterrolle bei der integrierten Ausbildung. Bereits ab 1973 wurde nach dem so genannten Y-Modell ausgebildet, d.h. ein gemeinsames Grundstudium für das öffentliche und wissenschaftliche Bibliothekswesen und eine Spezialisierung erst nach einem Praktikum nach der Hälfte der Studienzeit. Auch in den Neunzigerjahren zeigte die Hamburger Ausbildung zukunftsweisende Richtungen auf. Mit Beginn des WS 1998/99 begann der reformierte Studiengang Bibliotheks- und Informationsmanagement[4], der eine Spezialisierung im Hauptstudium durch die Wahl zweier Studienschwerpunkte[5] zulässt und als Besonderheit keinen spartenspezifischen Abschluss mehr vorsieht[6]. Damit sind die Hamburger Ausbildungsinhalte nicht mehr institutionenorientiert, sondern Handlungsfelder stehen im Vordergrund. Mit dieser Ausrichtung entspricht Hamburg den wichtigsten Forderungen, die in der Broschüre „Berufsbild 2000“ erhoben werden.[7] Das Selbstverständnis des bibliothekarischen Berufsstandes

---

1 Für die historische Entwicklung der bibliothekarischen Ausbildung von der Büchereischule bis zum Fachbereich Bibliothek und Information vgl. Gudrun Bischoff-Kümmel, Ingeborg Fiebig, Bibliothekarische Ausbildung in Hamburg 1945 bis 1995 – ein Überblick. In: BIBLIONOTA. 50 Jahre bibliothekarische Ausbildung in Hamburg, 25 Jahre Fachbereich Bibliothek und Information. Münster, New York 1995, S. 10- 32.

2 Die Bibliothekarschule entstand 1966 aus einer Fusion der Büchereischule und der Bibliotheksschule.

3 Kathleen Kruse, Bibliothekarische Ausbildung in Hamburg. In: Zeit & Zeichen. Jubiläumsjournal des Fachbereichs Bibliothek und Information, S. 10.

4 Ute Krauß-Leichert, Beginn des Studiengangs Bibliotheks- und Informationsmanagement am Fachbereich Bibliothek und Information der Fachhochschule Hamburg. In: Bibliotheksdienst 32(1998) 9, S. 1596-1597.

5 Eine Wahl besteht zwischen Informationstechnologie, Management, Informationspraxis und Kultur- und Medienarbeit.

6 Vgl. Ute Krauß-Leichert, Jetzt geht's los! Reformierter Studiengang Bibliotheks- und Informationsmanagement startete im September 1998, Reform des Studiengangs Mediendokumentation hat begonnen. In: thesaurus rex 2(1999), S. 24. Umfassende Informationen zur Entstehung des reformierten Studiengangs siehe Inga Czudnochowski-Pelz, Learning by Doing. Vom Studiengang Bibliothekswesen zum Studiengang Bibliotheks- und Informationsmanagement. In: Bibliotheksdienst 31(1997) 7, S. 1268-1283.

7 Vgl. Berufsbild 2000. Bibliotheken und Bibliothekare im Wandel. Erarbeitet von der Arbeitsgruppe Gemeinsames Berufsbild der BDB e.V. unter Leitung von Ute Krauß-Leichert. Berlin 1998.

wird künftig durch eine geringere Orientierung an Institutionen und dafür durch eine stärkere Orientierung an Handlungsfeldern und Arbeitsinhalten gekennzeichnet sein.

2. Die Befragung

Am Ende des Sommersemesters 1999 und zu Beginn des Wintersemesters 1999/2000 habe ich Studenten am Fachbereich Bibliothek und Information gebeten, an einer Befragung teilzunehmen, um ihre Gründe für ihre Studienwahl ermitteln zu können. Ich habe nur die Studenten angesprochen, die an Veranstaltungen von mir teilgenommen haben. Insofern handelt es sich um keine repräsentative Befragung des Fachbereichs. Ich habe vor allem Studierende in den Anfangssemestern gebeten mitzumachen, da man sich in den Anfangssemestern wohl noch am ehesten an seinen ursprüngliche Wunsch erinnern kann, warum man Bibliothekarin oder Bibliothekar werden wollte. Der Fragebogen hat Fragen zum Berufswunsch, zu Studienvorstellungen und zur Berufserwartung enthalten.

Insgesamt haben 47 Studierende an der Befragung teilgenommen, davon waren 25 im ersten und 17 im zweiten Semester Bibliotheks- und Informationsmanagement. Zwei Studenten haben keine Angaben zu den Semestern gemacht und drei waren aus dem 5. bzw. 6. Semester.

3. Beweggründe für die Aufnahme des Studiums

Die meisten Studenten können konkrete Beweggründe aufführen, warum sie Bibliothekar werden wollen. Einige schreiben, dass ihre Erwartungen an das Studium bzw. an das spätere Berufsumfeld schon früh relativiert worden sind.

> ... und hatte dabei die Vorstellung von diesem „ganz normalen“ Bibliothekar, der in der Stadtbücherei sitzt und seinen Buchbestand „verwaltet“ (Marlis G., 1. Sem).

> Natürlich war es in erster Linie meine Liebe zu Büchern, Literatur etc., die mich auf die Idee gebracht hat, Bibliothekswesen zu studieren. Als ich mich dann näher mit diesem Studiengang beschäftigt habe, wurde mir bewusst, dass mir dieses Studium viele Möglichkeiten für die spätere Berufswahl bietet. (Monika H., 1. Sem).

... die Liebe zu Büchern, das Interesse an Literatur

Bei knapp der Hälfte der Antworten ist das Interesse an Büchern und Literatur ein wichtiges Kriterium für das Ergreifen des Studiums Bibliotheks- und Informationsmanagement.

Für mich steht das Buch in diesem Berufswunsch im Vordergrund. Dieses faszinierende Medium ... (o. N., 1. Sem.)

... weil ich Literatur liebe
(Joern Trottenberg, 2. Sem.)

... Interesse am Umgang mit unterschiedlichen Medien

Vielen Studenten ist allerdings schon von Anfang an klar, dass neben Büchern auch andere Medien, andere Informationsquellen eine große Rolle bei der Informationsvermittlung in Bibliotheken spielen.

> Ich möchte gerne in einer Bibliothek arbeiten, inmitten von Büchern und anderen Informationsquellen (Stefanie S., 1. Sem.).
>
> ... der Allgemeinheit das große Angebot der verschiedenen Medien öffnen und zugänglich machen. (Sonja, 2. Sem.).
>
> Ursprünglich wollte ich Bibliothekarin werden, weil ich mich sehr für Bücher interessiere. Nun habe ich festgestellt, dass dieses Studium mit Büchern so gar nichts zu tun hat. Aber nach meinem Praktikum in der ÖB habe ich gemerkt, dass da durchaus noch Bücher vorkommen (Julia B., 2. Sem.).

... die konkrete Bibliothek vor Ort

Für manche ist aber auch eine konkrete Bibliothek vor Ort der Beweggrund, dieses Studium aufzunehmen. Dabei handelt es sich nicht immer nur um die kleine Öffentliche Bibliothek sondern beispielsweise um die Deutsche Bibliothek.

Ausschlaggebend für den Einstieg in das Studium war für mich die Deutsche Bibliothek in Frankfurt am Main ... (Caroline Eimer, 2. Sem.)

Ausschlaggebend für den Einstieg in das Studium war für mich die Deutsche Bibliothek in Frankfurt am Main ... Sie verkörpert für mich das Ideal der modernen Bibliothek – ein Zentrum des Wissens und der Informationen, ausgestattet mit modernster Technik. Dieses Wissen für die breite Öffentlichkeit mit modernsten Mitteln zugänglich zu machen, war für mich der Leitgedanke, Bibliothekswesen zu studieren (Caroline E. 2. Sem.)

... Interesse an Informationsvermittlung und Informationsversorgung

Mit den Begriffen virtuelle Bibliothek, Datenautobahnen und elektronischen Netzen werden in vielen bibliothekarischen Positionspapieren die Zukunft von Bibliotheken und Bibliothekaren umrissen.[8] Die Informationsgesellschaft stellt eine neue Herausforderung für uns Bibliothekare dar. Die ausschlaggebenden Voraussetzungen für Erfolg im Informationszeitalter sind nach dem englischen Wirtschaftsphilosophen Charles Handy vor allem die richtigen Ideen und die richtigen Informationen,[9] für die wir Informationsspezialisten sorgen müssen und zwar just in time. Erfreulich ist, dass schon die Anfangssemester diese Herausforderungen erkennen und als Grund für die Aufnahme des Studiums nennen.

> Weil es eine Herausforderung ist, im Nebel des Informationsflusses für Transparenz und Handhabbarkeit zu sorgen und weil ich zu einem verantwortungsbewussten Umgang mit Informationen beitragen möchte (Rainer A., 1. Sem.)

> Informationen – verstärkt in elektronischer Form – aufbereiten und weitergeben. Ich erwarte als „Navigator“ im anbrechenden Informa-tionszeitalter zu fungieren. (André B., 5. Sem.)

---

8 Vgl. beispielsweise Berufsbild 2000 (wie Anm. 7), S. 9; Bundesvereinigung Deutscher Bibliotheksverbände, Bibliotheken in Zeitalter der Datenautobahnen und internationalen Netzen, Göttingen 1995.

9 Zitiert nach Die Informationsgesellschaft, hrsg. vom Bundesministerium für Wirtschaft, Bonn 1995, S. 2.

... *kulturelle Aufgaben der Bibliotheken*

Der kulturellen Aufgaben und Aspekte des Bibliothekswesens werden von den Studenten weniger als Beweggründe aufgeführt. Insgesamt ist festzustellen, dass die Bibliothek als literarisch-kultureller Ort[10] nicht so sehr im Fokus der Studienanfänger steht und nur von ganz wenigen angeführt wird.[11]

> Mich interessiert vor allem der kulturelle Aspekt (Julia H., 1. Sem.).

> ... die Möglichkeit, das kulturelle Angebot einer Stadt bzw. eines Kreises mitzugestalten (Stefan B., 1. Sem.).

4. Erwartungen an das Studium

Auch wenn bei vielen das Interesse an Büchern ein ausschlaggebender Grund für die Aufnahme des Studiums ist, gehen die Studenten davon aus, dass ihnen im Laufe ihres Studiums vor allem der intensive Umgang mit den Computern, mit verschiedenen Datenbanken nahe gebracht wird. Die breite Einbeziehung neuer Medien, ausreichende Kenntnisse im Umgang mit den Netzen sehen sie als selbstverständlichen Bestandteil des Curriculums an. Sie erwarten von den Lehrenden, dass ihnen die nötige Medienkompetenz vermittelt wird.[12]

> ... viel mit dem Computer bzw. Internet arbeiten, neue Medien kennen lernen. Ich denke, es liegt auch viel an einem Selbst, was man aus dem Studium macht (Monique B., 2. Sem.)

Darüber hinaus sind sich die Studierenden wohl bewusst, dass der Beruf des Bibliothekars ein dienstleistungsorientierter Beruf ist. Der Umgang mit Kollegen und Kunden wird von den Studierenden sehr positiv bewertet und ist für viele mit den Berufserwartungen verknüpft. Die Erwartung, in Informationsempathie geschult zu werden, spielt auch schon bei den Anfangssemestern ein Rolle.

> Herausfiltern der Bedürfnisse des Kunden, Fähigkeit einen „guten Draht" herzustellen (Max S., 1. Sem.)

Soziale Kompetenzen bzw. personale Verhaltensweisen, wie beispielsweise Teamfähigkeit, Problemlösungskompetenz und Motivationsfähig-

---

10 Vgl. Hannelore Jouly, Innovationskultur in öffentlichen Bibliotheken, 13. Aug. 1997, S. 4, URL: www.shuttle.de/buecherei/druck/jouly4.htm.

11 Insgesamt von 4 Studierenden.

12 Norbert Lang, Medienkompetenz in der Informationsgesellschaft. In: Information und Märkte,50. Deutscher Dokumentartag 1998, hrsg. von Marlies Ockenfeld und Gerhard J. Mantwill, Frankfurt 1998., S. 275-283.

keit[13], müssen im Studium verstärkt werden. Personale Verhaltensweisen als Teil der Schlüsselqualifikationen können nicht isoliert erlernt werden sondern müssen in komplexen, ganzheitlichen Situationen vermittelt werden.[14] Hier sind die Lehrenden besonders gefordert.

5. Erwartungen an den Beruf

... abwechslungsreiche Aufgabengebiete

Die Antworten der Studierenden auf die Frage, was erwarten sie vom Beruf, sind ganz stark dominiert von der Hoffnung auf abwechslungsreiche und vielfältige Aufgabengebiete. Über die Hälfte der Befragten äußern sich in diese Richtung.

> Ich hoffe, dass ich mein Hobby zum Beruf machen kann und dass mich mein späterer Beruf immer wieder aufs Neue fordert. Ich denke aber, dass der Beruf sehr vielseitig ist und viel Flexibilität erfordert. Also ist keine Langeweile vorprogrammiert (Iris W, 2. Sem.).

... Kontakt zu Menschen

Der Kontakt zu Nutzern und die Kundenorientierung spielen für viele Studenten eine wichtige Rolle für ihre Entscheidung für das Berufsziel Bibliothekar. Mehr als ein Viertel der befragten Studenten gehen davon aus, dass ihre zukünftige Berufstätigkeit geprägt ist vom Umgang mit Menschen.

Kundenorientierter Umgang mit Menschen (Max S., 1. Sem.).

Schwerpunkt auf teambezogenes, kommunikatives Arbeiten (Rainer A., 1. Sem.)

---

13 Vgl. Walburgis Otte, Kompetenzanforderungen an Mitarbeiterinnen und Mitarbeiter wissenschaftlicher Spezialbibliotheken und Informationseinrichtungen sowie Qualifizierungsbedarf. In: Qualifizierungsbedarf in Öffentlichen und wissenschaftlichen Spezialbibliotheken. Projekt New Book Economy. Berlin 1998, S. 63-76.

14 Vgl. Ute Krauß-Leichert, Schlüsselqualifikationen: eine Antwort auf heutige und zukünftige Bildungsanforderungen? (wie Anm. 1), S. 142-148.

... nicht mehr nur die klassischen Berufsfelder

Mehr als ein Viertel der Studienanfänger erwarten, dass sie später nicht mehr im klassischen Berufsfeld Bibliothek arbeiten werden, auch wenn einige dies explizit als Wunsch formulieren.

> Ich möchte später in einer kleineren Bibliothek arbeiten und am kulturellen Leben der Stadt mitwirken, in und mit der Bibliothek (Veronika R., 2. Sem.).
>
> Ich hoffe, dass ich später mal in einer Öffentlichen oder wissenschaftlichen Bibliothek arbeiten kann (Stefanie S., 1. Sem.).

Viele Studenten sehen das Berufsfeld des Bibliothekars im Umbruch, das ihnen dadurch viele Möglichkeiten und Chancen eröffnet. Die Vorstellungen gehen so weit, dass eine Studentin schon ganz konkrete Pläne formuliert, wie und mit wem sie sich selbstständig machen will. Insgesamt werden sehr unterschiedliche Berufsfelder im Medien- und Informationsbereich von den Studenten genannt, in denen sie sich vorstellen können zu arbeiten (PR-Bereich, Verlag, Dokumentation, Firmen etc.).

Eigentlich möchte ich gar nicht Bibliothekarin werden, zumindest nicht im klassischen Sinne, sondern ich strebe eher den Bereich Informationbroker oder den PR-Bereich an (Monique Basrawi., 2. Sem.).

> In meinem bisherigen Studium habe ich erfahren, dass es mehr verschiedene Einsatzmöglichkeiten im Informationsbereich gibt, als ich vorher vermutet hatte (Sigrun B., 2. Sem.).
>
> Ich möchte in einem größeren Unternehmen arbeiten, entweder im Bereich der Öffentlichkeitsarbeit oder im Bereich der Informationsdienstleistung. Letzteres könnte heißen, im Archiv eines Verlages bzw. einer Zeitung tätig zu sein und vorhandene Informationen verfügbar zu machen. Oder aber Projekte eines Unternehmens zu betreuen und die für das jeweilige Projekt benötigten Informationen zu beschaffen bzw. zu recherchieren. (Caroline E., 2. Sem.).

6. Fazit

Mit zwei zusammengesetzten Zitaten ist dieser Artikel überschrieben – einerseits der Traumberuf – andererseits inmitten von Büchern und anderen Informationsquellen. Diese beiden Bezugsgrößen machen ersichtlich, warum sich viele Studenten für den Studiengang Bibliotheks- und Informationsmanagement entschieden haben. Für die einen ist es der Traumberuf, für die anderen ist es die Liebe zu Büchern, die den Ausschlag für die Studienwahl gegeben hat, für wiederum andere ist es längst klar, dass in Bibliotheken nicht nur Bücher vorhanden sind, sondern verschiedene Medien zur Verfügung stehen, um den unterschiedlichen Bedürfnissen der Kunden gerecht zu werden. Den Studenten ist schon in den Anfangssemestern deutlich – wie die Befragung ergeben hat –, dass ihnen vielfältige Aufgabenbereiche in ihrem Berufsleben bevorstehen. Ihnen ist bewusst, dass Bibliotheken Orte des Wissens und Lernens, Orte der Literatur und des Lesens bleiben. Darüber hinaus wissen sie, dass Bibliothekare außerdem die Aufgabe haben, als Navigatoren in den unterschiedlichen Datennetzen zu fungieren und die Qualität und Relevanz elektronischer Informationen für zukünftige Generationen zu sichern.[15] Diese Anforderungen sind den meisten Studenten nicht nur bewusst, sondern sie erhoffen sich solche Herausforderungen. Mit diesen Einstellungen zum Beruf dürfen wir uns auf die künftigen Bibliothekare freuen.

---

15 Vgl. Berufsbild 2000 (wie Anm. 7), S. 9.

Laudatio auf Jürgen Heckel, Träger der Karl-Preusker-Medaille 1999

Johano Strasser

„Es ist eine treffliche Idee gewesen, ... Rangmerkmale ohne materiellen Wert einzuführen, um damit ungewöhnliche Verdienste zu ehren und zu belohnen, zum Beispiel: Lorbeer, Eichen- und Myrtenkränze, gewisse Kleiderformen, das Privileg, in der Kutsche durch di Stadt zu fahren, sich nachts von Fackelträgern begleiten zu lassen oder bei öffentlichen Versammlungen einen besonderen Platz einzunehmen ... . Es ist eine wahrhaftig gute und nützliche Gepflogenheit, Möglichkeiten zur Anerkennung hervorragender Männer zu schaffen und ihnen so durch eine Belohnung Genüge zu tun, die das Volk nicht im Geringsten belastet und selbst den Fürsten keinen Pfennig kostet." (Michel de Montaigne, Essais II, 7)

Um eine solche Auszeichnung, die weder das Volk noch die Auslobenden einen Pfennig kostet – wenn man von der Durchführung dieser Veranstaltung einmal absieht –, handelt es sich bei der Karl-Preusker-Medaille, die die „Deutsche Literaturkonferenz" seit 1996 alljährlich an eine Person oder Institution verleiht, die – so das Statut – „in den Bereichen Literatur, Verlag, Buchhandel, Öffentliche Bibliotheken oder Kulturpolitik tätig ist und dabei den Kulturauftrag des Öffentlichen Bibliothekswesens nachdrücklich fördert".

Montaigne, den ich eingangs zitierte, war übrigens der Meinung, dass eine solche Auszeichnung eben deswegen als besonders wertvoll und begehrenswert angesehen werden müsse, weil sie mit keinem weiteren Nutzen verbunden sei: „streckt die Tugend doch", so sein Argument, „die Arme viel lieber nach einer Anerkennung aus, die ihr allein gebührt und mehr Ruhm als Nutzen einbringt." Ich will es gern glauben, auch wenn die FRANKFURTER ALLGEMEINE ZEITUNG in diesem Punkt offenbar anderer Meinung ist. Denn aus ihrem Feuilleton verlautete erst kürzlich, dass über Ehrungen, die nicht mindestens mit einem Preisgeld von DM 10.000,– verbunden seien, grundsätzlich nicht berichtet werde.

Nun denn, Jürgen Heckel, den wir heute auszeichnen, wird es verschmerzen können, wenn er im Feuilleton der FAZ keine Erwähnung findet, ehren wir doch in ihm einen Menschen, der nach den heute geltenden Gepflogenheiten für öffentliche Ehrungen ohnehin nicht vorgesehen ist. Er steht nicht im Lichtkegel der großen Medien, sondern arbeitet seit vielen Jahren im Schlagschatten der Provinz. Er bietet sich dem flüchtigen Beschauer nicht an, man muss ihn entdecken. Und wenn man ihn entdeckt hat, dann stellt man bald fest, dass er zu den Menschen gehört, für die Glamour und prominente Erwähnung in den Gazetten bei weitem nicht das Wichtigste im Leben ist.

Dabei ist er durchaus ein öffentlicher Mensch, ein Citoyen, der sich einmischt, zu den wichtigen politischen und kulturellen Debatten Stellung bezieht, sich sozial und politisch engagiert. Aber eben auch einer, der mit Ernst Bloch zu sprechen „ins Gelingen verliebt" ist und sich deswegen seinen Wirkungskreis danach aussucht, wo er tatsächlich etwas bewegen kann.

Jürgen Heckel wurde im Jahre 1941 in Preetz in Holstein geboren. Seine Eltern waren Bauern, konservativ und staatstragend, keine Nazis, aber gegenüber der neuen Bonner Demokratie skeptisch reserviert. So viel wird man sagen können: dass ihm sein späteres Engagement nicht in die Wiege gelegt wurde. Dass er in der bäuerlichen Umgebung zum Leser wird, verdankt er dem Lesezirkel „Daheim", durch den er an Zeitschriften wie „Hör zu", „Kristall", aber auch schon an vergleichsweise Subversives wie den „Spiegel" gerät, und der Tatsache, dass durch den Freitod eines Großonkels dessen Bibliothek im Elternhaus landet. Der Zehn-, Elf-, Zwölfjährige verschlingt ziemlich wahllos alles, was ihm unter die Augen kommt: von der „Illustrierten Geschichte des Ersten Weltkriegs" bis zu Gulbranssens „Und ewig singen die Wälder" und Kellers „Grünem Heinrich". Nicht zu vergessen Meyers Konversationslexikon, das dem wissbegierigen Jungen eine erste Ahnung von den Geheimnissen und dem Reichtum des globus intellectualis vermittelt.

1961 macht Jürgen Heckel sein Abitur in Wyk auf Föhr, studiert Tiermedizin in Hannover und später in München und arbeitet sogar für kurze Zeit in einer Einrichtung mit dem auf Anhieb vielleicht etwas irritierenden Namen „Institut für Andrologie und künstliche Besamung", ehe er sich 1972 um eine Stelle als Bibliothekar bewirbt und in der Bibliothek der Technischen Universität die ersten praktischen Erfahrungen im neuen Arbeitsfeld sammelt. Inzwischen ist auch in München die Revolution unterwegs; Jürgen Heckel führt sie von der „Roten Zelle Tiermedizin" über die Jusos zur SPD, wo er es zum stellvertretenden Vorsitzenden des mittlerweile aufgelösten Bezirks Südbayern bringt, zuständig u.a. für die politische Bildung der Genossinnen und Genossen.

Jürgen Heckels Werdegang entspricht nicht der üblichen Laufbahn eines Bibliothekars, und auch sonst gibt es in seiner Biographie abrupte Wendungen, auch Einbrüche, die mit dem rationalistischen Ideal einer zielgerichteten Lebensführung schwer in Einklang zu bringen sind. Das Jahr 1985 markiert eine Lebenskrise, die zum Wendepunkt wird, weil Jürgen Heckel die Kraft findet, die Erfahrung des Scheiterns positiv zu verarbeiten. Von jetzt ab verläuft sein Leben in größerer Stetigkeit. Die Arbeit in der Gemeindebücherei Garching und die Überlegungen zur Reform des öffentlichen Bibliothekswesens stehen dabei im Mittelpunkt.

Jürgen Heckel hat in einer langen Reihe von Publikationen zu den aktuellen Problemen des Öffentlichen Bibliothekswesens Stellung bezogen. Seine Vorstellungen von einer Reform der Öffentlichen Bibliothek hat er dabei stets aus der praktischen Arbeit heraus entwickelt. Ich nenne einige der Veröffentlichungen, die hier einschlägig sind:

- Die Gemeindebücherei als erotischer Ort? (1986)
- Heran an die Fleischtöpfe (1987)
- Die kommunale Bibliothek als Kommunikationszentrum (1989)
- Multikulturelle Gesellschaft, Ausländerfeindlichkeit und der Auftrag der Öffentlichen Bibliothek (1989)
- Wie öffentlich sind die öffentlichen Bibliotheken? (1990)

Sein Ansatz: die Bibliothek von den Nutzern, auch den Noch-nicht-Nutzern und Nicht-mehr-Nutzern her denken! Öffentlich soll die Öffentliche Bibliothek sein, d.h. für Jürgen Heckel, dass sie tatsächlich allen und nicht nur einer kleinen Gruppe Bildungsbeflissener offen stehen soll. Allen? Auch den Jugendlichen über 13, von denen praxisgegerbte Bibliothekshasen zu wissen glauben, dass sie nie und nimmer für das Buch und die Bibliothek zu gewinnen sind? „Ja, auch denen!" sagt Heckel, und beweist in der Praxis, dass und wie es funktionieren kann.

Die Bibliothek als Kommunikations- und Erlebnisraum, offen für alle und möglichst zu den Zeiten, da die Menschen dies wünschen. Kein Ort, an dem man mehr oder weniger verdrießlich seiner Bildungspflicht nachkommt, sondern ein Ort der zufälligen oder verabredeten Begegnung, des Spiels und der Kommunikation, wo man nichtalkoholische Getränke kaufen, sich einen Kaffee oder Tee bereiten kann, wo es eine Kinderspielecke und einen Wickeltisch gibt, so dass auch Mütter mit kleinen Kindern in aller Ruhe stöbern und sich zum Lesen verführen lassen können – natürlich ist das nicht umsonst zu haben. Eine herkömmliche Bibliothek in eine Erlebnisbibliothek umzuwandeln, kostet Phantasie, Arbeit und Geld, und weil es auch Geld kostet, muss man für ein solches Konzept werben, um es kommunalpolitisch durchzusetzen.

Für den Bibliothekar in der Provinz heißt das, Antworten auf Fragen zu finden, die er sich bisher oft gar nicht zu stellen wagte, zum Beispiel:

„Wie werde ich genauso beliebt wie die Freiwillige Feuerwehr? Wie werde ich genauso lobby-stark wie die Sportvereine?“ Und es heißt, die Öffnungszeiten den Bedürfnissen der Nutzer und der künftigen Nutzer anzupassen. Das ist nur im Konsens unter allen Mitarbeitern möglich, verlangt von allen einen Überschuss an Engagement und vom Leiter Fingerspitzengefühl und Geduld. Zweifelloskommen Jürgen Heckel dabei die Erfahrungen aus der vieljährigen politischen Arbeit zugute.

Jürgen Heckel hat nicht nur beschrieben, wie es gehen könnte, was allein schon preiswürdig wäre. Er hat seine Reformvorstellungen auch im eigenen Wirkungskreis umgesetzt, so erfolgreich, dass die Bibliothek in der Münchener Randgemeinde Garching heute tatsächlich beliebt ist wie die Freiwillige Feuerwehr und im Rathaus zu den Institutionen zählt, mit denen man rechnen muss. Im schwierigen Terrain dieser Kleinstadt mit nahezu 30 % Ausländeranteil und mit im Ganzen bescheidenen finanziellen Mitteln ist es ihm gelungen, die Gemeindebücherei zum zentralen Treffpunkt deutscher und ausländischer Jugendlicher zu machen. In wenigen Jahren hat er die Ausleihziffern verdreifachen und die Bücherei zu einem Zentrum kultureller Aktivitäten und einem beliebten Ort der Begegnung machen können. In den letzten Jahren hat das Garchinger Modell einer „Erlebnisbibliothek“ mit reichhaltigem Serviceangebot und unkonventionellen Öffnungszeiten überall in Deutschland Interesse und manchenorts auch schon Nachahmer gefunden.

Wer Jürgen Heckel nur flüchtig kennt, wird sich wundern, mit welchem Geschick, welcher Ausdauer und Durchsetzungskraft er den Ausbau der Gemeindebibliothek in Garching zu einem weithin beachteten Modell vorangetrieben hat.

Dieser freundliche, so nachgiebig wirkende Mann mit dem unverkennbar norddeutschen Tonfall, wie hat er es geschafft, den Stadtrat und die Kommunalverwaltung einer bayerischen Kleinstadt vom Sinn eines solchen Experiments zu überzeugen? Wie konnte er in Zeiten, da überall an der Kultur gespart wird, die Garchinger dafür gewinnen, in eine Bibliothek zu investieren, wo er es doch mit so mächtigen Konkurrenten wie der Freiwilligen Feuerwehr zu tun hatte? Wie schaffte er es, seine Mitarbeiter davon zu überzeugen, dass eine Öffentliche Bibliothek nur dann diesen Namen verdient, wenn die Öffnungszeiten sich nach den Wünschen und Bedürfnissen der Nutzer richten?

Vielleicht, weil er gerade nicht zu den schneidigen Machern und dynamischen Hoppla-jetzt-komm-ich-Typen zählt, die zumeist mit viel Getöse doch nicht mehr als schwächliche Anpassung an die laufenden Trends zu Stande bringen, die oft in einer Scheinwelt der Zahlen leben, allzu siegessicher abstrakte Pläne exekutieren und die Menschen mit ihrer Besserwisserei nicht selten vor den Kopf stoßen, statt sie für sich zu gewinnen. Sicher, Jürgen Heckel ist von seiner Idee beseelt, und er hat die Gabe, andere damit anzustecken. Aber man merkt ihm auch an, dass er mit dem Scheitern vertraut ist, dass er wie alle Sterblichen nicht nur mit der Tücke des Objekts und dem Unverständnis der anderen, sondern auch mit sich selbst zu ringen hat. So einer weckt Vertrauen, gibt den Menschen, mit denen er zusammenarbeitet, das Gefühl, dass man gemeinsam schaffen kann, was jeder Einzelne für sich nie und nimmer zu Stande brächte.

In diesem Zusammenhang sollte ich wohl auch erwähnen, dass Jürgen Heckel auch ein Fachmann für Kommunikationstraining ist, ein gelernter Kommunikator, der es versteht, seine Anliegen für andere verständlich darzustellen und sie zum Mitmachen zu bewegen. Sein Buch „Frei sprechen lernen", das mittlerweile in der zweiten Auflage vorliegt, unterscheidet sich wohl tuend von den vielen Titeln zu diesem Thema, die marktschreierisch Patentrezepte anbieten und vorgeben, aus jedem gehemmten Klosterschüler in wenigen Wochen einen Cicero machen zu können. Frei sprechen lernen, das heißt für Heckel nicht lernen, einer rhetorischen Konvention zu genügen, sondern vor allem zu sich selber finden, die eigene Sprache entdecken und die in einem selbst schon immer vorhandenen Möglichkeiten des authentischen Ausdrucks.

Jürgen Heckel bietet in seinem Buch kluge und einfühlende Hilfe zur Selbsthilfe, stellt die Person und ihre Erfahrungen in den Mittelpunkt und vermeidet schematisierte und abstrakte Empfehlungen. „Vieles in diesem Buch", heißt es gleich in der Vorbemerkung, „wird Ihnen bekannt vorkommen. Vielleicht sogar auch dann, wenn Sie noch nie ein Buch über Kommunikation gelesen haben. Staunen Sie darüber, wie viel Sie aus Ihrer Alltagserfahrung über Kommunikation wissen. Es ist kein technisches Wissen über Kommunikation, sondern erfahrungsbezogenes Wissen ... Erfahrungsbezogenes Wissen hat etwas mit dem ganzen Menschen zu tun, mit seinen Gefühlen, seinen Gedanken und den Worten, die er in seiner Sprache benutzt."

Mehr als alles andere ist es dieses erfahrungsbezogene Wissen, das Jürgen Heckel bei seiner Arbeit zur Reform der Öffentlichen Bibliothek angeleitet hat, zunächst in der Stadtbücherei Westend in München, dann als Bildungssekretär des DGB in München und seit 1981 als Leiter der Stadtbücherei in Garching. In all den Jahren seiner Tätigkeit hat er sich mit unkonventionellen Ideen um die Literatur- und Leseförderung verdient gemacht, hat für seine Reformvorstellungen geworben als Vorsitzender der Fachgruppe Bibliotheken in der Münchener ÖTV, als Vorstandsmitglied im Verband Bayerischer Bibliotheken und Vertreter für Bayern im Deutschen Bibliotheksverband, im engeren Kreis der Fachkollegen und in zahlreichen öffentlichen Vorträgen.

Schritt für Schritt hat er in der Praxis erprobt, was er für notwendig erkannte. Und wenn es an dem benötigten Arbeitsmaterial fehlte, um eine Idee umzusetzen, dann hat er es gelegentlich auch noch selbst produziert, so in dem Verein ‚Kassettenprogramme für ausländische Mitbürger', den er Ende der 70er-Jahre zusammen mit deutschen und ausländischen Freunden gründete und dessen Vorsitzender er bis heute ist.

Dieser Verein hat es sich zur Aufgabe gemacht, ausländische Mitbürger in Öffentlichen Bibliotheken mit muttersprachlicher Literatur zu versorgen. Vor allem türkische Literatur hat der Verein herausgegeben, darunter so große Erzähler wie Nazim Hikmet und Yasar Kemal, die zu lesen in der Türkei selbst verboten war. In deutschen Bibliotheken wurden sie auf diese Weise den türkischen Mitbürgern zum ersten Mal in ihrer eigenen Sprache zugänglich gemacht. Dazu kommen über hundert Eigenproduktionen auf Kassette, darunter auch die achtteilige Video-Serie „Korkmazlar", die mit großem Erfolg in allen Dritten Programmen des Fernsehens gelaufen ist.

Und wie kommt ein solcher Erfolg zu Stande? „Als ich vor zwanzig Jahren feststellte, dass es in der Öffentlichen Bibliothek keine adäquaten Medien für ausländische Besucher gab", sagt Jürgen Heckel, „da habe ich halt einen Verein gegründet, der diese Medien produziert und bundesweit vertreibt." So einfach ist das. Ist es so einfach? Ich kenne Leute, intelligente, urteilsfähige Leute, die es für eine völlig verrückte Idee halten würden, ausgerechnet ausländische Mitbürger in die Öffentlichen Bibliotheken locken zu wollen, wo doch schon die deutschen kaum dorthin zu bringen seien. Ich kenne nicht wenige Bibliothekare, die sich längst resigniert damit abgefunden haben, dass „die Öffentlichkeit", „die Jugend", „die Politiker" – immer sind es diese abstrakten Kollektiva, die den Blick auf die konkreten Möglichkeiten versperren – nun einmal kein Interesse am Buch und an der Öffentlichen Bibliothek im Besonderen hätten. Jürgen Heckel ärgert das. Nicht, dass ihn manche für einen weltfremden Idealisten halten, wohl aber, dass immer noch viele seiner Kollegen, die, objektiv betrachtet, in ihrer Gemeinde ebenso gute oder bessere Bedingungen vorfinden, erklären, was in Garching möglich sei, sei bei ihnen nicht möglich, obwohl sie noch gar nicht ernsthaft versucht haben, es möglich zu machen.

Es gibt Menschen, die überall, wohin ihr umflorter Blick streift, Hindernisse und Beschwernisse erkennen, und andere, die im selben tückischen

Terrain vor allem die gangbaren Wege entdecken. Jürgen Heckel gehört zu den anderen. Als er gleich nach der Wende auf einer Sitzung des Bibliothekenverbandes in Berlin von der Leiterin der Stadt- und Kreisbibliothek Schwarzenberg erfährt, dass ihr das Geld fehle, die Bestände ihrer Bibliothek mit dringend erforderlichen Büchern aus dem Westen aufzustocken, ruft er eine Hilfsaktion ins Leben. 3500 Bände stiftet die Garchinger Gemeindebibliothek, weitere 7500 Bände werden nach einem Aufruf von Privatpersonen gespendet, und schon in wenigen Wochen rollen ein Lastwagen und ein Kleinlaster mit 10.000 Büchern aus Garching nach Schwarzenberg.

Wenn wir heute die Karl-Preusker-Medaille an Jürgen Heckel verleihen, so ehren wir damit jemand, der im Wortsinn ein Ermöglicher ist. In Garching ist es dank Jürgen Heckels Tätigkeit möglich, dass Türken und Griechen, Serben und Kroaten, Iraner und Ghanaer die Gemeindebücherei genauso als ihre Bibliothek ansehen wie die deutschen Bürger, dass die Bibliothek zum beliebten Treffpunkt von Kindern und Jugendlichen wurde, dass hier Jahr für Jahr und mit erstaunlichem Zuspruch mehr literarische Lesungen stattfinden als in mancher Großstadtbibliothek. Jürgen Heckel hat es fertig gebracht, dass in seiner Gemeinde sogar diejenigen stolz auf ihre Bibliothek sind, die sie selbst noch nie betreten haben, sie vielleicht auch nie betreten würden, gäbe es nicht die Schafkopfabende, die Jürgen Heckel dort veranstaltet, damit auch noch der letzte Buchmuffel in Garching begreift, wie unentbehrlich seine Bibliothek ist.

Lieber Jürgen, meinen herzlichen Glückwunsch, zu der Auszeichnung, die dir heute zuteil wird. Ich wüsste keinen würdigeren Preisträger und keinen, der diese Ehre mit größerer Gelassenheit zu tragen verstünde.

Seit 1996 verleiht die Deutsche Literaturkonferenz jährlich am „Tag der Bibliotheken" (24. Oktober) die Karl-Preusker-Medaille an Personen und Institutionen, die den Kulturauftrag des Bibliothekswesens wirkungsvoll gefördert und sich auf dem Gebiet der Literatur, des Verlagswesens, des Buchhandels, der Öffentlichen Bibliotheken ausgezeichnet haben. (Karl Benjamin Preusker, 1786 –1871, Begründer der Bürgerbibliothek.) – Preisträger: 1996 Peter Härtling, 1997 Dr. Annette Kasper, 1998 Christa Spangenberg.

Der Deutsche Bibliotheksverband und die BDB

Arend Flemming/Günter Beyersdorff

Die Bundesvereinigung Deutscher Bibliotheksverbände wurde genau zum richtigen Zeitpunkt gegründet.

Schon Ende 1989 sah man, welch immenser Planungs-, Koordinierungs- und Umsetzungsaufwand mit der zunächst angestrebten Kooperation, später mit der in schnellen Schritten erfolgenden Vereinigung der Bibliothekssysteme in beiden deutschen Staaten verbunden sein würde. Die Informationsdefizite auf beiden Seiten waren groß, aber es stellte sich schon bald heraus, dass auf allen zentralen Gebieten bibliothekarischer Tätigkeit außerordentliche Anstrengungen zur Angleichung, Reform, zum Aufbau und zur Weiterentwicklung gefordert waren, die innerhalb der komplexen Strukturen der alten Bundesländer und in den sich langsam auflösenden Strukturen der DDR, bzw. in neu zu gründenden Ländern organisiert werden mussten. Dabei standen Planungssicherheit und Schnelligkeit im Mittelpunkt, um angemessen an den anfangs noch reichlich vorhandenen Fördermitteln partizipieren zu können.

Innerhalb der bis dahin üblichen Verfahren zur Entscheidungsfindung – mit abgestuften Zuständigkeiten von Gemeinden, Bund und Ländern und unter Berücksichtigung aller Sonderinteressen aller Sparten und Größenklassen des Bibliothekswesens – hätte diese Aufgabe niemals in der geforderten Kürze und klaren inhaltlichen Konzeption erfüllt werden können.

Bund, Länder und kommunale Spitzenverbände einigten sich innerhalb kürzester Zeit nicht nur auf die Bildung, sondern auch auf die Besetzung einer „deutsch-deutschen Arbeitsgruppe Bibliothekswesen“ (später „Bund-Länder-Arbeitsgruppe Bibliothekswesen“).

In der Bundesvereinigung Deutscher Bibliotheksverbände stand ein starker Partner zur Verfügung, der in zentralen Fragen mit einer Stimme sprach, die notwendigen Diskussionen innerhalb des Bibliothekswesens intern vorab führte und dafür sorgte, dass bei anstehenden Sachfragen die jeweils kompetenten Partner in besonderer Weise berücksichtigt wurden. So kam es z.B. bei der Arbeitsgruppe, die sich mit der Aus- und Fortbildung beschäftigte, zu einer besonders starken Vertretung der Personalverbände und bei derjenigen für die künftige Struktur der Verbundsysteme zu einer solchen des Institutionenverbandes und der betroffenen Institutionen selbst.

Diese Arbeitsformen haben sich offensichtlich bewährt, denn innerhalb kürzester Zeit konnten Empfehlungen zu allen wichtigen Fragen aus dem Vereinigungsprozess erarbeitet werden. Diese wurden dann wegen der günstigen politischen Rahmenbedingungen zum größten Teil auch umgesetzt und mit den nötigen Fördermitteln ausgestattet.

Wegen der schnellen und präzisen Vorarbeiten kamen die bibliothekspolitischen Probleme in diese Diskussion, als nicht nur Institutionen abgewickelt wurden, sondern noch die Bereitschaft bestand, leistungsfähige Einrichtungen zu erhalten, zu fusionieren und auszubauen.

Damit hatten sich die Erwartungen des DBV an die neue Organisationsform in der BDB innerhalb kürzester Zeit erfüllt und die politische Haltung, die aufseiten des DBV zur Gründung der BDB führte, wurde in eindrucksvoller Weise bestätigt.

Der DBV verfolgte in den Achtzigerjahren nicht die Politik, innerhalb des Bibliothekswesens einen einheitlichen Verband für das Personal und für die Institutionen einzurichten, denn er fürchtete durch eine solche Großorganisation eine Lähmung der Handlungsfähigkeit und eine zu starke Bürokratisierung der Verbandstätigkeit. Nach seiner Auffassung wird es immer Fragen geben, bei denen die Interessen des Personals und die der Institutionen unterschiedlich gelagert sind. Hier soll und muss es möglich sein, dass diese unterschiedlichen Interessen auch deutlich vertreten werden. Wollte man versuchen, in diesen Fällen für die politische Diskussion einen Ausgleich der Interessen herbeizuführen, verginge u.U. so viel Zeit, dass die dann erarbeitete Stellungnahme ins Leere stoßen würde. Außerdem könnten Kompromisse entstehen, die die strittigen Kernfragen ausklammern und damit letztlich niemandem nützen.

Anders bei gemeinsam interessierenden Fragen: hier muss die BDB – ausgestattet mit Kompetenz durch alle Mitgliedsverbände – ohne Abstimmungsaufwand, flexibel und schnell mit einer Stimme für alle reagieren können.

Dass diese Arbeits- und Organisationsform sich bewährt hat und offen auch für Zukunftsanforderungen ist, hat der deutsch-deutsche Einigungsprozess und haben die darauf folgenden Jahre bewiesen.

Dass die Erfolge auf bestimmten Grundsätzen und Verfahren beruhten, ist ebenso klar: Nebenamtliche Interessenvertretung muss innerhalb der Verbände und der BDB arbeitsteilig organisiert werden. Sie ist zu stützen durch gezielte fachliche Arbeit auch außerhalb der Verbände. Ziele und Aufgaben sind gemeinsam zu formulieren und nach transparenten Verfahren umzusetzen. Bei der knappen Mittelausstattung muss dabei stets nach dem wirtschaftlich vertretbarem Weg gesucht werden.

Dies wird umso wichtiger, je stärker die BDB als Koordinierungseinrichtung gefordert wird und je stärker sie auch konzeptionelle und politisch richtungweisende Aufgaben wahrnehmen muss.

In beiden Bereichen sind die Anforderungen schon in den letzten Jahren gestiegen. Die neuen Medien und hier besonders die Netzdienstleistungen und elektronischen Publikationen fordern eine neue Standortbestimmung und - denkt man an das Urheberrecht - Strategien zur Verteidigung angestammten und durch das Grundgesetz garantierter Aufgaben von Bibliotheken und Rechte ihrer Nutzer. Hier und bei vielen anderen politischen Aktionen lieferte das Deutsche Bibliotheksinstitut in der Vergangenheit die sachliche Argumentationsgrundlage. Diese langbewährte und auch vom DBV für seine Aktionen geschätzte Kooperation endet demnächst, da das DBI zum 31.12.1999 aufgelöst wird und nur wenige Dienste noch innerhalb eines knappen Abwicklungszeitraumes zur Verfügung stehen werden.

Die BDB wird hier Defizite ausgleichen müssen, ohne sofortige oder mittelfristige Aufstockung ihrer finanziellen und personellen Kapazitäten. Der Ausweg besteht in einem neuen Denken und verändertem Handeln im Verbandsmanagement in der täglichen Arbeit, das konsequent die technischen Möglichkeiten nutzt, die uns heute beinahe selbstverständlich auch in Bibliotheken zur Verfügung stehen. Es sollte gelingen, geeignete Managementverfahren für die Verbandsarbeit zu nutzen, wenn wir sie über unsere eigenen Fachkommissionen für die Bibliotheksarbeit empfehlen.

Dies muss nicht mit einem großen Schritt eingeleitet werden; kleine Schritte - zwar zielorientiert, aber pragmatisch ausgerichtet - sind der pluralistischen Verbandsstruktur und den Arbeitsmöglichkeiten nebenamtlicher oder freiwillig tätiger Funktionsträger eher angemessen.

Die ersten - gar nicht so kleinen - Schritte wurden bereits vor zwei Jahren gemacht. Sie sind jedoch unter dem Druck der Entwicklungen (drohende Schließung des DBI, EU-Politik im Urheberrecht, Konzentration der Personalverbände) nicht weiter verfolgt worden und nur über Protokolle und interne Arbeitspapiere verfügbar.

Vom 18. - 20. Februar 1997 trafen sich die Mitglieder des BDB-Koordinationsgremiums und der AG Presse- und Öffentlichkeitsarbeit der BDB in Reutlingen zu einem von der ekz finanzierten Workshop „Leitbild, Identität und Öffentlichkeitsarbeit der BDB“.

Der DBV ist der Auffassung, dass die dort diskutierten Überlegungen und Verabredungen unter den Mitgliedern der BDB nichts an Aktualität verloren haben und möchte sie hier als Vorschlag für die Fortführung der BDB-Aktivitäten erneut unterbreiten.

Als Hauptaufgabe der BDB ist die *Interessenvertretung* der Bibliotheken und Bibliothekare in Politik, Wirtschaft und Kultur.

Erfahrungen mit der Diskussion um das Urheberrecht lassen es angeraten sein, auch die Interessenvertretung der Bibliotheksnutzer zu dieser Aufgabe zu zählen, denn diese können sich als Gruppe gegenüber denjenigen, die letztlich Quantität und Qualität von Dienstleistungen bestimmen, nicht artikulieren.

Diese Interessenvertretung gilt es durch Lobbyarbeit vornehmlich auf Bundesebene zu betreiben. Größter Wert ist dabei zu legen auf die persönliche Kontakt- und Überzeugungsarbeit, die sich auf überzeugende Materialien und Argumente stützen muss. Dabei wirken kurze, knappe Informationen oft mehr als lange Papiere. Wichtig ist, dass Informationsveranstaltungen und andere Aktionen verlässlich dann stattfinden, wenn solche von außen von der BDB erwartet werden (wenn die Lobbyarbeit Früchte trägt, werden die Ansprechpartner bei relevanten Problemen eine Stellungnahme der BDB erwarten).

Zu Sachfragen soll die BDB Auskünfte geben und Experten benennen (die auch dann verfügbar und gerüstet sein sollten). Über laufende PR-Aktionen muss das Koordinationsgremium unterrichtet sein, damit auch von dort aus bei Bedarf Unterstützung gegeben werden kann.

Die Verantwortung für die *Lobbyarbeit* liegt beim Sprecher der BDB, der Initiativen aufnimmt und Aufgaben entsprechend der Kompetenzen verteilt. Wegen der Vielfalt der Themen und des Zeitaufwandes für eine intensive Lobbyarbeit empfiehlt es sich, auch die stellvertretenden Sprecher mit ständigen Aufgaben in diese Tätigkeit einzubinden.

In den Verantwortungsbereich der Sprechergremien fällt selbstverständlich auch die *Pressearbeit* als weitere Säule der Lobbyarbeit. Hier gelten ähnliche Grundsätze wie für die Lobbyisten; besonders Erfolg versprechend werden intensive Kontakte zu einzelnen Journalisten angesehen, die dann auf Dauer über wichtige Probleme aus dem Bibliothekswesen informiert sind und Zusammenhänge erkennen können. Der Sprecher sollte durch einen Pressereferenten unterstützt werden, der seinerseits in alle wichtigen Themen und in die Arbeitsabläufe der BDB eingebunden ist.

Diese anspruchsvollen Forderungen können nur durch Mobilisierung aller Kräfte, durch Arbeitsteilung und durch Nutzung zeitgemäßer Techniken und Dienstleistungen erfüllt werden. Dafür haben sich die Möglichkeiten seit 1997 nochmals erheblich verbessert: Alle Partner der BDB im In- und Ausland sind im Internet präsent. Alle wichtigen nationalen und internationalen Fachzeitschriften sind elektronisch verfügbar und (noch) über DOBI und DOBINET zeitnah erschlossen. Kontakte lassen sich durch E-Mail schnell aufbauen, Trends und Nutzerwünsche, technische, rechtliche und wirtschaftliche Probleme werden in diversen Listen diskutiert.

Wie auch sonst im Netz ist Informationsfülle das Problem, nicht der Informationsmangel. Dieses Problem ließe sich mit vereinten Kräften dadurch lösen, dass jedes Mitglied des BDB-Vorstandes ein Sachgebiet und/oder einen bestimmten Teil des ausländischen Bibliothekswesens und der ausländischen Institutionen im Netz auswertet, wichtige Links anderen BDB-Mitgliedern verfügbar macht sowie Arbeitsgruppen und Verantwortliche für Sitzungsvorbereitung durch gezielte Weitergabe von Informationen unterstützt. Dazu sollte ausschließlich E-Mail verwendet werden; ideal wäre der Aufbau einer internen BDB-Informations- und Diskussionsliste mit Links zu Protokollen und Arbeitspapieren der Mitgliedsverbände, die damit ihren Versandaufwand vermindern könnten. Wir sind in der Lage, für unsere Benutzer hervorragende Informationsdienste aufzubauen. Warum sollte uns das für unsere eigenen Belange nicht gelingen?

Um sicher zu gehen, dass die für die fachliche Arbeit so wichtigen ausländischen Entwicklungen in jedem Fall zur Kenntnis genommen werden, und in eigene Papiere einfließen, sollte ein entsprechender ständiger Tagesordnungspunkt für die BDB-Sitzungen eingerichtet werden. Dies ist auch mit Blick auf die gestiegene Verantwortung der BDB für die Bibliothekarische Auslandsstelle dringend notwendig.

Schließlich: alle wichtigen Papiere, alle Auskünfte und Informationen sollten auf dem BDB-Server abgeholt werden können, damit kostspielige Versandaktionen „auf Verdacht" vermieden werden.

Ein Ereignis von größter Außen- und Innenwirkung ist der von der BDB veranstaltete *Bibliothekskongress,* dessen finanzielle Ergebnisse die BDB dringend benötigt.

Wichtig ist die frühzeitige Festlegung von Ort, Zeit und Partnern und die Unterstützung des jeweiligen Ortskomitees durch eine Gruppe erfahrener Kongressexperten aus der BDB. Ein vorab aufzustellender detaillierter Wirtschaftsplan kann die immer vorhandenen Risiken eindämmen.

Zur Bewältigung der Zukunftsaufgaben scheinen zusätzliche Personal- und Sachmittel notwendig, um den scheinbar geringen Etat der BDB fit für diese Aufgaben zu machen. Tatsächlich verfügt die BDB bereits über nennenswerte Beträge, die nicht im Budget ausgewiesen sind: der DBV trägt die Kosten der Geschäftsstelle, indem er Räume und das Personal der DBV-Geschäftsstelle ohne Erstattung durch die übrigen Mitgliedsverbände und Institutionen zur Verfügung stellt.

Mehr Mittel und mehr Kapazitäten sind sicherlich erforderlich, nur werden die Mitgliedsverbände diese über Beitragserhöhungen in den nächsten Jahren nicht finanzieren können. Es bleibt daher nur der Weg, über Einsparungen und Erhöhung der Effizienz des Mitteleinsatzes Raum für die Wahrnehmung neuer Aufgaben zu schaffen. Der DBV ist davon überzeugt, dass die angesprochenen Vorschläge diese Wirkungen erzielen. Die Schlagworte dafür lauten:

- Erhöhung der Schlagkraft des Sprechergremiums,
- Verteilung der Aufgaben auf viele Schultern,
- Umwandlung der Abwesenheitsvertretung im BDB-Vorstand in ständige Vertretungen,
- Konsequenter Einsatz zeitgemäßer Technik anstelle teurer Versandaktionen,
- Starkes Engagement in fachlichen Fragen durch Aufbau eines Netzwerkes von Experten.

Stärken

Henner Grube

Was bedeutet die Bundesvereinigung Deutscher Bibliotheksverbände für die ekz? Diese Frage wurde gestellt.

Die BDB hat das Ziel, alle Bereiche des Bibliothekswesens in Deutschland zu fördern, zu ihrer Zusammenarbeit beizutragen und als Dachverband die Interessen ihrer Mitglieder zu vertreten und so das Bibliothekswesen weiterzuentwickeln.

Als Einrichtung des Bibliothekswesens und als Firma für Bibliotheken hat die ekz.bibliotheksservice GmbH ein sehr starkes Interesse an Bibliotheken – nicht zuletzt, weil sie ihre Kunden sind. Erfolgreich, wirtschaftlich erfolgreich, kann die ekz jetzt und auf Dauer nur sein, wenn ihrerseits die Bibliotheken erfolgreich in der Erfüllung ihrer Aufgaben sind. Wir fördern daher im Rahmen unserer Möglichkeiten Einrichtungen und Aktivitäten, die Bibliotheken und Bibliothekswesen stärken und erfolgreich machen.

Ich denke, der genannte Zweck der Bundesvereinigung Deutscher Bibliotheksverbände umreißt nicht nur Aufgaben, dahinter stehen auch mehr als Hoffnungen: Die BDB hat seit ihrem Bestehen eine Fülle von Aktivitäten entfaltet, die das deutsche Bibliothekswesen stärken. Sie macht ihre Aufgabe gut.

Zunächst ging es ganz offenkundig darum, die Zusammenarbeit zwischen den Vereinen und Verbänden voranzutreiben. Da ist gewiss noch einiges zu tun. Aber ebenso gewiss wurde schon viel erreicht. Die Aktivitäten der Vereine und Verbände sind besser aufeinander abgestimmt. Und sicher hat das Zusammenwirken im Rahmen der BDB dazu beigetragen, dass bibliothekarische Vereine (VBB und BBA) zusammengegangen sind beziehungsweise zusammengehen (vba und VdDB).

Verstärkt wurde ebenso die Lobbyarbeit für das Bibliothekswesen. Die BDB ist bei der Wiedervereinigung schnell aktiv geworden, als es darum ging, die finanziellen und strukturellen Voraussetzungen für die Angleichung der bibliothekarischen Verhältnisse im nationalen Rahmen zu erreichen. Rasch ist die BDB unter ihrem ersten Vorsitzenden, Prof. Dr. Elmar Mittler, in Kontakt mit dem Börsenverein getreten und hat im Rahmen der europäischen Bibliotheksorganisation EBLIDA und auf vielen anderen Schienen mit Engagement und Geschick versucht, auf die Gesetzgebungsverfahren im Sinne des Bibliothekswesens einzuwirken. Die zweite

Sprecherin der BDB, Prof. Birgit Dankert, hat diese Arbeit mit vielen Anstrengungen erfolgreich weitergetrieben und die bibliothekarische Lobbyarbeit im kulturpolitischen Rahmen der Bundesrepublik ganz erheblich verstärkt.

Internationale Beziehungen, Ausbildung, Bibliotheksplan, Vermiet- und Verleihrecht von Medien, Kongresse, Mitarbeit im Literatur- und Kulturrat und in anderen Gremien, Leseförderung, CD-ROM, elektronische Netze und eine Fülle anderer Themen hat die BDB seit ihrer Gründung bewegt.

Die eingangs gestellte Frage hat die ekz daher für sich selbst längst beantwortet. Das lässt sich nicht zuletzt daran ablesen, dass wir von 1991 bis 1997 als Ständiger Gast im Koordinationsgremium der BDB mitgewirkt und 1997 dem Wunsch entsprochen haben, die ekz möge als Mitglied bei der Vereinsgründung der BDB auftreten, dass wir in der BDB-Diskussions- und Planungsplattform „Öffentliche Bibliotheken" mitwirken, dass wir wiederholt Aktivitäten der Bundesvereinigung Deutscher Bibliotheksverbände in nicht unbeträchtlichem Maße finanziell gefördert haben.

In den Vorstandssitzungen der BDB erfolgt der Informationsaustausch und werden gemeinsame Aktivitäten geplant und koordiniert. Sitzungen gehören wohl selten zu den Sternstunden der Menschheit, sondern eher zu den Mühen der Ebene. Die Fülle der Themen aber der BDB-Vorstandssitzungen ist außerordentlich. Und die Konvolute an Unterlagen, die der Vorbereitung der Sitzungen und dem schnellen Informationsfluss zwischen den Sitzungen dienen, sind schon im wörtlichen Sinne äußerst schwergewichtig und zeigen die Vielzahl an Aktivitäten, die die BDB entfaltet. Nur ein Bruchteil davon spiegelt sich in den BDB-Publikationen.

In den nächsten Jahren wird es schon angesichts der wachsenden Bedeutung digitaler Ressourcen darauf ankommen, die begonnene Annäherung zwischen Bibliotheks- und Informationswesen tatkräftig voranzutreiben. Bibliotheks- und Informationswesen müssen – bei aller notwendigen Binnendifferenzierung – sich nach außen mit einer Stimme zu Wort melden, denn sehr vieles haben sie gemeinsam und können sie nur gemeinsam bewegen. Es muss gelingen, dass das Bibliotheks- und Informationswesen sich im politischen Raum noch stärker Gehör verschafft. Der Wegfall des Deutschen Bibliotheksinstituts bringt zusätzliche Aufgabenstellungen. All dies muss dazu führen, dass die Lobbyarbeit noch intensiviert, die Pressearbeit noch stärker professionalisiert und das Kongresswesen und das Tagungsgefüge effektiver strukturiert werden.

Erheblich verstärkt werden muss sicher die strategische Debatte im Vorstand, in der Mitgliederversammlung und in den BDB-Mitgliedsverbänden. Und diese Debatte muss sehr offensiv nach außen in den politischen Raum getragen werden.

Vieles, das meiste wird auch künftig von der Sprecherin beziehungsweise dem Sprecher sowie den Stellvertreterinnen und Stellvertretern geleistet werden müssen. Aber immer dringlicher wird die Notwendigkeit erkennbar, einen hauptamtlichen Geschäftsführer zu installieren.

Die Bedeutung der Bundesvereinigung Deutscher Bibliotheksverbände wird von der ekz außerordentlich hoch eingeschätzt.

Den bisherigen Sprechern der BDB, ihren Stellvertretern und allen im Vorstand und in den diversen Einrichtungen der BDB Mitwirkenden gebührt großer Dank für ihre Arbeit. Diesen Dank verbinde ich mit dem Wunsch nach Fortüne der BDB auch in Zukunft – zum Wohle des Bibliotheks- und Informationswesens, das einen Beitrag zur Weiterentwicklung von Wissenschaft und Kultur, Wirtschaft und Gesellschaft in diesem Lande leistet.

Die ekz wird die Arbeit der BDB im Rahmen ihrer Möglichkeiten auch künftig fördern.

Die BDB und der vba

Klaus-Peter Böttger

Wie wirkungsvoll es ist, dass sich das Bibliothekswesen mit einer Stimme in der politischen Lobbyarbeit darstellt und positioniert, dies hat die BDB und ihre Sprecher bzw. Sprecherinnen seit Gründung eindrucksvoll unter Beweis gestellt. In mühevoller und engagierter Arbeit ist es der Bundesvereinigung Deutscher Bibliotheksverbände gelungen – gemeint sind hier vor allem deren Sprecher – das Bibliothekswesen in hochkarätigen Gremien und Zusammenkünften insbesondere auf politischer Ebene zu verankern und als hoffentlich festen gesellschaftlichen Bestandteil der deutschen Kultur- und Bildungslandschaft in die Köpfe der Entscheidungsträger zu bringen. Dies wäre nach meiner Einschätzung einem einzelnen Verein oder Verband nicht in dieser Weise und Wirkung gelungen. Dies ist auch nicht als Machtverlust der einzelnen Mitglieder der BDB anzusehen und zu bewerten, sondern vielmehr als deutlicher Prestigegewinn nach außen für jedes einzelne Mitglied der BDB.

Diese eine Stimme ist wesentlich effizienter als der mühsame und aufwändige Versuch der Erklärung, welche speziellen Interessen der einzelne Verband in Abgrenzung zu den weiteren bibliothekarischen Vereinen vertritt. Die früher geäußerte Befürchtung, dass die BDB-Mitglieder einzeln hierdurch an Profil verlieren könnten, sehe ich aus Sicht des vba nicht bestätigt. Es mag zwar zu Recht kritisiert werden, dass der einzelne Verein nicht mehr in dem gewohnten Umfang, wenn es überhaupt vorher gelungen ist, in der öffentlichen Darstellung vorkommt, aber die Manifestation des Bibliothekswesens in der Öffentlichkeit über die BDB wiegt dies mehr als auf. Der vba ist aber der Überzeugung, dass die zwangsläufigen Reibungsverluste bei divergierenden Interessenlagen innerhalb der BDB dennoch eher hinzunehmen sind, als wenn sich diese im öffentlichen Raum abspielen. Man mag sich trefflich darüber streiten, ob eine einzige Stimme mit aus bibliothekarischer Sicht hohem konzentriertem Gewicht mehr Erfolg verspricht als die vielstimmige Darstellung der einzelnen Mitglieder. Selbst für solche taktische Entscheidungen bietet die BDB das Forum, um gemeinsame und/oder konzentrierte Vorgehensweisen abzusprechen.

Dabei darf auch nicht übersehen werden, dass die Delegation von BDB-Aufgaben auf ihre Mitglieder beider Ansehen durchaus förderlich ist. Andererseits sehe ich die Möglichkeiten der Interessenvertretung der Mitglieder nicht eingeschränkt. Im Gegenteil birgt dieses kooperative Konstrukt die Chancen zur Absprache, zur Zusammenarbeit, zum Einbringen von Themen auf unsere höchste bibliothekarische Ebene. Dass die Lobbyarbeit der BDB nun nicht uneingeschränkt nur mit Erfolgen behaftet ist, schmerzt insbesondere bei den vergeblichen Bemühungen vor und hinter den Kulissen um das Deutsche Bibliotheksinstitut. Rückblickend ist aus der noch relativ kurzen Geschichte festzustellen, dass das Bibliothekswesen ohne die BDB, diesem „Luftgebilde gemeinsamen Vorgehens" wie sie einmal selbstironisch genannt wurde, meiner Überzeugung nach mit noch wesentlich größeren Schwierigkeiten zu kämpfen hätte. Vielmehr ist die bibliothekspolitische Landschaft ohne die Bundesvereinigung Deutscher Bibliotheksverbände und dem couragierten Auftreten ihrer Sprecher bzw. ihrer Sprecherinnen nicht mehr vorstellbar.

Der Verein Deutscher Bibliothekare und die Bundesvereinigung Deutscher Bibliotheksverbände

Wolfgang Dittrich

Der Verein Deutscher Bibliothekare als ältester bibliothekarischer Berufsverband in Deutschland hat die Bundesvereinigung Deutscher Bibliotheksverbände mitbegründet und den Gedanken einer die verschiedenen Verbände und Organisationen übergreifenden und zusammenschließenden Repräsentation des Bibliothekswesens gegenüber der Öffentlichkeit von Anfang an mitgetragen. Zahlreiche Ereignisse in den letzten zehn Jahren haben die Notwendigkeit eines geschlossenen Auftretens vor Augen geführt. Es sei nur erinnert an die Pläne zur Aufhebung der steuerlichen Begünstigung des Buchmarktes, die Probleme in der Zusammenarbeit mit den Standesorganisationen des Buchhandels, die durch eine Neugestaltung und Verschärfung des Urheberrechts den Bibliotheken und ihren Nutzern drohenden Nachteile und schließlich an die Bemühungen, eine Schließung des Deutschen Bibliotheksinstitutes zu verhindern.

In der Diskussion um diese und viele andere Fragen, die das Bibliothekswesen und seine Aufgaben in der Wissenschaft wie in der allgemeinen kulturellen Bildung wesentlich berühren, ist die Stimme der Bundesvereinigung Deutscher Bibliotheksverbände markant hervorgetreten. Sie hat wesentlichen Anteil daran, dass die rechtlichen und wirtschaftlichen Rahmenbedingungen bisher fast immer in einer Weise gestaltet wurden, die den Bibliotheken und den Bedürfnissen ihrer Nutzer förderlich war.

Nachdem es nicht gelungen ist, eine Schließung der zentralen Dienstleistungseinrichtung des deutschen Bibliothekswesens, des Deutschen Bibliotheksinstituts, zu verhindern, kommt der Bundesvereinigung Deutscher Bibliotheksverbände bei der Bewältigung der weit reichenden Folgen dieser bedauerlichen politischen Entscheidung wiederum eine wichtige koordinierende Funktion zu. Die einzelnen Mitgliedsverbände werden versuchen, in manche der nun verwaisten Aufgaben des Deutschen Bibliotheksinstituts einzutreten, und auch die BDB selbst als Dachorganisation ist dabei gefordert.

Die Struktur der deutschen bibliothekarischen Verbände, die sowohl Personen wie Institutionen vertreten, ist von den Anforderungen der Gegenwart ebenso wie von lebendigen Traditionen bestimmt. Die Tätigkeit des Bibliothekars unterliegt einer fortschreitenden Differenzierung und dementsprechend differenzieren sich die Interessen und Schwerpunkte der einzelnen Berufsgruppen. Die Bundesvereinigung Deutscher Bibliotheksverbände bietet die Möglichkeit, einerseits den großen Bereich der gemeinsamen Interessen wirkungsvoll zu vertreten, indem sie als Gesprächspartner für Politik und Öffentlichkeit auftritt, andererseits erlaubt sie den in ihr vertretenen einzelnen Berufsgruppen, ihre Identität zu bewahren und ihre speziellen Interessen und Schwerpunkte, zum Beispiel auf den Gebieten der Fortbildung oder der Tarifpolitik weiterhin zu verfolgen. Eine wesentliche Aufgabe des gemeinsamen Dachverbandes ist es auch, die nicht immer identischen Interessen der Personal- und der Institutionenverbände zu koordinieren und zum Ausgleich zu bringen.

Der Verein Deutscher Bibliothekare wünscht der Bundesvereinigung Deutscher Bibliotheksverbände in diesem Sinne eine weiterhin erfolgreiche Tätigkeit zum Wohle der Bibliotheken und ihrer Nutzer.

Wir alle sind die BDB!

Susanne Oehlschläger

Die Einsicht in die Notwendigkeit einer einheitlichen Außenvertretung und die Bemühungen um einen bibliothekarischen Gesamtverband, die mit wechselnder Intensität seit Jahrzehnten regelmäßig leider immer wieder gescheitert sind, führten im Jahre 1989 zur Gründung der Bundesvereinigung Deutscher Bibliotheksverbände. In der BDB wollten die Mitgliedsverbände versuchen, eine gemeinsame Vertretung wenigstens nach außen zu installieren und enger miteinander zu kooperieren.

Für Berufsfremde ist es nach wie vor unvorstellbar, weshalb unsere Profession glaubt, viele Einzelverbände könnten ihre Interessen besser vertreten als ein gemeinsamer. Rolf Michaelis drückte das 1991 in der ZEIT (Nr. 18 vom 26. April 1991, S. 59) auch deutlich aus: „Der Telefon-Hörer fällt einem aus der Hand, wenn man merkt, dass unser (bibliothekarisches Entwicklungs-) Land sich den Luxus von mehr als einem halben Dutzend Verbänden und rund dreißig lokalen und überregionalen Blättchen leistet. Ist es da ein Wunder, dass Bibliotheken als Erste bluten müssen, wenn Politiker glauben, mal wieder sparen zu müssen? Ist der Bücher-Hüter nicht auch selber Schuld, dass es keine Lobby für die ewig bedrohten Bibliotheken gibt?"

Da man sich bis heute nicht auf einen einzigen Verband einigen konnte, ist es für die deutschen bibliothekarischen Verbände ein bedeutender Schritt gewesen, die BDB ins Leben zu rufen und hier die dringend notwendige Kommunikation der Verbände untereinander zu verbessern und damit Politik wie Gesellschaft einen legitimierten Ansprechpartner zu bieten. Auch wenn es den Mitgliedsverbänden mitunter schwer gefallen ist und fällt, ein Stück Autonomie an die BDB zu delegieren und sich das Bewusstsein, dass die BDB das Sprachrohr *aller* bibliothekarischen Interessenverbände nach außen ist, sich nicht immer in den Handlungen der Einzelverbände ausdrückt, ist die Bundesvereinigung zur wichtigsten Lobby des deutschen Bibliothekswesens avanciert. Dass die BDB bei wichtigen bibliothekspolitischen Fragen auf ministerialer Ebene gehört und sie in entsprechenden Gremien (Copyright, Forum Info 2000) zur Mitarbeit aufgefordert wird, dass sie Mitglied des Deutschen Kulturrates und der Deutschen Literaturkonferenz ist, und dass es gute Kontakte zum Börsenverein des Deutschen Buchhandels gibt, zeigt, dass sie akzeptiert ist. Dies ist nicht zuletzt das Verdienst ihrer Sprecherin, Frau Prof. Birgit Dankert, die sich unermüdlich und mit großem persönlichen Engagement für die Belange der Bibliotheken einsetzt.

Hier liegt die Bedeutung für den Verein der Diplom-Bibliothekare an wissenschaftlichen Bibliotheken und sollte sie für alle Mitgliedsverbände liegen. Die BDB knüpft und pflegt Kontakte und bringt sich in Sachfragen im Interesse der Bibliotheken und ihrer Mitarbeiter so intensiv ein, wie kein Einzelverband das könnte. Die Aufgaben werden immer mehr und dringlicher – nicht zuletzt auch deshalb, weil der Kuchen, den es zu verteilen gilt, immer kleiner wird. Aber – und das ist lebensnotwendig für das Gelingen der BDB-Arbeit – den Mitgliedsverbänden muss immer klar sein, dass die BDB keine Konkurrenz darstellt, sondern der Garant dafür ist, dass die allen Verbänden gemeinsamen Interessen einheitlich nach außen vertreten werden. In diesem Sinne wünsche ich der BDB – und damit uns allen – weiterhin gute Kontakte und Erfolge bei der Lobbyarbeit für das deutsche Bibliothekswesen!

Publikationen der Bundesvereinigung Deutscher Bibliotheksverbände e.V.

BDB-Jahresbericht 1989/90: Bibliotheken im zusammenwachsenden Deutschland/Bearb. von d. AG Presse- und Öffentlichkeitsarbeit. – Berlin : Dt. Bibliotheksinst., 1991. – 99 S.

BDB-Arbeitsgruppe „Ausbildung im Europäischen Rahmen“: Abschlussbericht/Red.: Peter Vodosek. – Berlin : Dt. Bibliotheksinst., 1992. – 41 S. (3-87068-417-8)

Drehscheibe der Information: Bibliotheken und Datenverarbeitung/ Hrsg.: BDB-Arbeitsgruppe „EDV“. Hrsg.: Elmar Mittler. Red.: Monika Cremer. – Berlin : Dt. Bibliotheksinst., 1992. – 40 S.

Umsetzung der EG-Richtlinie zum Vermiet- und Verleihrecht: Ein Argumentationspapier. Erarb. vom DBI. Bearb.: Helmut Rösner. Hrsg. von d. BDB. – Berlin : Dt. Bibliotheksinst., 1993. – 24 S. (3-87068-435-6)

Bibliotheken ’93: Strukturen – Aufgaben – Positionen. – Berlin : Dt. Bibliotheksinst., 1994. – 182 S. (3-87068-445-3)

Menschen, Bücher und Computer: Berufsfeld Bibliothek/Text: Anne Buhrfeind. – Berlin : Dt. Bibliotheksinst., 1994. – 54 S. (3-87068-456-9)

Lesen – gelesen/Hrsg.: BDB, AG Leseförderung. – Berlin : BDB, 1994. – 12 Bl.

Öffentliche Bibliothek – Manifest der UNESCO 1994/Public Library Manifesto 1994/Übers. Im Auftr. D. BDB: DBI, Ref. Europ. Bibliotheksangelegenheiten. – Berlin : Dt. Bibliotheksinst., 1995. – 8 S.

Die Bibliotheken/Die BDB: Faltbl. – Berlin : BDB, 1996

Bibliotheken im Zeitalter der Datenautobahnen und internationalen Netze/im Auftrag d. BDB erarb. von d. AG „Elektronische Medien in Bibliotheken“, Vorsitz: Elmar Mittler. 2. Aufl. – Göttingen, 1996

Die unendliche Bibliothek : digitale Information in Wissenschaft, Verlag und Bibliothek/Börsenverein des Deutschen Buchhandels e.V.; Die Deutsche Bibliothek; Bundesvereinigung Deutscher Bibliotheksverbände. – Wiesbaden : Harrassowitz 1996. – 120 S. DM 38,– (Gesellschaft für das Buch ; Bd. 2) (3-447-03785-7)

Öffentliche Bibliothek – Manifest der UNESCO/Public Library Manifesto 1994. 2. Aufl./Übers. u. Vorw.: Birgit Dankert. – Berlin : Dt. Bibliotheksinst., 1997. – 12 S. (3-87068-576-X)

Bibliotheken in der Informationsgesellschaft – Urheberrechtsschutz kontra Informationsfreiheit: eine Denkschrift d. BDB/erarb. von d. Rechtskomm. d. DBI. – Berlin : Dt. Bibliotheksinst., 1997. – 28 S. (3-87068-577-8)

Bibliotheken – Netzwerke für Bildung/Konrad Umlauf. – Berlin : Dt. Bibliotheksinst., 1998. – 32 S.

Der Beitrag der Öffentlichen Bibliothek zur Stadtentwicklung/erarb. von d. Plattform Öffentliche Bibliotheken d. BDB unter Ltg. von Konrad Umlauf. – Berlin : Dt. Bibliotheksinst., 1998. – 30 S.

Politik für Öffentliche Bibliotheken/Bundesvereinigung Deutscher Bibliotheksverbände – Plattform Öffentliche Bibliotheken/hrsg. von Konrad Umlauf. – Bad Honnef : Bock + Herchen, 1998. – 122 S. DM 48,–

Berufsbild 2000: Bibliotheken und Bibliothekare im Wandel/erarb. von d. AG Gemeinsames Berufsbild d. BDB unter Ltg. von Ute Krauß-Leichert. – Berlin : BDB, 1998. – 62 S. (3-87068-589-1)

Bibliotheksdienst : Organ der Bundesvereinigung Deutscher Bibliotheksverbände/Hrsg.: Dt. Bibliotheksinst. – Berlin, ersch. monatl.; URL: http://www.dbi-berlin.de/dbi_pub/bd_art/bd_art.htm

Autorenverzeichnis

Gabriele Beger: Zentral- und Landesbibliothek Berlin, Breite Straße 36, 10922 Berlin.

Klaus-Peter Böttger: Stadtbücherei Mülheim, Friedrich-Ebert-Straße 47, 45468 Mülheim.

Prof. Günter Beyersdorff: Ehemaliges Deutsches Bibliotheksinstitut, Kurt-Schumacher-Damm 12-16, 13405 Berlin.

Prof. Birgit Dankert: Fachhochschule Hamburg, Fachbereich Bibliothek und Information, Grindelhof 30, 20146 Hamburg.

Dr. Wolfgang Dittrich: Niedersächsische Landesbibliothek, Waterloostraße 8, 30169 Hannover.

Dr. Arend Flemming: Städtische Bibliotheken Dresden, Freiberger Straße 33, 01067 Dresden.

Henner Grube: ekz.bibliotheksservice GmbH, Bismarckstraße 3, 72764 Reutlingen.

Prof. Hilmar Hoffmann: Goethe-Institut, Helene-Weber-Allee 1, 80637 München.

Prof. Dr. Ute Krauß-Leichert: Fachhochschule Hamburg, Fachbereich Bibliothek und Information, Grindelhof 30, 20146 Hamburg.

Aloys Lenz, MdL: Haingärten 6, 63538 Großkrotzenburg.

Prof. Dr. Joachim-Felix Leonhard: Deutsches Rundfunkarchiv Frankfurt, Bertramstraße 8, 60320 Frankfurt.

Dr. Claudia Lux: Zentral- und Landesbibliothek Berlin, Breite Str. 36, 10922 Berlin.

Prof. Dr. Elmar Mittler: Niedersächsische Staats- und Universitätsbibliothek Göttingen, Platz der Göttinger Sieben 1, 37070 Göttingen.

Dr. Elisabeth Niggemann: Die Deutsche Bibliothek, Adickesallee 1, 60322 Frankfurt am Main.

Susanne Oehlschläger: Bundesinstitut für Ostwissenschaftliche und Internationale Studien (BIOst) / Bibliothek, Lindenbornstraße 22, 50823 Köln.

Prof. Dr. Engelbert Plassmann: Humboldt-Universität zu Berlin, Philosophische Fakultät I, Institut für Bibliothekswissenschaft, Dorotheenstraße 26, 10117 Berlin.

Dr. Georg Ruppelt: Herzog August Bibliothek, Lessingplatz 1, 38304 Wolfenbüttel.

Prof. Dr. h.c. mult. Klaus G. Saur: K.G. Saur Verlag GmbH & Co. KG, Ortlerstraße 8, 81373 München.

Johano Strasser: Dürrbergstr. 28, 82353 Berg.

Roland Ulmer: Börsenverein des Deutschen Buchhandels e.V., Großer Hirschgraben 17-21, 60311 Frankfurt am Main.

Prof. Dr. Konrad Umlauf: Humboldt-Universität zu Berlin, Philosophische Fakultät I, Institut für Bibliothekswissenschaft, Dorotheenstraße 26, 10117 Berlin.

Olaf Zimmermann: Deutscher Kulturrat e.V., Weberstraße 59a, 53113 Bonn.

Tabula Gratulatoria
für Birgit Dankert

Wiebke Andresen, Stadtbibliothek Hannover

Arbeitsbibliothek Annemarie Verweyen, Mönchengladbach

Associazione Italiana Biblioteche, Rom

Dr. Richard Bamberger, Institut für Schulbuchförderung und Lernförderung, Wien

Ingeborg Bayer, Glottertal

Bayerische Bibliothekschule, München

Bayerische Staatsbibliothek, München

Gabriele Beger, Zentral- und Landesbibliothek, Berlin

Beltz Verlag, Weinheim

Bertelsmann Stiftung, Bereich Öffentliche Bibliotheken, Gütersloh

Lioba und Jürgen Betten, München

Prof. Günter Beyersdorff, Deutscher Bibliotheksverband (DBV), Berlin

Klaus-Peter Böttger, Verein der Bibliothekare und Assistenten (vba), Reutlingen

Renate Breithaupt, Frankfurt/Main

Barbara Brockamp, Stadtbibliothek Deggendorf

Dr. Roswitha Budeus-Budde, Süddeutsche Zeitung, München

Carlsen Verlag, Hamburg

Dr. J. A. Cervelló-Margalef, Diözesanbibliothek, Köln

Inge Cevela, Studien- und Beratungsstelle, Wien

Dr. Malte Dahrendorf, Zernien

Elke Dämpfert, Bundesvereinigung Deutscher Bibliotheksverbände (BDB) – Geschäftsstelle, Berlin

Hannelore Daubert, Institut für Jugendbuchforschung, Frankfurt/Main

Deutscher Verband Evangelischer Büchereien, Göttingen

Deutsches Bucharchiv, München

Friedrich Dieckmann, Deutsche Literaturkonferenz, Berlin

Brigitte Dietrich, Verband Bildung und Erziehung, Bonn

Dr. Klaus-Steffen Dittrich, Hochschule für Technik, Wirtschaft und Kultur, Leipzig (FH)

Dr. Wolfgang Dittrich, Verein Deutscher Bibliothekare, Hannover

Prof. Dr. Klaus Doderer, Darmstadt

Dr. Bernd Dolle-Weinkauff, Institut für Jugendbuchforschung der Johann-Wolfgang-Goethe-Universität, Frankfurt/Main

Berndt Dugall, Stadt- und Universitätsbibliothek, Frankfurt/Main

EBLIDA. European Bureau of Library, Information and Documentation Associations, Den Haag

ekz.bibliotheksservice GmbH, Reutlingen

Claudia Elsner-Overberg, Stadtbücherei Solingen

Prof. Dr. Hans-Heino Ewers, Institut für Jugendbuchforschung der Johann-Wolfgang-Goethe-Universität, Frankfurt/Main

Fachhochschule Hamburg, Fachbereich Bibliothek und Information

Dr. Arend Flemming, Deutscher Bibliotheksverband (DBV), Berlin

Dr. Heinz Fuchs, IFLA-Nationalkomitee, Göttingen

Mag. Hildegard Gärtner, Verlag Jungbrunnen, Wien

Mario Giordano, Hamburg

Henner Grube, ekz.bibliotheksservice GmbH, Reutlingen

Karin Gruss, Peter Hammer Verlag, Düsseldorf

Peter Härtling, Mörfelden-Walldorf

Dr. Ekkehard Henschke, Universitätsbibliothek Leipzig

Prof. Jürgen Hering, Sächsische Landesbibliothek – Staats- und Universitätsbibliothek Dresden

Dr. Hubert Hladej, Dachs-Verlag, Wien

Hochschule für Bibliotheks- und Informationswesen, Stuttgart

Prof. Hilmar Hoffmann, Goethe-Institut, München

Eva Homrighausen, Stadtbibliothek Nürnberg

Humboldt-Universität zu Berlin, Philosophische Fakultät I, Institut für Bibliothekswissenschaft